다산 정약용의 의례이론

역사문화연구총서 5

다산 정약용의 의례이론

초판 1쇄 발행 | 2008년 9월 30일
초판 2쇄 발행 | 2009년 9월 25일

지은이 | 박종천
펴낸이 | 이재선
펴낸곳 | 신구문화사

등록 | 1968년 6월 10일 제1-205호
주소 | 경기도 성남시 중원구 금광2동 2661
전화 | 031-741-3055~6
팩스 | 031-741-3054

ISBN 978-89-7668-153-9 93100

다산 정약용의 의례이론

박 종 천 지음

신구문화사

머리말

2008년은 국보 제1호 숭례문(崇禮門)이 화재로 불타버리는 사건으로 시작되었습니다. 무너지고 불타버린 것은 석재와 목재만이 아니었습니다. 숭례문의 화재는 경제지상주의에 골몰하느라 역사와 문화를 등한시한 현재 우리네 내면 풍경을 극적으로 드러내준 상징적인 사건이었습니다. 문화가 불타고 역사가 무너져 내린 잿더미는 그 모습 그대로 유교적 전통사회의 근간인 '예'(禮)가 붕괴된 우리나라의 현실이었습니다.

그러나 이 화재가 나기 훨씬 전부터 이미 전통적인 '동방예의지국'(東方禮義之國)의 자부심은 세상 물정 모르는 고리타분한 노인네들의 넋두리로 취급되거나, 억압적인 전근대 신분사회의 인습(因襲)으로 평가절하되고 있었습니다. 실제로 예송(禮訟)으로 인해 격화된 당쟁(黨爭)의 문제점을 지나치게 부정적으로 비판하면서 유교망국론(儒敎亡國論)을 식민지 지배의 정당성을 뒷받침하는 논리로 강변했던 일제시대의 학문적 관점에서 한국학계가 본격적으로 벗어나기 시작한 것은 그리 오래 되지 않았고, 아직도 그 그늘에서 자유롭지 못합니다.

이러한 현실을 극복하고자 하는 학문적 분투는 예학(禮學)을 전공하는 소수의 학자들에 의해 80년대 모색기를 거쳐 90년대부터 본격화되기 시작했는데, 역사학 전공자들과 사회과학 전공자들이 대체로 '예'를 정치사회적 경향과 연결지어 이해하려 한 반면, 철학 전공자들은 주로 '예'의 이념적 근거를 찾는 데 집중했습니다. 그 결과 '예'는 특정한 연구시각에 의해서 정치제도 혹은 사회윤리 등으로 환원되었습니다. 구미권의 유교 연구나 일본과 중국의 예학 연구 경향에서도 비슷한 양상이 나타나고 있습니다.

이러한 환원론적 시각은 '예'가 지닌 특정한 측면을 잘 보여줍니다. 그러나 '예'가 지닌 복합적인 모습과 그것이 유교적 전통사회에서 작동하는 총체적 양상을 체계화된 틀을 통해 보여주지 못하는 한계를 지닙니다. '예'는 단순한 예의범절이나 제사를 중심으로 하는 종교의례에 국한되는 것이 아니라, 심신의 수양, 사회윤리적 실천, 문화적 풍습, 규범적(법)제도 등을 포괄하기 때문입니다. 따라서 이처럼 복합적인 '예'의 다양한 측면을 온전히 설명하기 위해서는 역동적이고 총체적인 '문화체계'를 유기적으로 설명할 필요가 있습니다.

본서에서는 이런 문제의식을 구체화하기 위해 정약용의 예학(禮學)을 다루었습니다. 이 과정에서 예학을 중심으로 천/상제관, 천인관계론, 제사론, 심성론, 수양론, 경세론 등이 유기적으로 연결되는 논리를 모색했습니다. 결국 예학을 중심으로 다산 사상의 총체적 모습을 들여다보려고 한 것입니다. 이 작업이 기존 연구에서 한 걸음 더 나아간 부분입니다. 또한 본서에서는 정약용의 사상만을 대상으로 다루었지만, 본서에서 제기한 연구의 관점과 개념 분석의 틀은 추후의 지속적인 연구를 통해 앞으로 동아시아의 유학 전반을 총체적으로 해석할 수 있는 개념과 이론을 창출하기 위한 시론(試論)의 성격을 지닙니다.

한편, 본서에서는 전통적인 '예학'을 충실하게 다루면서도, '의례이론'

이라는 용어를 새롭게 도입했습니다. 최근에 구미권에서는 종교학과 인류학을 중심으로 '의례학(ritual studies)'이 새로운 학문 영역으로 주목받고 있습니다. '의례' 개념 역시 일상적인 영역과 구분되는 종교적 제의의 영역을 넘어서게 되었고, 그에 따라 실천이론이나 수행이론 등 새로운 의례이론들이 등장하고 있습니다. 예학도 이런 흐름에 보조를 맞추어 유교의례의 특성에 맞는 '의례이론'으로 재구성될 필요가 있습니다.

이러한 필요성에 부응하여 본서에서는 '종교문화체계'로서의 '예' 분석을 시도했습니다. '예'는 천인관계 혹은 신인관계로 표현되는 초월적/수직적 축과 더불어 사람과 사람 사이에서 요청되는 인륜(人倫)의 일상적/수평적 축을 규범적 차원에서 유기적으로 연결지어 문화적 삶을 영위하는 통로로서, 마음과 몸, 개인과 사회까지도 체계적으로 매개합니다. 본서에서는 이런 점에 주목하여 천인관계 → 인륜관계 → 천인관계, 제사 → 수양 → 인륜적 가치 실천과 유교적 사회질서 실현 → 제사로 환류하면서 종교, 수양, 윤리, 정치를 포괄하는 '종교문화체계'의 분석을 통해 유교 의례의 복합성과 총체성을 설명했습니다. 이 가운데서도 수양과 윤리적 측면은 서구의 기존 의례이론에서 제대로 다루지 못한 유교 의례의 특성으로 주목할 만합니다.

이러한 이론적 구도를 도입하면서, 기존의 다산학 연구에서 주목하지 않았던 몇 가지 개념들이 새롭게 부각되었습니다. 환심(歡心), 공덕(功德), 만물일본(萬物一本), 위의(威儀), 주향(主享)과 배향(配享)의 의례적 천인상응(天人相應) 등이 그것입니다.

아울러 기존에 많이 논의된 개념들을 새롭게 조명한 부분도 다소 있습니다. 예컨대, 초월적 인격신인 상제가 초월적 감시자일 뿐만 아니라 인간에게 모범을 보여주는 존재라는 측면이 중요하다는 점을 주장했습니다. 그에 따라 상제를 중심으로 하는 초월적 위계질서와 군주를 중심으로 하는 인륜적 위계질서가 상호조응하면서, 신과 인간 모두 실천 주체의 성격이 강화되고 있으며, 단순한 군주 권력 강화가 아니라 군주의 능동적 의무 강조에 따라 군주와 신하 모두 능동적 실천의 주체로서 왕도정치에 참여하는 구상이 나타남을 논증했습니다. 또한 다산학에서 주자학과의 불연속성을 강조하면서 근대성의 선구적 흐름을 읽어내려는 기존 연구에 대해서 주자학과의 불연속성이 있지만, 그보다는 연속성이 크며 동아시아 유교적 전통사회의 맥락에서 이해하는 것이 중요함을 강조했습니다.

이 책은 2007년도 8월에 나온 필자의 박사학위 청구논문을 수정하고 보완한 것입니다. 천학비재(淺學菲才)한 사람이 이 책을 내기까지 많은 분들의 은혜를 힘입었습니다.

먼저, 3년 동안 지곡서당(芝谷書堂)에서 숙식하면서 한문(漢文)을 공부할 수 있도록 한학연수장학생으로 선발하여 가르침을 베풀어 주셨던 태동고전연구소의 고(故) 청명 임창순 선생님을 비롯한 여러 선생님들과 선후배 동학(同學)들과의 인연은 전통 학문의 기초와 동양학적 소양을 닦는 기반이 되었습니다. 또한 서당을 졸업한 직후 벽사 이우성 선생님의 지도 아래 실시학사(實是學舍) 경학연구회에서 정약용의 저술을 강독하고 토론한 시간은 다산학의 기초를 마련하는 학문적 기반이 되었습니다. 국학(國學)계의 큰 어른 두 분을 곁에서 모시면서 많은 가르침을 받은 것은 불민한 제가 지금까지 유교 전통을 연구할 수 있는 소중한 자산이 되었습니다.

이런 인연들이 유교 전통을 연구할 수 있는 기본적인 자질을 갖추는 계기였다면, 서울대 종교학과에서 보낸 십수년간의 세월은 유교 전통을 종교문화의 관점에서 해석하는 이론적 시각에 대해 고심하게끔 한 연단의 과정이었습니다. 학문적으로 볼 때, 국학계의 선생님들이 제게 뼈를 주셨다면, 종교학과의 선생님들은 제게 살을 주셨습니다.

학부시절부터 지도교수로 이끌어 주신 금장태 교수님의 자상한 관심과 지속적인 격려는 다산의 의례이론을 분석하는 원동력이 되었고, 정진홍 교수님의 날카로운 문제의식과 성실한 연구자세는 끊임없이 상상력을 자극하는 귀감이 되었습니다. 윤이흠 교수님은 종교학적 학문자세와 간명한 논리의 중요함을 일깨워 주셨고, 김종서 교수님은 풍부한 현실감각과 다양한 이론적 시각을 알려 주셨습니다. 학위논문심사에 참여하신 윤원철 교수님과 최종성 교수님은 논문의 체계와 논리의 문제점을 바로잡아 주셨을 뿐만 아니라 문장 표현까지도 일일이 지적해 주셨습니다.

한편, 이 책에서 다룬 전문적인 내용인 다산학(茶山學)과 예학(禮學) 분야에서도 직간접적으로 여러분의 은덕을 입었습니다. 특히 논문심사에 참여하셨던 유권종 교수님과 이봉규 교수님은 이 분야에서 내신 선구적인 업적으로 이끌어 주셨을 뿐만 아니라 직접적으로 전문적인 지도를 해주셨습니다. 또한 장동우 박사님과 임부연 박사님을 비롯한 많은 선배님들이 직간접적으로 베풀어 주신 인간적 격려와 학문적 자극도 이 책의 중요한 밑거름이 되었음을 고백합니다.

학위논문을 쓰는 과정 중에 많은 우여곡절이 있었는데, 역사문화연구소의 유봉학 소장님과 연구소 식구들의 정신적 격려와 물질적 지원은 연구기간 내내 저를 지탱하는 굳건한 기둥이 되었습니다. 지면을 빌어 다시 한번 특별히 감사드립니다. 아울러 부족한 원고를 역사문화총서의 하나로 출간하는 과정에서 여러 모로 애써주신 신구문화사 사장님과 편집부에도 감사의 마음을 전합니다.

마지막으로 어려운 시간을 함께 감내해 주신 가족들의 노고에 고마움을 표하고 싶습니다. 먼저 오랜 시간 동안 장남을 위해 기도와 인내로 기다려 주신 부모님께 깊이 감사드립니다. 학문에 전념해야 하는 사위를 묵묵히 지켜봐 주신 장인어른과 장모님께도 감사의 말씀 올립니다. 무엇보다도 세상에서 가장 소중한 아내와 아들에게 사랑하는 마음을 전합니다.

이 책 곳곳에는 일일이 거명하기 힘들 만큼 많은 선학(先學)들의 흔적이 배어 있습니다. 그 업적들을 새로운 관점에서 나름대로 소화해서 체계화하고자 했으나, 막상 출간을 앞두고 보니 부끄러운 곳이 한두 군데가 아닙니다. 부족한 부분에 대해서는 앞으로 우공이산(愚公移山)의 우직함으로 정진할 것을 다짐하며, 많은 분들의 질정을 구합니다.

2008년 7월,

하언재(何言齋)에서

박종천

차례

표 목차

그림 목차

일러두기

1. 정약용 저술의 인용은 신조선사 영인본의 쪽수를 표시한다.
2. 인용 방식은 다산학술문화재단의 『다산학』에 사용되는 인용범례에 따라 저자명을 생략하고 출처는 다음과 같이 표기한다.

   예) 『與猶堂全書』 1集의 第16卷, 『詩文集』의 16卷에 실려있는 「自撰墓誌銘【集中本】」의 18쪽 앞면. → 『詩文集』 卷16, 「自撰墓誌銘【集中本】」(『與全』 1集, 16卷, 18a) 식으로 표시한다.

제1장 서론

1. 예(禮), 유교적 전통사회를 이해하는 관건
2. 선행 연구의 검토
3. 연구의 관점과 본문의 구성

1

예(禮), 유교적 전통사회를 이해하는 관건

조선(朝鮮)은 유교적 신념(belief)을 기본 세계관으로 수용할 뿐만 아니라 '예'(禮)를 중심으로 문화전통과 사회질서가 구성된다는 점에서 전형적인 유교적 전통사회였다. 실제로 동아시아 전통사회 가운데 신도(神道)를 중심으로 하는 일본이나 유교적 문화와 비유교적 문화가 상호침투하여 혼재의 정도가 강했던 중국에 비해, 조선은 상층의 유교문화와 하층의 비유교문화가 어느 정도 위계적 구도를 이루면서 유교적 신념의 강도와 문화의 지속성이 다른 나라에 비해 상대적으로 강했다.

유교적 전통사회에서 하늘[天; 上帝]은 인간이 그것을 통해서 세계를 이해하고 바람직한 삶의 근본으로 삼는 궁극적 실재(ultimate reality)[1]다.

1) '궁극적 實재'(ultimate reality)는 종교적 관심, 즉 '궁극적 관심'(ultimate concern)의 대상을 가리킨다. '궁극적 관심'은 원래 기독교 신학자 Paul Tillich가 제안했던 것인데, 종교학자 Joachim Wach가 적극 수용하면서 특정 종교전통을 넘어서는 포괄적인 '종교' 정의로서 널리 인정받았다. Wach는 이 개념이 그보다 앞서 종교심리학자 William James가 『종교 경험의 다양성(*The Varieties of Religious Experience*, 1902)』에서 "인간의 의식 안에 있는 실재에 대한 깊고 총체적인 느낌"으로 설명한 바 있는 '종교 경험'(religious experience)과 일맥상통하는 것이라는 점을 지적하기도 했다. 이 개념이 불교를 비롯한 몇몇 종교에는 적용될 수 없다는 비판도 있지만,

유교인들은 이러한 하늘에 대한 믿음에 근거하여 '예'를 익히고 실천함으로써 유교적 신념을 내면적으로 수용하고, 그러한 신념을 외면화하여 '예'에 기반을 둔 규범적 사회질서로 정립함으로써 일종의 '문화적 환류체계'(cultural feedback system)를 완성한다. 이에 따라 '문화체계'로서의 '예'는 제사(祭祀), 수양(修養), 윤리(倫理), 정치(政治) 등을 두루 포괄하게 된다.[2] 유교 전통에서 하늘과 조상을 섬기는 제사를 실행하면서 각성되는 '성'(誠)과 '경'(敬)의 '종교적 의식'(religious consciousness)은 마음의 '수양'과 몸의 '위의'(威儀) 공부를 중심으로 한 '수신'(修身) 또는 '수기'(修己)를 거쳐서, 사회적 인간관계 속에서 인륜(人倫)적 가치[德]의 실천과 '왕도정치'(王道政治)의 실현이라는 치인(治人)의 윤리적/사회적 실천으로 유기적으로 확장된다.[3]

불교학자 Walpola Sri Rahula가 『붓다의 가르침(*What the Buddha Taught*, 1959)』에서 이 개념을 사용한 뒤로는 종교적 관심의 대상을 지칭하는 용어로 그 보편성을 인정받았다. '종교 경험'의 개념 분석과 불교의 궁극적 실재 개념에 대해서는 각각 Wayne Proudfoot, *Religious Experience* (Berkeley, California: University of California Press, 1985)와 안양규, 「궁극적 실재(Ultimate Reality)로서의 열반」, 『종교연구』 40(한국종교학회, 2005년 가을) 참조.

2) '종교문화체계로서의 예' 개념에 대해서는 본서의 2장 2절에서 자세하게 논의한다.

3) 동아시아 유교사를 살펴보면, '수기치인'(修己治人)의 논리는 공자(孔子)를 비롯한 모든 유학자들의 공통 이상이었지만, 시대와 지역 및 학파에 따라 '수기'와 '치인', '인격수양'과 '제도개혁'으로 그 상대적 강조점을 달리하였다. 그 대표적인 사례를 송대(宋代) 구법당(舊法黨)과 신법당(新法黨)의 대립에서 찾아볼 수 있다. 이들의 사상적 대립에 대한 역사적 검토와 철학적 분석으로는 각각 James T. C. Liu, *Reform in Sung China : Wang An-shih(1021-1086) and His New Policies* (Cambridge, Massachusetts: Harvard University Press, 1959)와 손영식, 『이성과 현실』(울산: 울산대학교 출판부, 1999)을 참조하라. 물론 이 두 가지가 양립불가능한 것은 아니지만, 대체로 특정한 학자나 학파에 따라 양자 중 한 가지를 강조하는 것이 일반적이었다. 이에 비해 정약용은 「자찬묘지명」에서 이 두 가지가 상호 유기적으로 연결되는 사상체계를 자신의 저술 속에서 완비했다는 자부심을 자신있게 서술한 바 있다. 그리하여 수기(修己)와 경세(經世)가 본(本)과 말(末)로 결합되는 구조는 주희(朱熹)에 못지 않은 체계성과 정합성을 잘 보여준다. 『詩文集』 卷16, 「自撰墓誌銘【集中本】」(『與全』 1集, 16卷, 18a). "六經・四書, 以之修己, 一表・二書, 以之爲天下國家, 所以備本末也."

이러한 체계는 '예'가 세계관의 중추를 이루는 종교문화적 신념과 사회정치적 규범질서를 매개하는 요소임을 잘 드러내고 있다. 이런 맥락에서 볼 때, 유교문화에 대한 총체적인 연구를 위해서는 '예'에 대한 이해가 선행되어야 하고, 그 기초 위에서 '예'가 종교문화적 신념과 사회정치적 규범질서를 어떤 방식으로 매개하는지에 대한 연구가 진행될 필요가 있다.

그러나 종교문화적 신념과 사회정치적 질서가 '예'에 의해서 곧바로 매개되는 것은 아니다. 양자는 '예'의 이념을 구체적인 수양과 실천에 의해서 성취할 때 비로소 매개된다. 그리하여 '예'는 수양과 실천의 타당성을 확인하고 평가하는 기준이 되며, '예'를 실천하는 주체와 그 실천의 결과로 이루어지는 의례적 규범질서의 관계 양상을 보여주는 통로가 된다. 따라서 '예'를 실천하는 주체가 어떤 성격을 지니고 있으며 '예'를 통해 어떻게 변화하는가, '예'를 통해 이루어지는 의례적 규범질서의 성격은 어떤 것인가 등의 문제를 확인할 필요가 있다.

여기서 주의할 것은 '예'의 의례적 규범질서에 신과 인간의 관계뿐만 아니라 인간과 인간의 상호관계까지도 함께 포함된다는 사실이다. 전통적으로 전자는 천인(天人)관계론, 천론(天論), 귀신론(鬼神論) 등의 영역에 속하고, 후자는 인간론, 윤리론, 사회정치론 등의 영역에 속하며, 제사론과 수양론은 양자의 영역 사이에 걸쳐 있는 것이다. 이렇듯 '예'는 천인관계의 수직적 축과 더불어 인륜관계의 수평적 축까지 모두 포괄하는 개념으로서, 다양한 영역을 하나의 범주로 묶고 있다. 따라서 어떻게 '예'가 포괄적으로 작동하는지를 규명할 수 있다면, 유교적 전통사회가 공유하는 종교문화적 신념과 정치사회적 질서가 구조화된 하나의 체계 내에

이런 맥락에서 주희와 정약용의 사상체계는 그 개성적 스타일의 차이에도 불구하고, 예를 중심으로 유기적으로 연결되는 유교적 사상체계를 분석하는 모범적인 준거가 될 만하다.

서 연계되는 실천적 양상이 좀더 분명하게 드러날 것이다.

그러나 '예'가 포괄하고 있는 영역 전반이 어떻게 연결되고 있는가를 확인하는 것은 무척 까다롭고 복잡한 작업이다. 작업에 착수하자마자 곧바로 자료의 범위와 성격이 너무나 다양하고 논의의 중간단계로 해명되어야 할 것이 대단히 많다는 문제점에 직면하게 된다. 더구나 각 영역을 연결하는 일관성을 찾아내기란 더더욱 지난한 일이다. 그러므로 논의의 효율성을 위해서는 자료를 역사적으로 의미가 있는 한 유교지식인의 사상체계로 한정할 필요가 있다.

물론 이 작업 역시 그리 수월한 일이 아니다. 우선 연구 대상이 될 유교지식인이 '예'가 포괄하는 영역 전반에 대한 논의를 다루어야 하고, 그 논의가 사상 체계 내부에서 일관되게 연결된다는 전제를 충족시켜야 하기 때문이다. 또한 유교 전통에 충실하면서도 전통이 안고 있는 구조적 문제에 대한 날카로운 통찰력이 있는 사상가여야 한다는 조건도 만족시켜야 한다. 따라서 유교 전통 내부의 목소리로 말하되, 유교 전통 외부에서 비롯된 자극에 대해서 일정한 인식을 지니고서 유교 전통이 지닌 새로운 가능성을 발견하는 사상가라야 연구의 대상으로 적합하다.

다산 정약용(茶山 丁若鏞, 1762～1836)은 동아시아 유교사의 흐름 가운데 이러한 조건을 어느 정도 충족시킬 만한 몇몇 인물들 중 하나다. 그는 실제 역사적으로 발휘한 영향력을 접어두면, 여러 가지 면에서 송(宋)의 주희(朱熹, 1130～1200)와 대비할 만한 인물이다.[4] 정약용은 경학(經學)과 경세학(經世學)은 물론, 예학(禮學)의 분야에서도 방대한 업적을

4) 정약용은 정치적 문제로 인해 집안이 몰락했고, 자신도 오랜 유배생활을 하는 과정에서 학문적 후계자들을 충분하게 기를 수 없었다. 물론 정약용 사후 고종(高宗)황제에 의해 주목을 받으면서 『여유당집(與猶堂集)』이 왕실도서관인 규장각(奎章閣)에 필사되어 소장되고, 조선이 망한 뒤 조선학(朝鮮學)운동에 의해 실학(實學)의 상징적 존재로 부각되었다. 그러나 그의 학문적 구상은 현실적으로 구현될 기회를 얻지 못했기 때문에 역사적 영향력 면에서는 주희에게 견줄 수 없다.

남겼다. 송(宋)대의 주희가 불교와 도교의 사상적 자극에 대해서 도학(道學)이라는 새로운 유교의 모습을 정립했다면, 정약용은 조선 후기의 상황 속에서 천주교와 서학(西學)의 자극에 대해 인격적인 상제관(上帝觀), 적극적이고 능동적인 수양론과 정치론, 주례(周禮)로 표방되는 사회제도 개혁론 등 새로운 유교문화의 가능성을 구체적으로 제안했다.

비록 정치적으로 몰락하여 역사적으로 영향력을 발휘할 만한 기회를 충분히 갖지는 못했지만, 그가 보여준 새로운 유교문화의 가능성은 조선 후기의 정황 속에서 유교적 전통사회의 구조적인 문제에 대한 중요한 통찰을 선보이고 있다는 점에서 중요하다. 특히 주목할 만한 것은 그가 유교 경전에 대한 경학적 기반 위에서 종교문화적 신념을 수양론적 비전으로 구현하는 동시에, 경세학적 구상을 통해 구현되는 사회정치적 규범질서와 연결시키고 있다는 점이다.

정약용이 펼치는 의례이론(ritual theory)은 제사를 비롯한 유교 의례에 한정된 것이고, 유교 전통 내부의 목소리를 담고 있는 것이다. 그러나 오히려 그렇기 때문에 유교 의례의 특성을 잘 드러내고 있다. 그의 의례이론은 의례의 대상이 되는 신과 의례의 주체가 되는 인간의 관계 양상과 함께 상제(上帝)를 중심으로 하는 초월적 영역과 인간 사회의 일상적 영역이 구조적으로 조응하는 모습을 잘 보여주고 있다. 구체적으로 정약용의 사상에서 상제를 중심으로 백신(百神) 혹은 명신(明神)으로 지칭되는 천신(天神)의 초월적 위계질서와 군주를 중심으로 신하와 일반 백성에 이르는 정치사회적 위계질서는, 영명(靈明)한 주체들이 적극적으로 공·덕(功·德)의 가치를 창출하면서 초월적 우주와 일상적 사회를 유지하는 면에서 상호 조응하는 역동적 관계를 맺고 있다. 이러한 구상은 인간관과 수양론 및 경세론에도 일관되게 반영된다.

이는 음양오행론(陰陽五行論)과 이기론(理氣論)에 따라 우주와 인간을 포괄적으로 연관지어 '상관론적 사유'(correlative thinking)를 체계적으로 전개했던 한학(漢學)과 송학(宋學)을 비판적으로 해체하고 재구성함으로써 새로운 유교문화의 가능성을 열어주는 것이기도 하지만, 동시에 그러한 포괄적 형이상학에 의해 상대적으로 가려졌던 유교 전통의 종교문화적 신념이 지닌 근본 면모를 분명하게 드러내는 것이기도 하다.

전통적인 도학(道學)적 세계관과 정약용의 새로운 세계관은 포괄적이고 자연적인 천(天)에서 위계적이고 초월적인 상제(上帝)로 이동한다는 점에서 궁극적 실재관의 영역에서 대비되고 있을 뿐만 아니라, 인간관과 수양론 및 경세론에서도 분명한 차이를 드러내고 있다. 예컨대, 정약용은 주희가 불교의 정(靜) 개념을 비판하면서 제시한 경(敬) 개념에서 오히려 불교적 정 개념의 그림자를 읽어내어 '정적 수양론[靜存靜養, 住存]'이라고 비판하면서 그 문제점을 극복하기 위해 '동적 수양론[動存動養, 保存]'을 제안했다.[5] 또한 정치적으로는 군주의 자의적 권력 남용을 방지하기 위해 사대부 중심의 공론(公論)정치를 추구했던 도학(道學)적 정치론에 비해, 정약용은 신하들이 백성들 위에 군림하며 착취하지 못하도록 왕의 주체적이고 능동적인 역할을 강조하면서도 왕과 신하들이 함께 적극적으로 일을 분담하는 정치사회적 조직 구조를 위한 청사진을 제시함으로써 실질적이고 효율적인 왕도정치론을 제시하였다.

이러한 차이 때문에 정약용의 사상에서 천주교와 서학(西學)의 영향을

5) 『孟子要義』 卷1, 「盡心第七」, 〈盡其心者知其性章〉(『與全』 2集, 6卷, 37ab). "孟子操存之法, 保存其將亡, 後世操存之法, 住存其將去. 其差雖若毫釐, 其違乃至尋丈. 孟子所謂存心者, 每於行事之時, 去私而循命, 棄惡而從善, 以存此幾希將亡之一點道心. 此所謂保存也. 後世之所謂存心者, 每於靜坐之時, 收視而主敬, 凝神而息慮, 以存此躁擾不定之人心. 此所謂住存也. 住存之工, 固亦甚好, 但與孟子所言者不同耳. 養性亦然. 孟子之所謂養性者, 今日行一善事, 明日行一善事, 集義積善, 以養其樂善恥惡之性, 使浩然之氣, 充然不餒也. 後世之所謂養性者, 瞑目塑形, 專觀未發前氣象, 以求活潑潑地. 此所謂涵養也. 涵養自亦甚好, 但非孟子之意. 故朱子論存心, 曰存得父子之心, 存得君臣之心. 後儒以古之存養, 爲動存動養, 以今之存養, 爲靜存靜養. 余謂二者皆善, 但古無主靜之說, 惟有學而思, 思而學諸語."

읽어내려는 학문적 연구가 끊임없이 제기되고 있고, 일부 긍정할 수 있는 부분도 있지만, 예학(禮學)의 영역에서는 그러한 시도 자체가 무색해질 수밖에 없다. 정약용이 다루는 예학은 철저하게 유교 전통 내부의 개념과 맥락에 충실했고, 실제로 천주교 의례에 대한 논의라든가 천주교적 색채가 묻어나는 유교 의례의 해석은 전혀 없기 때문이다.

그렇다면 정약용의 예학은 유교적 신념의 다른 영역과는 무관하게, 혹은 적어도 독자적으로 분리된 채 이루어진 것인가? 그리하여 그의 사상은 서로 양립할 수 없는 모순을 지닌 채 파열음을 내고 있는 것인가? 아니면 도학적 세계관과의 차별성을 강조한 기존 해석이 잘못된 것인가? 오히려 정약용이 예학에서 보여주는 문제의식을 통해 천관, 인간론, 심성수양론, 경세론 등을 유기적으로 연결시켜 해석할 수는 없는가?

이 책은 이런 점에 착목하여 '종교문화체계'로서의 '예' 분석을 중심으로 정약용의 의례이론, 나아가 그의 유학사상 전반을 유기적으로 연결하여 해석할 수 있다는 전제 아래, 정약용의 의례이론이 지닌 구조와 특성은 무엇이며, 그것이 신관, 인간관, 수양론, 경세론 등과 어떻게 논리적으로 연결되는지를 해명하려고 한다. 이러한 작업은 직접적으로는 정약용의 의례이론과 유교사상을 밝히는 것이지만, 간접적으로는 동아시아 유교 전통에서 의례가 지니는 종교문화적 특성과 수양론적 함의 및 사회정치적 기능을 이해하는 데에도 기여할 수 있을 것이다. 아울러 서양의 기존 의례이론으로 유교 의례를 설명할 때 생기는 오류와 한계를 극복하는 데에도 일정한 기여를 할 수 있을 것이다.

2

선행 연구의 검토

정약용은 1930년대 '조선학'(朝鮮學)운동을 벌인 정인보, 안재홍, 문일평 등에 의해 '실학'(實學)의 대표적인 상징으로 부각되었다. 마치 고려에서 조선으로 이행하는 과정에서 불교와 주자학의 관계 설정이 그랬듯이, 조선사회에서 근대로 이행하는 자생적 발전의 가능성을 정당화하기 위해서, 조선사회의 중추적 이념을 담당했던 주자학(朱子學)과 그것을 넘어서는 다산학(茶山學)은 '허'(虛)와 '실'(實)이라는 범주로 대비되어 설정되었다. 이러한 대비는 그 자체로는 객관적으로 정당화할 수 없는 주장이지만, 조선학운동이 일어난 당시 상황에서는 이데올로기적 전략으로서 가치를 지니고 있었다.[6)]

조선학운동의 여파로 정약용이 실학의 대명사가 되면서부터 정약용에 대한 관심은 주로 '근대성'의 문제와 연관된 논의로 전개되었다. 정약용은 서학의 영향을 수용하여 조선시대 성리학의 전근대성을 타파할 수 있

6) 정약용을 중심으로 한 실학담론에 대한 종합적인 논의로는 이태훈, 「실학담론에 대한 지식사회학적 고찰: 근대성 개념을 중심으로」(전남대학교 박사학위논문, 2004) 참조.

는 근대성 혹은 근대성의 맹아를 지닌 사상을 선보인 사상가로 주목받았다. 이에 따라 다산학과 주자학의 불연속성이 강조되었고, 정약용은 탈주자학적인 세계관과 경세론을 보여준 학자로 부각되었다.[7)]

그러나 서학의 영향 정도와 근대성의 성격 및 실학의 정체성에 대한 반성이 진행되면서, 경학, 형이상학, 천관, 심성론, 수양론, 경세론의 모든 분야에 걸쳐 전통과 근대 사이에서 정약용의 사상이 위치하는 자리에 대한 반성이 일고 있다.

(1) 정약용의 예학에 대한 연구 경향

이런 가운데 정약용의 예학에 대한 연구는 다른 분야에 비해 훨씬 늦게 시작되어 아직까지 연구성과가 일천한 형편이다. 정약용의 예학에 대

---

7) 이러한 시각은 내재적 발전론에 따라 자생적 근대의 가능성을 '실학'에서 찾으려는 연구들, 특히 사회과학적 연구들에서 먼저 강조된 것이다. 실제로 다산의 경세론에 대한 남북한의 연구들은 대부분 이러한 경향을 보여주고 있다. 북한의 연구로는 최익한, 『실학파와 정다산』(평양: 국립출판사, 1955); 정성철, 『실학파의 철학사상과 사회정치적 견해』(全2册, 평양: 사회과학출판사, 1974) 등이 있고, 남한의 연구는 너무 많아 일일이 열거할 수 없지만, 姜萬吉 외, 『丁茶山과 그 時代』(서울: 민음사, 1986); 姜萬吉 외, 『茶山의 政治經濟思想』(서울: 창작과비평사, 1990) 등에 실린 논문들을 통해서 그러한 경향을 분명하게 살펴볼 수 있다. 아직까지도 이런 시각이 주류를 이루고 있는 가운데, 90년대 이후 이런 관점에 대한 비판적 시각이 점차 부각되고 있는데, 그 대표적인 사례로는 金泰永, 『실학의 국가개혁론』(서울: 서울대학교출판부, 1998)을 들 수 있다. 90년대 이후에는 근대의 기준에 대한 다양한 고민이 반영되면서, 기존 연구들이 적용하는 근대성의 기준을 좀더 엄밀하게 반성하거나, 새로운 이론적 관점에서 근대성의 기준을 재정립하려는 가운데 다산의 경세론에 대한 연구가 점차 심화되고 있다. 이러한 경향을 대표하는 연구는 뒤에 검토하게 될 이영훈과 김상준 등에게서 찾아볼 수 있다. 정약용의 경세론이 지닌 근대성을 검토하는 사회과학적 연구들은 철학계의 연구에도 영향을 주어, 90년대를 전후로 해서 다산 철학의 근대성에 대한 철학적 탐색이 본격적으로 이루어지고 있다. 이러한 흐름은 다산 철학의 경험주의적 사유를 강조하는 윤사순의 연구를 거쳐서, 한형조와 장승구의 연구에서

해서도 일부 서학의 영향을 강조하는 연구[8]가 있긴 하지만, 대다수 예학 관련 연구는 예학과 서학의 연관성을 주제화하지 못하고 있다. 오히려 천주교로부터의 이탈이라는 맥락[9]에서 예학에 대한 정약용의 관심을 평가하는 연구가 일부 있을 뿐,[10] 관심의 영향권에서 거의 배제되어 있다. 이러한 경향은 정약용 자신이 천주교 의례에 대한 연구를 한 적이 없고 유교 의례에 천주교적 요소를 도입한 흔적이 없기 때문에 당연한 것처럼 보인다.

그 논리와 체계가 면밀하게 다듬어졌으며, 이후 다산 철학 연구에 대한 연구의 새로운 전형(典型)이 되었다. 한형조와 장승구의 박사학위논문은 단행본으로 간행되었다. 한형조, 『주희에서 정약용으로—조선 유학의 철학적 패러다임 연구』(서울: 세계사, 1996); 장승구, 『정약용과 실천의 철학—다산 철학의 근대성 탐구—』(서울: 서광사, 2001) 참조.

8) 金敬天, 「茶山 丁若鏞의 西學思想—禮論을 중심으로」(한국정신문화연구원 한국학대학원 석사학위논문, 1985).

9) 다산 사상의 천주교적 배경은 최석우 신부를 비롯한 천주교 계열의 학자들에게서 강조되어 왔으나, 이에 대한 김상홍의 강력한 비판이 있었다. 양자의 상이한 논지에 대해서는 최석우 외, 『다산 정약용의 서학사상』(서울: 다섯수레, 1993), 金相洪, 『茶山學硏究』(서울: 계명문화사, 1990)와 『茶山文學의 再照明』(서울: 단국대학교출판부, 2003) 등 참조. 최근에는 동서교섭의 맥락에서 정약용이 천주교와 서학의 영향을 유교 전통 내부의 주체적 관점에서 수용하였다는 견해가 점차 통설화되고 있다. 이러한 경향은 금장태의 연구로부터 비롯하여 최근 이광호, 백민정 등에 이르기까지, 마테오 리치(Mateo Ricci)의 『천주실의(天主實義)』를 비롯한 각종 서학서(西學書)들과 정약용의 사상을 논점별로 비교연구하면서 그 논리적 설득력을 배가하고 있다. 그 본격적인 효시가 되는 작품은 琴章泰, 『東西交涉과 近代韓國思想』(서울: 성균관대학교출판부, 1984)이다. 하지만 동서사상의 교섭의 강도와 성격에 대해서는 의견의 차이가 있다. 예컨대, 송영배처럼 동서교섭의 결과 이루어진 서학의 영향을 강조하는 관점이 있는가 하면, 이광호와 백민정처럼 천주교와 서학의 영향을 인정하는 가운데 상대적으로 정약용의 사상이 지닌 유교적 전통을 강조하는 경향도 있다. 송영배, 「다산철학과 『천주실의』의 패러다임 비교연구」, 『韓國實學硏究』 2(한국실학연구회, 2000)와 「정약용의 철학과 성리학적 리기관의 해체—『천주실의』와의 영향관계를 중심으로—」, 『철학사상』 13(서울대학교 철학사상연구소, 2001); 이광호, 「동서융합의 측면에서 본 정약용의 사상」, 『퇴계학보』 131(퇴계학연구원, 2003); 백민정, 『정약용의 철학』(서울: 이학사, 2007) 등 참조.

10) 劉權鐘, 「茶山 禮學 硏究—喪儀說을 中心으로—」(고려대학교 박사학위논문, 1991) 참조.

그러나 주자학 전통과의 연속성과 불연속성 및 근대성이라는 측면과 관련해서는 예학적 이슈들이 조금씩 논의되고 있다. 예학과 관련해서도 기존에는 주자학과 다산학의 불연속성이 주로 강조되었지만, 최근에는 양자의 연속성이 서서히 부각되고 있다.

먼저 정약용의 예학 가운데 가장 먼저 주목을 받은 것은 정약용이 조선 후기에 새롭게 주목받은 『주례(周禮)』에 대한 관심을 가지고 국가제도론에 대한 본격적 연구를 전개했다는 점이었다.[11] 한국에서 예학(禮學)에 대한 현대적 연구는 80년대부터 서서히 형성되어 90년대 이후 본격적으로 연구되기 시작했다. 그 과정에서 17세기 예학시대론과 예송(禮訟)의 성격이 논쟁의 이슈로 부각됨에 따라,[12] 조선 후기에 보편화되는 『주자가례(朱子家禮)』의 예설(禮說)과는 다른 조선 후기의 예학적 경향이나, 서인(西人) 노론(老論)과는 다른 기호(畿湖) 남인(南人)의 예학적 경향 등이 다채롭게 논의되었으며, 정약용은 고례(古禮) 혹은 주례(周禮)에 주목한 학자로서 특별한 관심을 받았다.

이유진의 연구는 이런 경향을 띤 연구의 선구적인 사례로서, 주로 『경세유표(經世遺表)』와 『춘추고징(春秋考徵)』을 중심으로 정약용의 주례

11) 정약용이 『주례』를 수용하고 연구하는 양상과 성격에 대한 연구로는 文喆永, 「茶山 丁若鏞의 『周禮』 수용과 그 性格」, 『史學志』 19(단국사학회, 1985); 조성을, 「정약용의 『周禮』 연구와 개혁사상」, 연세대학교 국학연구원 편, 『한국 중세의 정치사상과 周禮』(서울: 혜안, 2005) 참조.

12) 조선 후기 禮訟에 대한 역사학계의 연구사 검토로는 李迎春, 「17世紀 禮訟 硏究의 現況과 反省」, 『韓國의 哲學』 22, 경북대 퇴계연구소, 1994); 池斗煥, 「朝鮮後期 禮訟論爭의 性格과 意味」, 『東洋學』 24, 1994) 등이 있으며, 禮訟을 바라보는 시각 차이에 대해서는 「第二十三會東洋學學術會議 座談會鈔」, 『東洋學』 24(단국대 동양학연구소, 1994)에 실린 지두환, 이영춘, 고영진의 토론이 참고할 만하다. 그동안 역사학계에서 이루어진 연구에 대한 철학계의 비판적 검토로는 李俸珪, 「예송의 철학적 분석에 대한 재검토」, 『大東文化硏究』 31(성균관대학교 대동문화연구원, 1996)가 대표적이다. 역사학계와 철학계의 연구 경향을 대조 검토한 것으로는 박종천, 「조선시대 典禮論爭에 대한 재평가—入承大統의 전례문제를 중심으로—」, 『韓國思想과 文化』 11(韓國思想文化學會, 2001) 참조.

론(周禮論), 방례론(邦禮論), 왕조례론(王朝禮論)을 비교적 충실하게 정리하면서, 고례(古禮)를 중시하는 제도개혁론자적 면모를 강하게 부각시켰다.[13] 그의 연구는 방대한 내용을 조목별로 정리하는 성실함에도 불구하고, 제도개혁론자의 측면만 지나치게 부각시키는 문제점으로 인해 상대적으로 예학과 관련하여 제기되는 다양한 이슈들에 대한 논의에 합류하지 못했다.[14] 이러한 한계는 상례(喪禮)와 제례(祭禮)를 중심으로 하는 가례(家禮) 영역을 다룬 정약용의 예학 저술들을 제외한 채, 연구의 시야를 '주례론'으로 표방되는 제도개혁의 문제에만 국한시켰기 때문에 생긴 당연한 결과였다. 이와 더불어 『경세유표』를 중심으로 하는 정약용의 제도개혁론이 그의 예학 전반 혹은 사상 전반에서 어떤 위치를 차지하며 다른 분야들과 어떻게 연관되는지에 대한 해명도 충분히 전개되지 못했다는 점도 유의할 필요가 있다.

실제로 정약용의 예학에 대한 활발한 평가와 논쟁은 오히려 『정체전중변(正體傳重辨)』과 『국조전례고(國朝典禮考)』 등에서 본격적으로 다루는 국가적 전례논쟁(典禮論爭)이나, 정약용 스스로 자신의 주저(主著)로 손꼽았던 『상례사전(喪禮四箋)』을 비롯한 가례(家禮) 연구를 통해서 집중적으로 이루어지고 있다. 최근에는 그 가운데서도 특히 『정체전중변』과 『국조전례고』를 중심으로 예송(禮訟)을 바라보는 정약용의 시각을 두고 서로 다른 시각이 제시되었다. 최근 연구의 흐름은 크게 두 갈래로 대별된다.

첫 번째 흐름으로는 정약용의 예학이 지니고 있는 불연속성 혹은 비정합성을 주목하는 연구가 있다. 최진덕은 여기에 속하는 대표적 학자로서, 정약용의 예학에서 아버지(유학성), 군주(근대성), 상제(종교성)가 비

13) 李裕鎭, 「丁若鏞 周禮論의 硏究」(동국대학교 박사학위논문, 1995). 이 논문은 정약용의 예학에 관한 두 번째 박사학위논문으로서, 『경세유표』를 중심으로 주례로 표방되는 국가제도론을 본격적으로 정리했다는 의의가 있다.

14) 이후 정약용 예학에 대한 이유진의 연구는 『춘추고징』을 중심으로 한 「丁若鏞 『春秋考徵』의 硏究」, 『孔子學』 5(한국공자학회, 1999)로 이어진다.

정합적으로 뒤섞이면서 맹자적 사유와 법가적/순자적 사유가 파열음을 내고 있다는 진단을 내렸으며, 대체로 친친(親親) 중심주의에서 존존(尊尊) 중심주의로 이행하는 변화를 읽어내었다.[15] 또한 그는 주희의 예학과 정약용의 예학을 각각 자연주의와 인간주의로 대비시키고, 양자의 예학이 각각 도가(道家)와 법가(法家) 또는 이학(理學)과 법학(法學) 사이에서 불일치를 일으키고 있음을 지적하면서, 그러한 성향이 각각 군신공치론(君臣共治論)과 왕권강화론(王權强化論)의 정치적 함의와 연관된다고 주장하기도 했다.[16]

이는 마루야마 마사오(丸山眞男, 1914~1996)가 제시했던 '자연(自然)'과 '작위(作爲)'의 대립적 구도를 '친친'과 '존존', '이학'과 '법학', '군신공치론'과 '왕권강화론'의 대립쌍으로 연결지어 설명하면서, 정약용에게서 주자학적 전통으로부터 이탈하는 측면과 더불어 근대성 혹은 근대성의 맹아를 읽어내려고 한 안목의 반영이다. 이러한 시각은 정약용의 사상을 완성된 체계로 보기보다는 '초점의 불일치'에 의해 혼선이 노출되는 철학으로 보면서, 예학을 유교 내부의 흐름으로 국한하지 않고 '자연'과 '작위'라는 동아시아 사상의 두 흐름을 기준으로 거시적으로 조망한다.[17] 이는 예학을 수양론과 경세론 등과 연결하여 일관되게 해석하려는 관점을 제시한다는 점에서 주목할 만한 성과임이 분명하다. 그러나 정약용의 예학이 지닌 실제 성격과 함의를 분석하는 대목에서는 일정한 한계가 드

15) 최진덕, 「茶山 實學의 構造와 그의 喪服制度論」, 『茶山의 사상과 그 현대적 의미』 (한국사상가대계 5, 성남: 한국정신문화연구원, 1998).

16) 최진덕, 「주자예학과 다산예학」, 『茶山學』 3(다산학술문화재단, 2002).

17) '초점의 불일치'는 원래 김형효가 정약용의 心學에 實用을 지향하는 心身一元論과 實踐을 추구하는 心身二元論이 착종되어 있음을 밝히면서 제기한 논점인데, 최진덕은 이 논점을 확대하여 禮學이 自然을 지향하는 理學/心學과 人間을 추구하는 法學/經世學 사이에서 다양한 스펙트럼을 지닐 수 있음을 설명한 것이다. 김형효의 해당 연구로는 김형효, 「다산의 사상과 행사론의 독법」, 『원효에서 다산까지』(청계, 2000), 519~601쪽 참조.

러난다. 예컨대, 정약용이 능동적인 왕의 역할을 긍정한 것은 일방적인 왕권강화론이 아니라 제도의 재정립에 의해 왕도정치의 효율성을 제고하고 왕과 신하가 모두 열심히 노력하는 군신공치론에 가깝다.[18)]

정약용의 예학이 지닌 근대성을 조금 더 부각시킨 관점으로는 사회학자인 김상준의 연구가 주목할 만하다.[19)] 그는 윤휴와 정약용에게서 근대 주권론의 가능성을 읽어내면서, 가례(家禮)와 방례(邦禮)가 각기 가족 공동체와 국가 공동체를 규정하는 예(禮)로서 연속성을 지니고 있다고 본 성리학자들의 예론에 비해, 윤휴와 정약용의 예론은 가례로부터 방례를 이탈시킴으로써 가족적 질서로부터 자유로워진 국가 질서의 가능성을 보여주었다고 평가했다. 특히 상제가 왕권의 신성성을 보장하는 측면이 있음을 강조함으로써 무위(無爲)적 군주에서 능동적 군주로 군주의 위상이 강화되는 일종의 정치신학(政治神學)적 함의를 읽어내었다.

이러한 관점은 비록 탈성리학적 예론의 근대지향성을 도식화함으로써 경학과 경세론을 예론의 관점에서 일관되게 해석할 수 있는 방식을 제공했음에도 불구하고, 구체적인 논리의 부실함으로 인해 윤휴와 정약용의 차이점을 단순화시켰을 뿐만 아니라 친친(親親)과 존존(尊尊)을 단순하게 친족윤리와 정치윤리로 대비하거나 절대왕정의 가능성을 제기하는

18) 정약용의 능동적 군주관이 단순한 왕권강화론이 아니라 제도에 의한 군신공치론의 형태에 가깝다는 것을 밝힌 대표적인 연구로는 姜錫和, 「丁若鏞의 官僚制 改革案 硏究」, 『韓國史論』 21(서울대학교 국사학과, 1989)와 「조선후기 지방제도의 운영과 정약용의 개혁안」, 『韓國學報』 17권 4호(一志社, 1991); 趙誠乙, 「丁若鏞의 지방제도 개혁론」, 『東方學志』 77·78·79합집(연세대학교 국학연구원, 1993)과 「丁若鏞의 중앙관제 개혁론」, 『東方學志』 89·90합집(연세대학교 국학연구원, 1994); 이봉규, 「四書 해석을 통해 본 정약용의 정치론」, 『茶山學』 7(다산학술문화재단, 2005); 金泰永, 『실학의 국가개혁론』과 「정약용 經世論에서의 王權論」, 『茶山學』 창간호(다산학술문화재단, 2000) 참조.

19) 김상준, 「남인 예론과 근대주권론」, 『茶山學』 4(다산학술문화재단, 2003)과 「조선후기 사회와 '유교적 근대성' 문제」, 『대동문화연구』 42(성균관대학교 대동문화연구원, 2003).

부분에서 문제점이 있다.[20]

한편, 경제학자 이영훈은 조선 후기 자본주의 맹아론을 비판하고 실학을 조선 후기 근세(近世) 소농사회(小農社會)의 자기인식 체계로 보면서, 그 대표적인 사례로 정약용을 연구한다.[21] 이영훈에 의하면, 정약용은 인륜의 통합성 속에 묶여 있던 인간관계들 중 천속(天屬), 의합(義合), 족류(族類)들이 분열해 나가는 징후를 보여주면서 도덕주의적 왕정론(王政論) 대신 부국강병을 추구하는 작위적 왕정론을 주장한다고 본다. 그 역시 통합적 인간관계가 사회의 독자적 영역으로 분화해 나가는 단서를 보여준다는 점에서 근대적 단초를 읽어낸다.

이러한 시각의 반대편에는 정약용의 예학에서 친친(親親)을 중심으로 하는 인륜적 질서를 존중하려는 의도를 읽어내면서 정약용이 맹자(孟子)류의 왕도정치론(王道政治論)을 견지하고 있음을 주목하고, 나아가 정약용의 사상이 전반적으로 주자학이 지니고 있는 기본 취지를 현실적으로 실현하기 위한 고심의 산물이었음을 주목하는 연구들이 있다.

유권종은 정약용이 한대(漢代) 예학과 송대(宋代) 예학을 비판적으로 극복하고 공자(孔子)의 고례(古禮)를 회복하려고 했던 것을 왕도정치의 실현과 연관시켜 이해하였다.[22] 장동우는 정약용의 예학이 순자(荀子)류의 존존(尊尊) 중심이 아니라 맹자(孟子)류의 친친(親親) 중심적 경향을

---

20) 이에 대한 심층적인 비판으로는 이봉규, 「다산학 연구의 최근동향과 전망」, 『茶山學』 6(다산학술문화재단, 2005)과 「실학과 예학—연구사에 대한 회고와 전망—」, 연세대학교 국학연구원 편, 『韓國實學思想硏究1: 哲學 · 歷史學篇』(연세국학총서 61, 서울: 혜안, 2006), 249~254쪽 참조.

21) 李榮薰, 「茶山 經世論의 經學的 基礎」, 『茶山學』 창간호(다산학술문화재단, 2000)와 「다산의 인간관계 범주구분과 사회인식」, 『茶山學』 4(다산학술문화재단, 2003).

22) 劉權鐘, 「茶山 禮學 硏究—喪儀說을 中心으로—」(고려대학교 박사학위논문, 1991). 이 논문은 다산 예학에 관한 최초의 박사학위논문으로서, 주로 喪禮에 집중하고 있지만, 다산의 상례설을 다산 예학, 나아가 다산 사상 전반의 기본적 이슈들과 연관지어 해석했다는 점에서도 다산 예학 연구의 토대를 닦은 중요한 연구성과다.

보이면서 정치적으로는 왕도정치의 구체적인 실천을 지향한다고 분석하였다.[23] 이봉규는 최근 다산학을 근대적 지평에서 해석하는 '정치신학적 군주론'과 '작위적 왕정론'에 대하여 비판하면서, 정약용의 정치론이 '인륜에 근거한 왕도정치'였음을 지적하였다.[24] 박종천은 정약용이 기본적으로 친친과 존존이 서로 충돌하지 않도록 하는 고심을 친속(親屬)과 군통(君統)의 분리를 통해 구현하고, 왕권을 공적인 성격을 지닌 것으로 규정함으로써 왕권을 강화함과 동시에 군주권의 사적 남용을 막는 방식으로 전통적인 유교사회의 구조를 유지하려고 했다고 설명했다.[25]

이런 시각들은 인륜(人倫)에 기반한 덕치(德治)를 지향한다는 점에서 정약용을 공(孔)·맹(孟)으로부터 주자학에 이르기까지 연속되는 전통적인 유교 정치론의 계보에 포함시켜 설명한다. 이에 따라 정약용에게서 과도하게 순자(荀子) 혹은 법가(法家)적 요소를 읽어내거나 전통적인 유교 전통, 특히 주자의 성리학에서 일탈하여 분리되는 측면을 실학으로 강조하여 그것을 근대적 징후로 포착하려는 관점을 비판하는 한편, 주자학의 허학(虛學)적 요소를 극복하면서도 주자학이 지향한 실학적 관심을 좀더 실현가능한 형태로 제시했다고 본다. 이런 연구경향은 유교 전통의 발전

23) 張東宇, 「茶山 禮學의 研究－『儀禮』「喪服」과 『喪禮四箋』「喪期別」의 比較를 중심으로－」(연세대학교 박사학위논문, 1998). 이 논문은 다산 예학에 대한 세 번째 박사학위논문으로서, 禮訟과 연관된 정치적 이슈들에 대한 다산 예학의 기본적 성격을 해명한 力作이다. 장동우는 유권종의 논문이 미처 다루지 못했던 國家 典禮의 논점을 해명하였으며, 유권종의 논지를 비판한 최근 연구들에 대한 재반론을 제기하면서 현재 다산 예학과 관련된 논쟁의 중심에 서 있다. 그는 뒤에 議親과 王位繼承의 문제에 대해서 정약용의 禮學이 주희보다 훨씬 더 강하게 일관된 자세로 親親을 적용했음을 논증하였다. 張東宇, 「茶山 禮學에서 '親'과 '尊'의 問題－議親과 王位繼承에 관련된 두 가지 사례를 중심으로」, 『퇴계학보』 112(퇴계학연구원, 2002) 참조.

24) 이봉규, 「四書 해석을 통해 본 정약용의 정치론」, 『茶山學』 7(다산학술문화재단, 2005).

25) 박종천, 「『國朝典禮考』에 나타난 茶山 丁若鏞의 禮論」, 『韓國思想史學』 16(한국사상사학회, 2001).

적 계승을 비교적 설득력있게 설명하고 있다.

요컨대, 예학과 관련해서 주자와 정약용의 불연속성을 강조하는 연구가 대체로 정약용이 친친과 존존의 대립과 갈등을 주목하고 왕조례에서 존존 중심의 견해를 지지함으로써 순자 혹은 법가에 근접하면서 주자학에서 일탈하여 근대성에 다가갔다고 설명하는 반면, 상대적으로 양자의 연속성을 주목하는 연구는 정약용이 친친과 존존의 병립과 조화를 지지하고 왕조례에서도 친친 중심의 안목을 제안함으로써 맹자로부터 비롯되는 유교 전통의 연속성을 계승하고 있음을 역설하고 있다. 또한 전자의 흐름이 사회과학적 안목에 기반하여 정약용에게서 인륜질서에서 벗어나는 절대왕정론이나 근대적 정치론을 읽어내려고 하는 반면, 후자는 전통과의 연속성에 주목하면서 정약용이 왕도정치의 새로운 가능성을 보여주었다고 평가하는 경향이 강하다.

한편, 다산 예학에서 친친보다 존존을 강조하면서 전통과의 불연속성을 찾거나 근대성을 강조하는 연구 경향이 주로 『정체전중변』을 중심으로 『국조전례고』를 일부 참고하여 논의를 전개하는 데 비해, 이들의 연구는 대체로 『상례사전』을 중심으로 다산 예학의 전체적인 경향을 존존보다는 친친을 중심으로 유교 전통의 연속선상에서 설명하고 있다. 분명히 다산 예학을 둘러싼 관점의 차이는 어느 정도 사대부의 예(禮)를 다루는 『상례사전』과 왕조례를 다루는 『정체전중변』, 『국조전례고』의 성격에서 비롯된 측면이 있다. 이러한 경향은 특히 친친과 존존의 착종이 상대적으로 더 부각될 수밖에 없는 왕조례의 특수성을 어떻게 이해하는가 하는 문제를 제기한다.

대부분의 연구, 특히 정약용의 예학에서 존존 중심의 경향을 읽어내거나 친친과 존존의 갈등을 강조하려는 연구에서는 대체로 친친과 존존의 기준을 각각 왕권의 견제와 강화라는 정치적 테마와 연결하고 있는데, 이는 피상적인 관찰에 불과하다. 국가 전례논쟁에서 군주의 명분(名分)을 결정하는 친친과 존존의 기준이 모두 공(公)과 사(私)의 개념을 매개로 해서 왕권의 견제라는 정치적 함의를 가질 수도 있고 왕권의 강화라는 정치적 지향으로 표출될 수도 있기 때문이다.[26)]

이러한 상황을 충분히 고려하기 위해서는, 예학을 둘러싼 담론에서 공적 관계와 사적 관계를 구별하면서 종자(宗子)와 군주가 각각 가(家)와 국(國)/천하(天下)를 대표하는 공동체의 상징적 대표이자 의례를 주관하는 공적 주체라는 점을 충분히 고려해야 한다. 공(公)의 함의는 공적 공동체를 사적 차원으로 전락시키는 것을 방지하려는 것이다. 따라서 공동체를 상징적으로 대표하는 공적 제사장으로서 의례적 주체인 종자와 군주의 성격에 대한 논의가 필요하다.

아울러 공(公)의 정치적 의미가 인륜(人倫)을 초월하는 방식으로 사(私)적 관계를 배제하는가, 아니면 인륜을 견지하는 방식으로 사적 관계를 견제하는가를 분명하게 구별할 필요가 있다. 그에 따라 정약용의 예학이 법가나 근대성을 지향하는가, 아니면 철저하게 유가적 예론의 전통을 견지하는가의 차이가 나타나며, 왕권을 강화하는가, 아니면 왕도 인륜적 질서 안에서 규제 당하는가 하는 점이 드러날 것이다.

이러한 논의는 정약용의 경우에만 국한되는 것이 아니라 동아시아 유교적 전통사회의 전례논쟁 전반에 적용할 수 있는 시각을 제공할 수 있다.[27)]

---

26) 이원택과 張東宇의 연구결과는 親親과 尊尊이 일률적으로 왕권 견제와 왕권 강화로 연결되는 것이 아니라는 전제 아래 尊尊의 논점으로 三年服을 주장하는 윤휴, 親親의 논점으로 朞年服을 주장하는 송시열, 親親의 논점으로 三年服을 주장하는 정약용 등의 차이를 분명하게 논증하고 있으며, 박종천의 연구는 立後를 통해 왕권을 계승한 경우 尊尊의 기준이 군주의 사적 권력 남용을 견제하고 親親의 기준이 군주의 사적 권력 강화로 전락할 수 있음을 해명한 것이다. 조선 후기 禮訟에 반영된 公과 私의 성격을 밝힌 연구로는 이원택, 「현종대의 服制論爭과 公私義理에 관한 연구」(서울대학교 박사학위논문, 2000) 참조.

27) 최근 중국사 연구에서도 禮學과 典禮論爭에 대한 연구가 진행되고 있는데, 朝鮮에서 일어났던 논쟁과 기본적으로 공통된 논점으로 연구할 수 있다. 예컨대, 漢代 典禮論爭, 宋代 濮議, 明代 嘉靖大禮議 등에 대한 金容天, 曺永祿, 鄭台燮 등의 연구는

나아가 경세론과 관련하여 예학의 정치적 함의를 밝히는 측면에서 분명히 공헌할 것이다.

예학을 둘러싼 대립적 시각들은 예학과 간접적으로 연결되는 경학, 수양론, 상제관, 경세론 등에서도 확인된다. 예컨대, 김형효, 한형조,[28] 최진덕 등의 철학자들이 대체로 마루야마 마사오(丸山眞男)가 제시했던 '자연(自然)'과 '작위(作爲)'라는 대립적 구도 혹은 필립 아이반호(Philip J. Ivanhoe)가 유교 전통의 수양론적 구도로 제시했던 '발견 모델(discovery model)'과 '계발 모델(development model)'의 대비 등을 통해 주자와 정약용의 차별성을 읽어내는 반면, 이황에서 정약용에 이르는 종교성 혹은 상제관의 연속성을 주목하는 이동환[29]의 연구나 주자학과 다산학의 차별성을 어느 정도 인정하면서도 인심도심론(人心道心論)의 측면에서 양자의 연속성을 해명한 이광호[30]와 백민정[31]의 연구는 유교적 전통의 연속선상

참고할 만하다. 金容天, 「漢 宣帝期 禮制 論議―'爲人後者' 禮說의 變化를 中心으로―」, 『東國史學』 33(동국사학회, 1999); 「前漢時代 典禮論 研究」(동국대학교 박사학위논문, 2005); 「前漢 哀帝의 入繼大統과 '爲人後' 禮說 論爭」, 『중국사연구』 43(중국사학회, 2006); 「後漢시대 廟議와 宗法觀念」, 『중국고중세사연구』 17(중국고중세사학회, 2007); 「『石渠禮論』의 分析과 前漢시대 禮治 理念」, 『東方學志』 137(연세대학교 국학연구원, 2007); 김용천, 『전한후기 예제담론』(서울: 선인, 2007); 曺永祿, 「嘉靖初 政治對立과 科道官―「大禮議」를 中心으로」, 『東洋史學研究』 21(동양사학회, 1985); 『中國近世政治史研究―明代 科道官의 言官的 機能―』(서울: 지식산업사, 1988); 鄭台燮, 「明代の典禮問題とその政治思想」(京都大學大學院 碩士學位論文, 1984); 「大禮議의 典禮論 分析」, 『東國史學』 24(東國史學會, 1990), 「明末의 禮學」, 『東國史學』 28(東國史學會, 1994); 中山八郎, 「明の嘉靖祖の大禮問題の發端」, 『人文研究』 8-9(大阪市立大文學會, 昭和32); 「再び「嘉靖祖の大禮問題の發端」に就いて」, 『清水博士追悼記念 明代史論叢』(清水博士追悼記念明代史論叢編纂委員會 編, 東京: 大安, 昭和37) 등 참조.

28) 한형조, 『주희에서 정약용으로』(서울: 세계사, 1996)와 「다산과 서학」, 『茶山學』 2(다산학술문화재단, 2001).

29) 이동환, 「茶山 思想에서의 '上帝' 도입경로에 대한 序說的 고찰」, 『민족사의 전개와 그 문화』(서울: 창작과비평사, 1990); 「茶山思想에 있어서의 '上帝' 문제」, 『민족문화』 19(민족문화추진회, 1996).

30) 이광호, 「李退溪의 철학사상이 丁茶山의 경학사상의 형성에 미친 영향」, 『퇴계학보』 90(퇴계학연구원, 1996); 「退溪 李滉의 心學的 理學이 茶山 丁若鏞의 道德論形成에 미친 影響」, 『韓國實學研究』 12(한국실학학회, 2006).

에서 정약용의 위치를 새롭게 부각시켜 주는 면에서 의미가 있다.

다산학과 주자학의 불연속성을 극단적으로 강조하는 경우에는, 이상익과 한자경처럼 정약용이 상제라는 외재적 요인에서 실천의 동력을 찾았다고 보면서 타율적 강제에 의한 실천이라는 점을 부각시키게 된다.[32] 그러나 이런 연구는 그동안 과도하게 평가절하되어 왔던 전통적인 주자학에 대한 재평가로서는 의미가 있지만, 정약용 사상 중 상제관만을 과도하게 부각시키고 도심을 중심으로 한 수양과 인륜적 가치 실천 및 왕도정치 구현의 측면을 과소평가함으로써 정약용에 대한 편파적인 이미지를 구축하는 문제점을 낳기도 했다.

(2) 정약용의 신관에 대한 연구 경향

정약용의 천관(天觀)이 자연적이고 포괄적인 '리'(理)에서 벗어나서 인격적이고 주재적인 '상제'(上帝)로 전환한다는 것은 이미 널리 알려진 사실이지만, 그러한 전환이 가지는 함의나 상제가 지닌 성격에 대한 해석은 다양하다.

기존에는 정약용이 마테오 리치(Mateo Ricci, 1552～1610)의 『천주실

31) 백민정, 「정약용 철학의 형성과 체계에 관한 연구—주자학과 서학에 대한 비판적 수용과정을 중심으로—」(연세대학교 박사학위논문, 2006); 「다산의 '윤집궐중(允厥執中)'론」, 『韓國實學研究』 13(한국실학학회, 2007); 「정약용 수양론의 내적 일관성에 관한 연구—신독(愼獨), 지성(至誠), 집중(執中), 충서(忠恕), 인심도심론(人心道心論)을 중심으로—」, 『退溪學報』 122(퇴계학연구원, 2007). 백민정의 박사학위논문은 최근 『정약용의 철학』(서울: 이학사, 2007)이란 제목의 단행본으로 출간되었다.

32) 이상익, 「정약용의 윤리사상에 대한 주자학적 반론」, 『동방학지』 119(연세대학교 국학연구원, 2003); 한자경, 「유교와 천주교 사이의 다산: 인간본성의 이해를 중심으로 논함」, 『17 · 18세기 조선의 외국서적수용과 문화변동』(이화여자대학교 한국문화연구원, 2005).

의(天主實義)』에서 접한 천주교의 신관에서 인격적 유일신관(personal monotheism)의 영향을 직접적으로 수용한 것으로 보는 견해가 우세했다.[33] 그러나 최근에는 정약용이 동아시아의 전통적인 상관론적 사유에 근거한 '인간-우주동성동형론적'(anthropocosmic) 세계관을 폐기하였으나 천주교의 신관이 곧바로 그 공백을 대체한 것은 아니라는 데 많은 학자들이 공감하고 있다.[34] 특히 동아시아 전통의 상관론적 사유 가운데 하나인 '국가론적 유비'(state analogy)와 '영성'(spirituality)에 의한 새로운 천인합일(天人合一)을 구성하였다는 정순우의 연구는 전통적인 천인상응(天人相應)의 구도에서 정약용의 사상과 주자학적 전통의 연속성을 유추해 볼 수 있다는 점에서 매우 의미있는 작업이다.[35]

또한 정약용이 리(理)의 초월적 개념을 배격하면서도 천주교의 신관과는 다른 유교적 유신론자(a Confucian theist)였다는 해석[36]과 더불어, 그의 천관을 남인(南人) 계열로 이어지는 조선의 지성사와 동아시아 유교

33) 대표적인 사례로는 최석우, 「다산의 서학사상」, 『다산 정약용의 서학사상』(서울: 다섯수레, 1993)이 있으며, 정약용의 사상에 미친 西學의 영향을 강조하는 연구들이 대체로 이러한 관점을 견지하고 있다. 이러한 관점은 천관 뿐만 아니라 정약용의 사상 전반을 해석하는 관점으로 이어진다. 예컨대, 형이상학적 차원에서 검토한 것으로는 송영배, 「다산철학과 『천주실의』의 패러다임 비교연구」, 『韓國實學研究』 2(한국실학연구회, 2000); 「정약용의 철학과 성리학적 리기관의 해체—『천주실의』와의 영향관계를 중심으로—」, 『철학사상』 13(서울대학교 철학사상연구소, 2001) 등이 있고, 천관의 인성론적 함의를 불교와 유교의 내재주의와 천주교와 정약용의 외재주의의 대립으로 읽어내는 연구로는 한자경, 「유교와 천주교 사이의 다산: 인간본성의 이해를 중심으로 논함」이 있다.

34) 예컨대, Michael C. Kalton, "Chong Tasan and Mencius," 『茶山學』 5(다산학술문화재단, 2004); 정순우, 「다산에 있어서의 천과 상제」, 『茶山學』 9(다산학술문화재단, 2006) 참조.

35) 정순우, 「다산에 있어서의 천과 상제」, 『茶山學』 9(다산학술문화재단, 2006), 32~37쪽.

36) Don Baker, "A Different Thread: Orthodoxy, Heterodoxy, and Catholicism in a Confucian World," in JaHyun Kim Haboush and Martina Deuchler (eds.), *Culture and the State in Late Chosŏn Korea* (Cambridge: Harvard University Asia Center, 1999), pp.213~217.

전통의 지성사적 흐름에서 충분히 이해할 수 있다는 견해도 제안된 바 있다.[37] 나아가 고대유교부터 주희까지 계승되는 유교의 종교적 측면에서 정약용이 크게 벗어난 것은 아니라는 해석까지도 제기되고 있다. 예컨대, 김영식의 연구에 따르면, 정약용의 사상에서 인간과 자연의 분리는 철저하지 않았고, 주자학과의 차이도 크지 않았으며, 그에 따라 그의 사상을 근대지향적인 것으로 평가하는 것은 지나친 과대평가다.[38]

지금까지 살펴본 대로, 다산의 상제관에 대한 기존 연구들은 주로 『중용(中庸)』 주석을 중심으로 『춘추고징』을 일부 참조하고 『천주실의』의 상제관이나 주자학자들의 천관(天觀)을 정약용의 상제천관과 비교하는 방식으로 이루어져 왔다. 그러나 아직까지 다산의 예학과 관련하여 상제관을 설명하면서 의례에서 상제가 실제로 갖는 위치와 성격을 논의한 연구는 찾아보기 힘들다. 따라서 수양 공부와 인륜의 실천, 사회질서의 구성과 유지에서 상제가 갖는 성격과 기능을 의례 대상으로서 상제가 갖는 그것과 연결해서 설명할 필요가 있다.

---

37) 퇴계의 종교적 경건주의에서 비롯되었다고 평가하는 선구적 업적으로는 이동환, 「茶山 思想에서의 '上帝' 도입경로에 대한 序說的 고찰」, 『민족사의 전개와 그 문화』(서울: 창작과 비평사, 1990), 208~209쪽. 퇴계, 백호, 성호, 녹암, 정약용으로 이어지는 남인의 事天學적 관점에 대해서는 금장태, 「茶山의 事天學과 西學 受容」, 『철학사상』 16(서울대학교 철학사상연구소, 2003), 135~136쪽, 173~174쪽. 동아시아적 전통에서 보는 정약용에 대한 평가는 Mark Setton, *Chŏng Yagyong: Korea's Challenge to Orthodox Neo-Confucianism* (Albany: State University of New York Press, 1997), pp.29, 50 이하, pp.143~144 참조.

38) 김영식, 『정약용 사상 속의 과학기술-유가 전통, 실용성, 과학기술』(서울: 서울대학교출판부, 2006), 20~24쪽. 특히 20쪽. "주희의 견해들과 차이를 보이는 정약용의 견해들 중 어느 것도 주희의 사고의 넓은 범주를 완전히 벗어나 버리는 성격의 것들이 아니었다는 점이다."

(3) 정약용의 심신수양론에 대한 연구 경향

이러한 경향은 수양론에서도 마찬가지다. 대체로 선행 연구에서는 다산의 상제가 인격적 신으로 등장하여 인간들의 윤리적 실천을 감시하는 역할을 하지만, 계시(revelation)를 통해 자신의 뜻을 알리거나 지상에서 화복(禍福)을 주고 사후(死後)에 심판하는 기독교적 신(神)은 아니라는 점에 대부분 의견이 일치한다.[39)]

정약용의 수양론에 대한 최근 연구로는 다산이 주자의 인심도심론을 주목하여 심성수양론의 기본틀로 삼았다는 점을 밝히는 이광호와 백민정의 연구,[40)] 천(天)을 향한 외경과 타인[人]을 향한 정성을 어떻게 통합하느냐 하는 정약용의 독자적인 문제의식을 수양 주체의 수양과 변형이라는 측면에서 다룬 임부연의 연구,[41)] 다산의 심신수양론이 '신형묘합'(神形妙合)의 틀로 인해 마음의 운용으로 귀결되는 수양론이면서도 몸의 생리적 기능과 작용을 모델 삼아 대체(大體)를 기르는 호연지기(浩然之氣)의 양성을 통해 확충론에 의거한 인격 완성의 경지를 가늠할 수 있다고 해석한 성태용의 연구[42)] 등이 주목할 만하다.

이들 연구에 의하면, 정약용의 수양론은 일상적 실천에서 실현해야 할 당위적 가치[德]가 이미 자연적 본성으로 인간 내면에 선험적으로 자리잡

39) 이런 견해를 대표하는 연구로는 앞서 언급한 이동환과 백민정의 연구와 함께 성태용, 「다산철학에 있어서 계시 없는 상제」, 『茶山學』 5(다산학술문화재단, 2004)를 참조하라. 다만 정약용이 언급하는 상제의 '조화'(造化)를 기독교의 '창조'와 비슷하게 이해할 것인가를 두고는 서로 다른 견해가 있다. 이에 대해서는 「좌담: 다산, 주자학 그리고 서학」, 『茶山學』 2(다산학술문화재단, 2001)에 실린 논의를 참조하라. 또한 영혼불멸과 우주창조에 대해서 천주교의 영향을 강조하는 대표적인 연구로는 유초하, 「정약용철학에서 본 영혼불멸과 우주창조의 문제」, 『한국실학연구』 6(한국실학학회, 2003) 참조.

40) 주석 30)과 31) 참조.

41) 임부연, 「정약용의 수양론 연구」(서울대학교 박사학위논문, 2004).

42) 성태용, 「다산학에 있어서 몸 기름養과 마음 기름養」, 『茶山學』 2(다산학술문화재단, 2001).

고 있다는 점을 역설한 성리학적 관점을 거부하면서, 호연지기와 인심(人心)/도심(道心)이라는 현상적 마음의 차원에서 치열한 반성과 신중한 선택을 거쳐서 실천적 결과로 이루게 되는 가치[德]를 강조한다.

실제로 정약용에 의하면, 인륜(人倫)의 규범을 실천할 때 성립되는 인(仁)·의(義)의 덕은 인륜적 실현가치로서 예악(禮樂)의 근본이 되므로, 예는 인륜을 실현하는 덕을 적절하게 정형화[節文]한 문화적 형식이라고 할 수 있다.[43] 그렇다면 예라는 문화적 형식은 인륜의 덕을 실천하기 위한 형식으로서 다시 내면적 덕으로 환류(feedback)하는 것이라고 할 수 있다. 덕과 예는 질(質)과 문(文)으로서 상호관계를 맺는 것이다. 이 문질론(文質論)적 관점은 실질적 덕과 형식적 예의 관계를 통해 내면의 수양이 실천형식과 규범적 제도로서의 외면적 예와 맺는 논리적 연결고리가 된다.[44] 따라서, 이에 대한 논의는 수양론과 예론을 연결하는 논의로 주목할 필요가 있다.

물론 개별적인 현상적 차원에 주목하는 정약용의 수양론이 공부의 주체성을 확보하기 힘들다는 지적도 있고,[45] 성리학처럼 인간의 내면

---

43) 실제로 정약용은 『孟子』를 좇아서 禮를 '仁·義라는 德의 節文'으로 보았다. 『論語古今註』 卷9, 「陽貨」(『與全』 2集, 15卷, 30b). "『孟子』曰, '仁之實, 事親是也. 義之實, 從兄是也. 禮之實, 節文斯二者是也. 樂之實, 樂斯二者是也.' 禮樂之本, 起於人倫." 『論語古今注』 卷1, 「八佾中」(『與全』 2集, 7卷, 43a). "禮樂之本, 起於人倫. 仁者, 人倫之成德. 仁爲之本, 而禮樂由之以生." 등 참조.

44) 정약용의 文質論적 관점에 대해서는 劉權鍾, 「茶山 禮學 硏究—喪儀說을 中心으로—」, 62~71쪽, 박종천, 「다산 예론(禮論)의 실천적 함의」, 『韓國實學硏究』 13(한국실학학회, 2007), 46~48쪽 참조.

45) 정순우, 「다산 공부론에 있어서 '덕성'의 문제」, 『茶山學』 2(다산학술문화재단, 2001), 125쪽. 정순우의 날카로운 지적에 의하면, 다산의 동적 공부론이 敬의 공부론을 정적 공부론으로 비판함으로써 "현상적인 개개의 行事에만 집착하는 것은 … 자칫 객체로서의 대상에게 종속될 위험이 있는" "다산의 '행사' 개념은 물物과 인간과의 관계에서 자칫 사물을 부리는 것이 아니라 사람이 사물의 부림을 받는 관계로 진전될 위험성이 있는 것이다." 이어서 정순우는 上帝 개념과 愼獨 개념의 精緻한 분석을 통해서 이런 문제점을 극복할 가능성을 찾아보아야 함을 지적했다.

에 완전한 것으로 주어진 덕성(德性)을 '회복'하는 수양이 아니라 대체의 지향성을 지속적으로 실현함으로써 덕을 쌓아가는 '확충'이기 때문에 인격완성의 경지를 찾기 힘들다는 언급도 있다.[46)]

그러나 정약용도 천명(天命) 혹은 도의(道義)를 좋아하고 따르려는 기호(嗜好)로서의 성(性)을 인정하고 있다는 점에서 초월성의 내면적 근거를 마련하고 있으며, 그의 수양론은 마음의 수양에 치중하는 내향적 방식에 갇히기보다는 현상적인 심신(心身)의 적극적인 운용을 통해 지속적으로 덕을 확충해 나감으로써 호연지기(浩然之氣)를 기르는 방향으로 전개되었다.[47)]

분명히 정약용은 몸뚱이[形]와 함께 유기적으로 연결되어 있는 현상적인 마음[心]의 자리에서 수양 공부를 논의하고 있으며, 수양 공부에 따르는 인격의 완성도 몸뚱이와 현상적 마음이 유기적으로 연결된 총체적인 몸[身, 己]의 차원에서 이루어진다. 이에 따라 주자학과는 달리, 미발함양(未發涵養)의 수양을 부정하고,[48)] 욕구[欲]가 지닌 가능성을 긍정적으로 재평가하는 경향까지 보여주었다.[49)]

46) 성태용, 「다산학에 있어서 몸 기름養과 마음 기름養」, 86쪽. "인의 덕을 이룬 사람은 어떤 '경지'에 도달하여 있는가? 그도 끊임없이 마음 속에 드러나는 대체와 소체의 갈등 사이에서 반복적으로 선택을 하는 상태인가? 그렇다면 거기에는 '완성'이 없다." 성태용은 이런 문제점에 대한 대안으로 호연지기 양성론을 제시했는데, 몸의 수양이라는 측면에 연관된 논리만 조금 더 보강되면 실제로 이론적 문제점을 극복할 만한 탁견(卓見)으로 보인다.

47) 정약용이 제시하는 호연지기의 수양론적 함의에 대해서는 성태용, 「다산학에 있어서 몸 기름養과 마음 기름養」 참조.

48) 다산의 '미발함양' 부정에 대한 논의로는 강신주, 「주자와 다산의 미발未發론: '존재론적 감수성'과 '신학적 감수성'의 차이」, 『茶山學』 2(다산학술문화재단, 2001); 임부연, 「정약용의 수양론 연구」; 백민정, 「정약용 철학의 형성과 체계에 관한 연구 —주자학과 서학에 대한 비판적 수용과정을 중심으로—」 참조.

49) 욕구에 대한 정약용의 긍정을 강조한 연구로는 박홍식, 「다산 정약용의 인간관」, 『유교사상연구』 7(한국유교학회, 1994) 참조. 물론 욕구에 대한 긍정은 人心의 욕구를 道心에 따라 적절하게 운용하는 한계 내에서만 가능하다는 점을 명심해야 한다.

그러나 그의 수양론이 외부의 개별적 현상에 매몰되거나 욕구를 무조건적으로 긍정하는 것은 아니다. 먼저 그는 개별적 현상에 대한 주체의식을 세우기 위해 외부의 사물을 접하여 그에 대한 반응[情]이 일어나기 이전에 내면적 마음의 공간에서 신의 임재를 의식하는 신독(愼獨)의 내면적 진실성[誠]과 신을 지향하는 경건성[敬]을 통해 외부의 사물과 응접할 때도 일종의 종교적 의식(religious consciousness)을 유지함으로써 현상적 마음 차원에서 도심(道心)이 인심(人心)을 주재하도록 했다. 또한 호연지기의 양성을 통한 심신의 수양을 주장했는데, 이에 대한 설명은 예, 특히 의절(儀節)의 체득이라는 측면과 연결될 때 구체적인 육체의 욕구를 통제함으로써 몸을 수양하고, 나아가 제도로서의 예를 통해 공동체의 질서를 정립할 수 있는 가능성을 열어줄 수 있다.[50)]

이러한 설명은 마음의 반응이 몸을 통해 구체화되는 문화적 형식을 조율함으로써 도심이 육체적 욕구[慾]를 드러내는 인심을 하늘의 명령[天命], 곧 성(性)에 따라 주재하는 것으로 해석할 수 있다. 따라서 의절의 체득을 통해 양성되는 호연지기는 결국 하늘을 따르는 사천(事天)의 결과물인 것이다.

(4) 정약용의 경세론에 대한 연구 경향

정약용의 경세론에 대한 사회과학적 연구는 대체로 '내재적 발전론'에 입각하여 민권의 성장과 평등의 추구 및 농민의 토지공유 등 근대국가를 지향하는 근대적 가능성을 논의했었으나, 최근에는 '국가재조론'

50) 정약용은 예를 욕구의 적절한 절제로 설명하였다. 『論語古今註』 卷1, 「八佾」(『與全』 2集, 7卷, 43b). "禮本何爲而作也? 民生有欲, 不以禮節之, 則奢侈亡度. 故權於奢儉之中, 爲之禮. 邪淫之人, 朝死而夕忘之. 故權於易戚之中, 爲之喪禮."

의 시각을 비롯해서 성리학적 사유의 발전적 변화라는 논점이 등장하기 시작했다.[51]

이러한 흐름 가운데 예학과 관련하여 특히 유의하여 살펴볼 만한 경세론적 내용은 '권력'의 구조와 행사에 관한 것이다. 권력의 구조와 행사는 유교 전통의 왕도정치를 지향하는가, 근대지향적 국가를 지향하는가의 문제와도 연관된다. 특히 후자의 관점은 실학의 근대지향성을 모색하는 흐름에서 중요한 문제제기를 하고 있다. 앞서 언급한 바 있는 최진덕, 김상준, 이영훈 등의 참신한 연구는 후자의 관점을 예학으로 연결하는 문제의식과 논리를 잘 보여준다.

이러한 연구에 앞서, 정약용의 경세론과 정치사상에 국한하여 근대적 가능성을 해명하는 선행업적이 있다. 조광은 정약용의 경세론에서 근대 민권(民權)의식의 단서를 포착했고,[52] 조성을은 민(民)의 주권과 혁명권을 긍정하고 권력분립론을 제안하는 등 민주주의에 근접하는 개혁사상을 읽어내었으며,[53] 배병삼은 정약용의 정치사상에 대해서 '군주의 수양이 이루어지면 백성의 교화는 자연스럽게 이루어진다' [正己而物正]는 주희의 무위(無爲)정치론에서 '군주의 수양과 더불어 적극적인 정치적 노력이 필요하다' [正己以正物]는 유위(有爲)정치론으로 이행하는 대목을 설득력있게 해명하였다.[54]

분명히 정약용의 유위정치론은 '지인안민'(知人安民)의 경세론을 논

51) 김기승, 「다산 정약용의 부국강병형 국가 개혁 사상—『경세유표』를 중심으로—」, 『韓國史學報』 19(고려사학회, 2005), 62쪽.

52) 조광, 「丁若鏞의 民權意識研究」, 『아세아연구』 56(高麗大學校 亞細亞問題研究所, 1976).

53) 趙誠乙, 「丁若鏞의 신분제 개혁론」, 『東方學志』 51(연세대학교 국학연구원, 1986)과 「정약용의 정치경제 개혁사상 연구」(연세대학교 박사학위논문, 1991) 참조.

54) 배병삼, 「茶山 丁若鏞의 政治思想에 관한 研究—그의 經學 解釋을 中心으로—」(경희대학교 박사학위논문, 1993)와 「다산 사상의 정치학적 해석」, 『茶山의 사상과 그 현대적 의미』(성남: 한국정신문화연구원, 1998) 참조.

리적 기반으로 삼아 각종 개혁사상으로 구체화되었다.[55] 그러나 유위정치론을 직접 근대적 정치관으로 연결시키는 시각은 주의를 요한다. 근대성을 탐색하는 경세론적 연구는 자칫하면 정약용의 경세론이 인륜(人倫)의 실천과 왕도정치의 현실적 실현 가능성을 높이는 데 집중하고 있다는 점을 소홀하기 쉽기 때문이다.

실제로 감시하는 존재로서의 상제(上帝)와 황극론(皇極論) 및 고적제(考績制)를 통해서 내면적 자율성이 아니라 외면적 감시에 근거하여 전통적 수양 혹은 인륜과 분리된 근대적 정치 영역의 출현을 읽어내고, 그 정점에 서있는 군주의 권력을 강화하는 왕권강화론을 주장하는 견해가 있다.[56] 그러나 이러한 주장은 예학적으로 정당화하기 힘들다.

먼저, 정약용은 친친을 중심으로 한 종법(宗法)적 질서를 어떤 면에서는 주희보다 더 철저하게 관철시키는 면모를 보이고 있으며,[57] 효제자(孝弟慈)로 나타나는 천속(天屬)의 사랑을 부부(夫婦)나 군신(君臣)관계로 구체화되는 인합(人合)의 인륜[倫]보다 중시하면서 군신관계의 충(忠)을 부자관계의 효(孝)가 확대된 것으로 보았다는 점에서 공자(孔子), 맹자(孟子)로부터 주희에 이르는 전통적인 사유를 충실히 계승하고 있다.[58]

또한 그의 능동적 군주관 역시 왕의 권력강화를 중심으로 법치(法治)

55) '지인안민론'을 중심으로 정약용의 경세론을 명쾌하게 밝힌 선행 연구로는 金文植, 『朝鮮後期經學思想硏究』(서울: 一朝閣, 1996)가 있다.

56) 배병삼, 「다산 사상의 정치학적 해석」이 이러한 흐름을 대표한다. 배병삼은 정약용의 사유에서 푸코(M. Foucault)가 언급한 '판옵티콘'(panopticon)의 근대적 통제국가 모델의 가능성을 읽어내기까지 한다.

57) 張東宇, 「『의례』「상복」편에 대한 정약용의 해석」, 『茶山學』 창간호(다산학술문화재단, 2000)과 「茶山 禮學에서 '親'과 '尊'의 問題—議親과 王位繼承에 관련된 두 가지 사례를 중심으로」 참조.

58) 張東宇, 「茶山 禮學에서 '親'과 '尊'의 問題—議親과 王位繼承에 관련된 두 가지 사례를 중심으로」, 190쪽 참조.

로 나아가는 왕권강화론이 아니라 하늘과 백성을 두려워하는 의식 아래 천권(天權)에 근거하여 인권(人權)을 보장하는 한계 내에서 공공성과 합리성의 예치(禮治)를 구현하기 위해 노력하는 군주상을 제시하므로,[59] 서구 민주주의와 절대왕정에서 보이는 근대성과는 분명히 그 성격이 다르다. 이런 맥락에서 왕도정치의 효율적 시행을 위해 왕권의 능동적 역할을 강조하는 것과 인륜의 실천을 위해 왕권을 제한하는 것은 『주례(周禮)』 이후 왕권(王權)에 대한 예치(禮治)의 문제의식으로 유교적 전통사회에서 공유되는 것이라는 점을 유의할 필요가 있다.[60]

예치의 문제의식과 관련하여 주목할 만한 것은 예가 흔히 '예악형정(禮樂刑政)'으로 언급되는 제도로서의 측면을 가지고 있다는 점이다. 이런 측면 때문에 무위(無爲)적 군주관을 능동적 군주관으로 바꾼 정약용의 정치권력론을 신권(臣權)의 남용을 막기 위한 왕권(王權)강화론으로 볼 것인가, 아니면 제도에 따르는 군신공치론(君臣共治論)으로 볼 것인가 하는 논의는 중요하다.[61] 나아가 그가 「원목(原牧)」과 「탕론(湯論)」 등에서 밝힌 상향식 추대제와 관련하여, 군주가 황극(皇極)으로서 강력한 왕권의 기반 위에서 '지인안민'(知人安民)의 경세론을 펼치기 위해 왕토(王土)주의가 필요했으며 그것이 서구의 절대왕정과 유사하다는 분석[62]과 더불어, 왕권강화가 아니라 입현공치(立賢共治)의 권력구조와 설관분직(設官分職)을 통해 왕도정치(王道政治)의 효율적 재구성을 추구했다

59) 임형택, 「丁若鏞의 민주적 정치사상의 이론적 · 현실적 근거: 「蕩論」 · 「原牧」의 이해를 위하여」, 『실사구사의 한국학』(서울: 창작과비평사, 2000)와 「『목민심서(牧民心書)』의 이해—다산 정치학과 관련하여—」, 『韓國實學硏究』 13(한국실학학회, 2007) 참조.

60) 이봉규, 「王權에 대한 禮治의 문제의식—宗法과 君子 개념을 중심으로」, 『철학』 72(한국철학회, 2002); 張東宇, 「王權과 禮治에 대한 『周禮』의 문제의식」, 『東方學志』 133(연세대학교 국학연구원, 2006) 참조.

61) 주석 18) 참조.

62) 李榮薰, 「茶山 經世論의 經學的 基礎」 참조.

는 설명이 분명하게 대립하고 있다.63)

이러한 경세론적 설명의 근저에는 초월적 상제(上帝)의 권위가 군주의 권력을 정당화시키는가 아니면 '하늘의 일을 대리한다'[以代天工]는 군주의 의무를 강조하는가 하는 이해의 차이가 놓여 있다. 이런 맥락에서 보면, 정약용의 능동적 군주론은 군주의 권력을 무조건 정당화하는 것이 아니라 군주의 의무를 강조하는 것으로 보인다. 실제로 정약용은 『상서(尙書)』의 주석을 통해 '지인'(知人)을 강조하고, 정치적 권력구조의 면에서도 재상권은 물론 제도에 의한 권력구조의 균형과 견제를 제안했으며, 아래로부터 상향식으로 군주를 추대하는 제도에 대해서도 분명하게 거론하기도 했다.64)

여기서 주목할 것은 상제가 위정자를 평가하는 기준도 공(功)·덕(德)의 성취이고, 군주 자신과 신하들이 스스로 힘쓰고 고적제(考績制)를 통해서 평가하는 기준도 공·덕의 실현이며, 군주로 추대되거나 군주가 자신을 보좌할 신하를 뽑는 '지인'(知人)의 기준 역시 공·덕의 실현 여부라는 점이다.65) 정약용의 사상에서 공·덕은 인륜의 실천뿐만 아니라 천인(天人)관계와 경세론적 구상에서도 핵심적인 기준으로 제기되고 있으며, 천덕(天德)에 상응하는 배천(配天)의 조건이기도 한 것이다.66) 따라서 공·덕이라는 기준을 통해 인륜의 실천을 천인관계론과 경세론과 연결시켜 논의할 필요가 있다.

---

63) 金泰永, 『실학의 국가개혁론』과 「정약용 經世論에서의 王權論」; 이봉규, 「四書 해석을 통해 본 정약용의 정치론」 참조.

64) 상향식 추대제도에 정약용의 설명에 대해서는 박현모, 「정약용의 君主論: 정조와의 관계를 중심으로」, 『정치사상연구』 8(한국정치사상사학회, 2003); 趙誠乙, 「朝鮮後期 實學의 理想國家와 政治體制論」, 연세대학교 국학연구원 편, 『韓國實學思想研究 2: 政治經濟篇』(서울: 혜안, 2005) 참조.

65) 정약용은 『中庸』의 三德, 『尙書』 「洪範」의 三德, 『尙書』의 九德, 『周禮』의 六德과 六功 등을 주목했으며, 『經世遺表』의 考績제도에서도 功과 德의 考績을 강조했다. 고적제에 대한 연구는 金文植, 『朝鮮後期經學思想研究』와 배병삼, 「다산의 유학세계 고적제(考績制)의 정치학」, 『동양정치사상사』 1권 1호(한국동양정치사상사학회, 2003) 참조.

66) 예컨대, 정약용은 『中庸自箴』 卷3, 「故君子尊德性而道問學節」(『與全』 2集, 3卷, 25a~26a)에서 天德과 人事의 相應을 강조했다.

3

연구의 관점과 본문의 구성

전체적으로 볼 때, 선행 연구에서는 주로 다산학과 주자학 및 서학(西學)의 거리를 염두에 두고, 정약용의 사상이 얼마나 근대적인가 하는 문제를 중심으로 연구가 전개되어 왔다. 그것은 실학 연구에서 정약용이 차지하는 대표성에서 비롯된 것이다. 하지만 최근에는 정약용의 사상과 전통의 연속성이 새롭게 조명 받으면서 정약용에게 미친 서학의 영향력과 정약용이 지닌 근대성에 대한 의문이 제기되고 있다.

그러나 더 중요한 것은 정약용의 사상을 총체적으로 이해하는 과제라고 할 수 있다. 선행 연구들은 대개 상제관, 수양론, 경세론, 예학 등의 세부분야에 대한 각론적인 연구들이었다. 간혹 그의 경학적 업적에 나타나는 세계관과 경세론적 저술에 나타나는 사회개혁론을 연계하여 설명하려는 연구가 일부 있고,[67] 앞서 살펴 본 바 있듯이, 최근 예학과 경세론의 연관성을 놓고 왕권의 강화라는 측면과 관련하여 상제의 역할이 주목을 받기도 했으나, 아직은 논의의 초기단계에 불과하다.

---

67) 모범적인 사례로는 金文植, 『朝鮮後期經學思想硏究』가 주목할 만한 대표적인 전형을 보여주고 있다.

이런 문제점을 극복하기 위해서는 두 가지 측면에 대한 논의가 이루어져야 한다. 먼저, 예의 주체인 인간과 예의 대상인 상제의 관계에서 이루어지는 종교적 의식이 어떻게 일상적인 인륜세계에 스며드는지에 대한 연구가 필요하다.[68] 이는 유교의 '종교문화'(religious culture)에 대한 해명을 의미한다. 또한 예가 인간의 안(속)과 밖(겉), 마음과 몸, 개인과 사회를 연결하는 일종의 '문화체계'(cultural system)라는 안목으로 접근할 필요가 있다.[69] 요컨대, '예'를 통해서 하늘과 인간의 초월적 축과 인간과 인간의 일상적 축을 유기적으로 연결하는 종교문화의 체계적 논리를 탐색할 필요가 있다.

이런 문제의식을 구체화하기 위해서, 본서에서는 예를 '제사 → 수양 → 윤리적/사회적 실천 → 제사'의 환류체계(feedback system)를 지닌 '종

68) 이런 측면에서 『춘추고징』의 제사들을 분석하여 정약용의 예학이 유교가 지닌 본래적 종교성을 재활성화시킴으로써 새로운 안목을 열어주었다는 점을 강조한 금장태의 연구는 주목할 만한 가치가 있다. 琴章泰, 『한국실학사상연구』(서울: 집문당, 1987); 『다산실학탐구』(서울: 소학사, 2001); 「茶山 禮學에서의 祭天儀禮問題—『春秋考徵』을 중심으로」, 『韓國學』 35(중앙대학교 한국학연구소, 1986); 「다산의 사직제와 체제 고증」, 『종교학연구』 16(서울대학교 종교학연구회, 1997); 「茶山의 事天學과 西學 受容」, 『철학사상』 16(서울대학교 철학사상연구소, 2003).

69) 이런 맥락에서 '근본적 구성주의'에 입각하여 修身의 관점에서 내면적 예의 인지체계가 적절한 인지[眞知]와 실천적 행동[力行]에 의해 정형화되어 외면 세계에 구현되는 예의 신체화를 설명하고, 이에 따라 心身의 자율적 활동체계를 건립하여 禮治의 사회화가 이루어진다고 설명한 유권종의 선구적 논의는 대단히 중요하다. 劉權鐘, 「禮治에 관한 退溪의 思考」, 『퇴계학보』 110(퇴계학연구원, 2001); 「退溪의 禮 교육과 人格形成의 原理」, 『儒教思想硏究』 18(한국유교학회, 2003); 「조선시대 성리학자들의 마음 인식에 관한 성찰」, 『유교사상연구』 20(한국유교학회, 2004); 유권종 · 박충식 · 장숙필, 「인지과학적 시뮬레이션을 통한 朝鮮 性理學의 禮교육 心性모델 개발(1)」, 『민족문화연구』 37(고려대학교 민족문화연구원, 2002); 「인지과학적 시뮬레이션을 통한 朝鮮 性理學의 禮교육 心性모델 개발(2)」, 『동양철학연구』 39(동양철학연구회, 2004) 등 참조. 이와 관점은 다르지만, 정일균이 사회학적 관심에서 세계관, 제도론, 제도를 포괄하는 '문화체'라는 용어를 제안한 것도 '문화체계로서의 예' 분석의 필요성에 대한 선행연구로서 의미가 있다. 鄭一均, 『茶山四書經學硏究』(서울: 一志社, 2000), 20~25쪽 참조.

교문화체계'(religious culture system)로 정의하고, 그에 따라 정약용의 의례이론을 하늘과 인간, 마음과 몸, 인간과 공동체의 관계에서 부각되는 의례(儀禮, ritual)들로서 제사(祭祀, sacrificial rites), 수양(修養, self-cultivation), 의절(儀節, dignified miens), 예제(禮制, ritual institution) 등으로 나누어 검토하고자 한다.

먼저, 제2장에서는 예 개념의 복합적 층차를 설명하기 위해 종교문화체계로서의 예가 필요하다는 점을 논의하고, 종교문화체계로서의 예 개념에 대해 개략적으로 설명한 뒤, 예 개념 자체의 일반적 의미와 유교의 례가 지닌 구조와 특성을 밝힐 것이다.

유교문화권에서 예는 심리와 문화를 매개하는 구성적 실재로서 개인과 공동체의 관계를 설정하고, 상제를 중심으로 하는 초월적 위계질서와 군주를 정점으로 하는 인륜적 위계질서가 호응하며, 하늘[天]로 대표되는 초월적 권위와 보편적 질서의 표상으로서 예가 천인(天人)관계를 이어준다는 점을 논의할 것이다.

이를 통해 개인의 심리와 사회의 문화, 하늘의 초월적 위계질서와 사회의 인륜적 위계질서, 하늘과 인간의 관계를 중심으로 종교문화체계로서의 예와 유교 의례에 대한 일반적 논의의 예비적 기반을 마련할 것이다. 이는 유교 전통에서 하늘, 인간, 사회가 상호 연결되는 측면에 대한 기본적 고찰이다.

제3장에서는 '종교문화체계'의 기초가 되는 제사와 제사의 대상인 상제(上帝)를 중심으로 한 초월적 인격신관을 검토할 것이다. 제사는 하늘을 섬기는 방식을 의례화한 것이기 때문이다.

1절에서는 제사가 의절(儀節)과 환심(歡心)을 연속적 매개로 하여 일반 의례로 연결되는 논리를 검토하고, 영명(靈明)과 공덕(功德)을 기준으로 제사와 의례의 공통점과 차이점을 규명할 것이다.

2절에서는 정약용의 상제천관이 기존의 '만물일체(萬物一體)'적 세계관에서 '만물일본(萬物一本)'적 세계관으로 전환하면서 초월적 인격신관을 제시했음을 살펴보고, 그에 따른 신관의 변화를 해명하면서 그에 대한 예학사(禮學史)적 평가를 내릴 것이다. 이를 통해 정약용의 예학과 신관이 기존의 것과 어떤 연속성과 불연속성을 갖고 있는지를 밝힐 것이다.

3절에서는 정약용의 의례이론에서 특별히 강조되는 주향(主享)과 배향(配享)의 제사구조를 '예의 종교문화체계' 분석의 관점에서 공덕의 창출이라는 테마로 해석할 것이다. 또한 제사에서 의례 대상인 신(神)의 성격과 의례의 시간, 공간, 방식이 맺는 호응관계를 검토할 것이다. 이러한 호응관계는 유교 의례 뿐만 아니라 의례의 대상과 의례의 방식이 맺는 이론적 문제를 새롭게 제기하는 부분이다.

마지막으로 정약용의 예론(禮論)이 상대적으로 본질주의적 경향을 보이는 주희의 예론을 인륜의 실천과 왕도정치의 실현을 위해 좀더 현실주의적으로 재구성한 것임을 규명할 것이다. 이는 정약용의 예학과 주희의 예학이 맺는 연속성과 불연속성을 균형있게 재평가하려는 시도이다.

제4장에서는 종교문화체계로서의 예의 환류구조 안에서 심신을 수양하는 주체가 종교적 의식(religious consciousness)을 체화(embodiment)함으로써 이르게 되는 인격 수양의 과정과 경지를 논하는 한편, 위의(威儀) 공부와 호연지기(浩然之氣)의 양성을 논의한 다음, 그 결과로 도달하게 되는 경지로서 '전덕지인(全德之人)'과 '격천지인(格天之人)'에 대해 토론할 것이다. 이 부분은 성리학의 수양론과 구분되는 정약용의 독특한 수양론인데, 위의로서의 예의 실행과 더불어 몸과 연관된 마음의 배양이라는 측면에서 정약용의 예론이 지닌 강한 실천적 함의를 잘 보여준다.

제5장에서는 정약용의 의례이론이 지향하는 인륜의 실천과 왕도정치의 실현이 경세론적으로 구체화되는 양상을 논의할 것이다. 먼저 의례의 경세론적 기능을 살펴보고, 이어서 예치의 문제의식이 왕도정치의 실현과 연관되는 문제들을 검토할 것이다.

특히 심신의 수양, 윤리적 실천, 정치적 제도에 이르기까지 지속적으로 이론적 전제로 작용하는 천인상응(天人相應)의 구도 아래 제사의 대상인 신(神)과 주체인 인간이 영명(靈明)한 영성(spirituality)을 통해 직접 감통(感通)하고 있다는 점과 국가론적 유비(state analogy)에 따라 초월적 위계질서와 지상의 위계질서가 대응한다는 점을 밝힐 것이다.

이에 따라 사인(事人)과 사천(事天)이 통합적으로 사유되는 양상을 검토하고, 종교문화체계의 틀 속에서 의례가 공동체를 통합하는 기능과 그 정치사회적 함의를 살펴볼 것이다. 아울러 정약용의 예론이 조선 후기의 사회적 정황 속에서 인정의 절제와 공덕의 창출이라는 문제를 제사, 인간, 사회질서에 대한 구상 속에서 어떻게 구체화시키고 있는지를 논의할 것이다.

제2장 종교문화체계로서의 예(禮)와 유교 의례

1. 예(禮)의 복합성
2. '종교문화체계'로서의 예(禮)
3. 유교 의례의 구조와 특성

1

예(禮)의 복합성

유교 전통에서 예(禮)는 매우 포괄적이고 복합적인 개념이다. 전통적으로 예는 왕조적 차원에서 길·흉·군·빈·가(吉·凶·軍·賓·嘉)의 오례(五禮)로 분류되기도 하고, 평생의례의 차원에서 관·혼·상·제(冠·婚·喪·祭)의 사례(四禮) 등으로 나뉘기도 하며, 의례 주체의 계급적 지위에 따라 천자(天子)의 예, 제후(諸侯)의 예, 대부(大夫)의 예, 사(士)의 예, 서인(庶人)의 예 등으로 구분되기도 한다. 이러한 예의 분류는 예가 개인적 차원에서 국가적 차원까지 다양한 영역을 포괄하는 동시에, 사회적 위계질서에 따른 차별적 양상을 지니고 있음을 잘 보여준다.

예의 기원[1]에 대해서는 아직도 많은 문헌학적 검토와 고고학적-역사학적 연구가 필요하지만, 일반적으로 예는 신(神)에게 음식을 올리는 제사에서 비롯된 것으로 생각되고 있으며,[2] 그러한 사실은 자원(字源)상

1) 예의 기원에 관한 학설에 대해서는 楊志剛, 『中國禮儀制度研究』(上海: 華東師範大學出版社, 2001); 金谷治, 『秦漢思想史研究』(再版, 京都: 平樂寺書店, 1981); 渡邊信一郎, 「中華帝國 · 律令法 · 禮的秩序」, 『歷史學と現在』(東京: 柏書房, 2000) 등 참조.
2) 『禮記』, 「禮運」. "夫禮之初, 始諸飲食."

예가 신을 뜻하는 '기'(示)와 제기(祭器)를 상형(象形)한 '풍'(豊)으로 구성되어 있다는 점에서도 확인된다.[3)]

이처럼 제사에서 시작된 예는 사람들이 기억하고 실천해야 할 규범적 원칙을 담은 정형화된 행위의 형식과 그러한 행위 체계에 대한 사회적 동의(consensus)를 담은 도덕적-법적 규범체계로서 인간이 참여하는 모든 관계에서 행위를 규정하게 된다.

이에 따라 예는 종교적인 제사의례 뿐만 아니라 세속적인 사회생활을 위해 필요한 인간관계의 모든 영역을 포함하게 되었다. 실제로 『소학(小學)』에서 잘 나타나듯이 일상생활에서 일어서고 앉고 움직이는 등 구체적인 일상 행위의 예절(禮節)에서부터 제사(祭祀)로 대표되는 성례(聖禮)의 영역에 이르기까지, 또한 행동의 절차와 방식인 의절(儀節)의 차원에서부터 『국조오례의(國朝五禮儀)』나 『경국대전(經國大典)』 등에서 볼 수 있는 국가의 사전(祀典)체계나 전장제도(典章制度) 등 예제(禮制) 혹은 예법(禮法)의 차원에 이르기까지, 예는 광범한 영역과 층위를 포함하는 포괄적인 개념이다. 유교 전통에서는 초월과 일상, 성(聖)과 속(俗), 종교적 의례(religious ritual)와 세속적 의례(secular ritual)가 분명하게 분리되지 않으며, 개인이 하는 행위의 구체적인 절도(節度)를 뜻하는 의절(儀節)부터 구체적인 의절이 체계화되고 제도화된 사회적 규범체계까지가 모두 '예'라는 개념에 포함된다.

이렇듯 복합적인 예 개념의 포괄성은 각기 다른 영역이 미분화된 채 혼재된 것이라기보다는 인간 삶의 모든 영역과 층위를 총체적으로 연결지어 사유한 결과라고 평가할 수 있다. 분명히 각각의 세부 영역이나 층

3) 이러한 해석에 대해서는 많은 학자들이 공감하고 있다. 특히 미국의 중국미술사가인 武鴻은 중국문화가 추상적인 법률이 아니라 구체적인 예기(禮器)에 의해서 뒷받침되고 있음을 분명하게 지적하면서, 이러한 관점에서 중국 고대의 미술과 건축이 지닌 문화적 가치를 설득력있게 설명하고 있다. Wu Hung, *Monumentality in Early Chinese Art and Architecture* (Stanford, Calif.: Stanford University Press, 1995) 참조.

위를 표시하는 개념이 있었음에도 불구하고, 왜 이러한 포괄적인 개념을 유교적 세계관의 규범적 이상에 따라 다양한 현실에 대한 가치평가의 잣대로 운용하면서 개인과 사회를 아우르는 의례, 실천, 제도 등에 총체적으로 적용시키는가 하는 점이 중요하다.

예컨대, '춘추필법'(春秋筆法)이라는 유교적 가치판단에 의해 역사적 평가를 기술한 경전인 『춘추(春秋)』와 그 주석서들을 살펴보면, 특정한 행위나 의례 혹은 제도에 대해서 구체적으로 포폄(褒貶)하면서 '예'(禮)와 '비례'(非禮)의 평가를 즐겨 사용하는 것을 확인할 수 있다. 이러한 경향은 『춘추』 뿐만 아니라 유교 경전 일반과 그러한 경전을 모델로 삼아 구체적인 역사적 사례에 대해서 평가를 하는 대부분의 역사서와 문집(文集) 등에서 일반화된 것이다.

특히 보고 듣고 말하고 움직이는 구체적인 행동 하나하나가 예(禮)에 맞아야 된다는 유교적 신념은 유교적 실천의 기본원칙으로 수용되었다. 실제로 공자(孔子, B.C.551~B.C.479)는 인(仁)의 의미를 예(禮)와 연관지어 '극기복례'(克己復禮)로 설명하고, 그 구체적인 절목(節目)으로 "예가 아니면 보지 말고, 예가 아니면 듣지 말며, 예가 아니면 말하지 말고, 예가 아니면 움직이지 말라" 고 역설했는데,[4] 북송(北宋)의 정이(程頤, 1033~1107)가 그것을 「사물잠(四勿箴)」으로 정식화한 다음부터는 일상적 행동의 절도 하나하나를 경계하는 잠언으로 널리 보급되고 수용되었다. 이러한 신념에 따르면 모든 행위는 '예'가 아니면 '비례'가 된다. 공자가 춘추(春秋)시대를 살면서 무너진 '예'를 회복하려고 한 것처럼, 유교적 전통사회는 실제로 다양한 현실을 모두 유교적 이상이 구현된 '예'로 승화시키려고 했고, 이러한 시각에 의해 특정한 시대는 역사적으로 '예'가 구

4) 『論語』, 「顏淵」, 12:1. "顏淵問仁. 子曰, '克己復禮爲仁. 一日克己復禮, 天下歸仁焉. 爲仁由己, 而由人乎哉?' 顏淵曰, '請問其目.' 子曰, '非禮勿視, 非禮勿聽, 非禮勿言, 非禮勿動.' 顏淵曰, '回雖不敏, 請事斯語矣.'"

현된 질서의 '치'(治) 또는 '비례(非禮)'가 횡행하는 무질서의 '란'(亂)으로 평가되었다.[5)]

결국 예의 복합성은 예가 구체적이고 세부적인 행위가 운용되는 '의절'의 미시적인 차원과 더불어, 그러한 행위의 연속을 제도적 차원에서 체계적으로 규정한 '예제'와 '예법'의 거시적인 차원을 유기적으로 연계시키고, 예의 가치평가적 함의는 그렇게 복합적인 예를 규정하는 유교적 신념이 체계화된 경전[經]의 이상과, 그러한 신념이 몸의 움직임을 통해 구현되는 실천이 이루어지는 역사[史]의 현실이 부합하거나 어긋나는 관계 양상을 분명하게 부각시키는 기능을 한다. 따라서 역사의 현실을 잘못된 실천으로 규정하고 극복하려는 관점을 지니게 되면 경전의 이상을 찾으려는 노력은 경전적 이상을 담은 '고례'(古禮)의 회복을 추구하게 되는데, 이는 대개 복고적이라기보다는 개혁적인 기능을 하게 된다.[6)] 물론 변화의 폭이 작으면 구체적인 사안에 대한 예설(禮說)의 차원에서만 변화가 이루어지지만, 개혁의 폭이 심대하면 예 개념에 대한 전반적 인식을 담은 예론(禮論)과 그와 연관된 세계관의 변화까지도 가능하게 된다.

5) 『孟子』「滕文公下」에 '一治一亂'이라는 표현이 나오듯이, 治와 亂은 역사적으로 유교적 이상질서가 구현된 것과 질서가 무너진 것을 대비하는 개념으로 쓰인다.

6) 그 대표적인 사례로 서구의 '종교개혁' (Reformation) 당시 개신교(Protestantism)가 중세의 가톨릭이 지닌 문제점을 극복하고 초대교회로 돌아가자는 목표와 그 구체적인 방안으로 성직제도나 성례전(Sacrament)에 관한 변화를 모색했다는 점을 생각해 볼 수 있다.

2

‘종교문화체계’로서의 예(禮)

앞서 살펴본 바와 같이, 예는 신(神)과 교류하기 위한 제사(祭祀)의 정형화된 의례적 행위, 사람과 사람이 관계를 맺는 인륜(人倫)의 도덕적 실천, 의례적 행위와 도덕적 실천을 체계적으로 규정한 사전(祀典)과 예제(禮制)의 제도적인 규범적 질서 등을 포괄한다. 이러한 예의 복합성을 제대로 다루기 위해서는 ‘예’ 개념을 복합적인 ‘종교문화체계’(religious culture system)로 다룰 필요가 있다. 예는 궁극적 실재에 대한 믿음과 실천 및 공동체의 차원이 유기적으로 연결된 일종의 ‘종교문화체계’이며, 이 체계 내에서 초월적 실재인 신(神), 인간의 마음과 몸, 사회의 제도적 규범질서가 유기적으로 구성된다.

앞서 언급한 것처럼, 유교 전통에서 예는 제사에서 시작되어 정형화된 행위의 규범이자 그러한 규범이 체계화된 제도다. 그런데 제사에서 시작되었다는 점이 암시하듯이, 예는 상제(上帝), 천(天)이나 귀신(鬼神) 등 ‘초월적 실재에 대한 관련된 믿음과 행위의 체계’로서 ‘의례’(ritual)인 것이다.[7]

7) Jonathan Z. Smith (ed.), *The HarperCollins Dictionary of Religion* (San Francisco: HarperSanFrancisco, 1995), p.930. 현대적인 의례연구에서 ‘의례’라는 행위 범주는

서구 의례이론에서 '의례'는 일반적으로 '반복적이고(repeated), 성스러우며(sacred), 정형화되고(formalized), 전통적이며(traditional), 지향적인(intentional) 행위'로 취급되고 있다.[8] 특정한 시간에 주기적으로 반복되고, 거룩한 것이나 가장 의미있는 것과 연관되어 성스러우며, 인사하거나 무릎을 꿇는 등 일정하게 잘 변하지 않는 동작으로 구성되어 정형화되고, 고대의 역사나 신화에 의해 권위를 부여받기에 전통적이며, 특정한 이유와 의미를 의식하여 실행된다는 점에서 지향적인 것이다.

그러나 예는 이러한 의례보다 훨씬 넓은 범주다. 예는 의례에서 파생되어 일상적인 삶의 영역에서 사람과 사람이 맺는 관계를 일정한 규범에 의해 정형화하고, 나아가서는 그러한 규범에 의해 운영되는 사회제도로 전개되므로, '의례', 윤리적 '실천'(practice), 사회적 '제도'(institution) 등을 포괄한다. 따라서 제사라는 종교적 의례를 핵심으로 하면서도 그보다 더 포괄적인 개념이 필요하다.

본서에서는 이런 점에 착목하여 '종교문화체계'라는 개념을 제시하고자 한다. 이 개념은 '종교문화'와 '문화체계'의 합성어다. '문화체계'(cultural system)라는 개념은 이미 종교인류학자 클리포드 기어츠(Clifford

---

대단히 포괄적이다. 예컨대, 캐서린 벨(Catherine Bell)은 의례적 상황의 중요한 양태와 의례가 사회적―우주적 질서를 특징짓는 방식을 기준삼아 통과의례(rites of passage), 주기적 의례(calendrical rites), 교환의례/성찬식(rites of exchange/communion), 양재(禳災)의례(rites of affliction), 잔치/향연/축제(feasting/fasting/festivals), 정치적 의례(political rites) 등 여섯 가지 의례의 장르를 설명했고, 로날드 그라임스(Ronald L. Grimes)는 의례적 감성(ritual sensibility)의 여섯 가지 양태(mode)에 따라 '의례화'(ritualzaiton), '예절'(decorum), '의식'(ceremony), '주술'(magic), '성례'(聖禮, liturgy), '잔치'(celebration) 등으로 의례의 하위 범주를 제시한 바 있다. Catherine Bell, *Ritual: Perspectives and Dimensions* (New York: Oxford University Press, 1997), pp.93~137, Ronald L. Grimes, *Beginnings in Ritual Studies* (revised edition, Columbia, S. C.: University of South Carolina Press, 1995), pp.40~57 참조.

8) Ronald L. Grimes, *Beginnings in Ritual Studies*, pp.60~61. Bell 역시 이러한 성격을 '의례적 행위'(ritual-like activities)의 특징으로 설명했다. Catherine Bell, *Ritual: Perspectives and Dimensions*, pp.138~169.

Geertz)의 '종교'(religion) 정의에 다음과 같이 쓰인 바 있다.

> 종교는 하나의 상징체계(a system of symbols)로서 인간 안에 강력하고 전반적이며 오래 지속되는 분위기와 동기를 확립하도록 작용하는데, 이는 존재(existence)의 일반적인 질서 개념들을 형성하고 이 개념들에 사실성의 후광을 덧입혀 그 분위기와 동기가 독특하게 현실적으로 보이게끔 만듦으로써 이루어진다.[9]

여기서 주목할 부분은 종교가 "하나의 상징체계로서 강력하고 전반적이며 지속적인 분위기와 동기를 확립하고", "존재의 일반적인 질서 개념들을 형성한다"는 점이다. 전반적이고 지속적이며 일반적인 분위기, 동기, 질서는 '문화체계'가 지닌 속성을 잘 보여준다. 실제로 예는 내면의 규범을 정형화함으로써 외면의 사회질서를 구성한다. 이렇게 구성된 사회질서 혹은 제도로서의 예는 내면적 규범질서로 수용되어 개인과 사회에 전반적이고 지속적인 영향을 끼친다.[10]

그러나 '예'가 기어츠의 '문화체계로서의 종교'에 완전히 부합되는 개념은 아니다. 인류학자 탈랄 아사드(Talal Asad)의 신랄한 비판이 잘 보여주었듯이, 기어츠의 정의는 인간 내면의 신앙과 신자 개인을 강조하는 개신교(Protestantism) 중심의 계몽주의적 '종교' 모델에 걸맞는 것이며, 이슬람(Islam)이나 천주교(Catholicism)처럼 구체화된 실천, 규율, 공동체가 더 강조되는 전통에는 잘 맞지 않는다.[11] 또한 '종교' 개념을 '신

9) Clifford Geertz, "Religion as a Cultural System," *The Interpretation of Cultures* (New York: Basic Books, 1973), p.90.

10) 유권종은 인지과학과 구성주의에 입각하여 禮가 내면의 인지체계와 외면의 제도적 환경이 상응하여 이루는 환류체계(feedback system)임을 설득력있게 설명하고 있다. 자세한 내용은 제1장 주 69) 참조.

11) Talal Asad, *Genealogies of Religion: Discipline and Reasons of Power in Christ*

앙'(faith)과 '전통'(tradition)으로 나누어 연구하자는 종교학자 캔트웰 스미스(Wilfred Cantwell Smith)의 제안 역시 같은 맥락에서 이해할 수 있다.[12)]

이러한 문제점 때문에 종교학자 링컨(Bruce Lincoln)은 담론, 실천, 공동체, 제도가 각각 강조되는 정도를 달리하면서 다양하게 맺는 상호 관계방식을 종교의 개념으로 살피자고 제안했다.[13)] 그의 통찰 중 특히 중요한 대목은 종교적인 것이 따로 존재하는 것이 아니라 스스로 권위와 진리를 주장하는 것이 바로 종교적인 것이라고 이해함으로써, 실체로서의 '종교'(religion)를 규정하기보다는 '종교적'(religious)인 것에 대한 설명을 통해 논의를 진행하자는 지적이다.

이러한 제안을 수용하면, '종교문화체계'는 기어츠가 제안하는 '문화체계로서의 종교'가 아니라 '종교적인 문화의 체계'로 이해할 수 있게 된다. 여기서 '문화'는 개인의 내면적 신앙이나 정신을 가리키는 것이 아니라 유·무형의 정신·물질문화를 포괄하는 '삶의 방식'(a way of life)이며, '체계'는 그러한 문화들이 유기적으로 맺는 정형화된 관계양상의 구조와 양태가 된다. 물론 담론, 실천, 공동체, 제도가 문화를 이루는 구조적 차원(dimension)으로 구성된다. '종교적'이란 용어는 그러한 문화에 의미를 부여하는 궁극적 권위와 진리를 주장하는 상태를 가리킨다.

그렇다면 '종교문화체계' 개념은 유교 전통의 예에 어떻게 적용될 수 있는가? 유교가 '종교적'인 것은 삶의 의미와 가치를 확인하는 근본인 궁극적 실재(ultimate reality)로서의 하늘[天/上帝]과 하늘이 생성하고 유지

---

ianity and Islam (Baltimore: Johns Hopkins University Press, 1993).

12) Wilfred Cantwell Smith, *The Meaning and End of Religion: A New Approach to the Religious Traditions of Mankind* (New York: Macmillan, 1963).

13) Bruce Lincoln, *Holy Terrors: Thinking About Religion after September 11* (Chicago: The University of Chicago Press, 2003), 1장 3절.

하는 세계에 대한 담론이 있고, 그러한 담론을 만든 성인(聖人)과 성인의 말씀이 담긴 경전(經典)이 존재하기 때문이다. 하늘에 대한 믿음은 제사를 통해 의례화되고, 일상생활에서 인간들이 맺는 인륜(人倫)의 규범적 관계에서 이상적인 행동규범을 제공하며, 그것을 실천하면 인의(仁義)라는 덕(德)이 실현된다. 맹자(孟子)에 의하면, 예는 그러한 덕이 적절하게 정형화[節文]된 것이다. 이렇게 정형화된 덕은 예의(禮義)의 인지체계와 합례(合禮)적 행위능력으로 인륜 실천을 위한 내면적 자원이 되는 한편, 개인의 심신 수양을 위한 의절(儀節)로서 내면을 절제하는 몸의 자세(posture)와 동작(gesture)을 통해 체화(embodiment)된다.[14] 이렇게 체화된 의절은 일련의 체계를 이루면서 성인(聖人)의 '제례작악'(制禮作樂), 곧 '제도화'(institutionalization)를 거쳐 '예악형정'(禮樂刑政)이라고 불리는 예법(禮法) 혹은 예제(禮制)가 된다.[15]

이러한 설명은 예(禮)가 초월적 존재와 관련된 의례, 심신(心身)의 수양과 인륜의 도덕적 실천, 나아가 제도로서 공동체를 유지하는 체계로 기능하고 있음을 보여준다. 실제로 예 개념이 원시(原始)유교부터 이미 '예의 관념과 의의'를 가리키는 '예의'(禮義), '예에 맞는 구체적인 몸의 동작과 자세'를 뜻하는 '예용'(禮容), '예에 따라 구성된 규범적 제도'를 의미하는 '예제'(禮制) 등으로 구별되어 온 역사도 그런 설명을 뒷받침한다.[16]

그러므로 예는 제사에서 각성된 천인관계의 종교적 의식이 일상에서 수양과 의절을 통해 인격수양을 이루는 기초가 되고, 다시 인륜관계에

14) 앞서 언급한 「사물잠」이나 구용(九容), 구사(九思) 등의 원칙이 바로 유교 전통에서 의절의 절제를 통해 내면을 바로잡는 대표적인 사례다.

15) 禮治와 연관된 禮樂刑政의 문제의식에 대해서는 張東宇, 「王權과 禮治에 대한 『周禮』의 문제의식」, 『東方學志』 133(연세대학교 국학연구원, 2006) 참조.

16) 禮義, 禮容, 禮制에 대해서는 金容天, 「前漢 禮學의 形成에 관한 小考」, 『중국고중세사연구』 16(중국고중세사학회, 2006); 박미라, 「『禮記』 「禮器」편에 나타난 禮의 형식과 내용의 종교적 의미-외재적 등급질서와 내면적 덕성의 관계-」, 『東方學』 11(한서대학교 동양고전연구소, 2005) 참조.

서 인의의 덕을 실현하는 실천과 그에 따른 덕치(德治), 그리고 예제의 제도화와 그에 따른 예치(禮治)를 통해 인륜실천의 합례적 행위 능력(capacity)[17]을 제고시키며, 예의 형식[文]과 덕의 바탕[質]이 조화를 이루어서 합례적(合禮的) 행위 능력이 제고된 군자(君子)는 다시 예악(禮樂)이 실현되는 풍속(風俗)의 승화와 사회질서를 이룩하고, 그러한 풍속이 다시금 예악으로 제도화되는 긍정적 환류작용(positive feedback)이 일어난다.[18] 이와 반대로 예의 형식[文]과 덕의 바탕[質]이 어느 한쪽이라도 부족해서 조화를 이루지 못하면 합례적 행위 능력은 저하되고, 저하된 합례적 행위 능력에 따라 풍속이 타락하고 사회질서가 무너지면 예제 역시 그에 따라 제 기능을 하지 못하는 부정적 환류작용이 나타난다.

이러한 환류작용은 다시 다음과 같이 서술할 수 있다. 먼저, 내면에 형성되는 예의(禮義)의 인지체계와 합례적 행위 능력은 실천(practice)을 거쳐 사회 속에서 구현되는 의절(儀節)을 통해 신체화(embodiment)되고 풍속(風俗)으로 외면화(externalization)되며 예제(禮制) 혹은 예법(禮法)으로 제도화된다. 거꾸로 예제와 예법의 제도는 그 원칙이 현실화된 풍속을 통해 사람들에게 영향을 미치고, 그 영향 아래 이루어지는 구체적인 의절의 실행은 다시금 예의의 인지체계와 합례적 행위 능력으로 내면화(internalization)된다. 이러한 내면화는 개인이 사회에 적응한다는 측면에서 사회화(socialization)라고 표현할 수도 있다.[19] 이 과정 중에 사회

17) '합례적 행위 능력'이란 Varela가 말하는 '윤리적 노하우'(Ethical Know-How)처럼 예에 부합하는 행위의 결과가 다시 예에 부합하는 心身의 체계를 형성시키고, 그 체계가 다시 심신이 합례적 행위를 하도록 긍정적 환류작용을 지속시키는 능력을 가리킨다. Francisco Varela, *Ethical Know-How: Action, Wisdom, and Cognition* (Stanford, Calif.: Stanford University Press, 1999); 유권종, 앞 논문들 참조.

18) 『孝經』, 「廣要道章」, "移風易俗, 莫善於樂. 安上治民, 莫善於禮." 참조.

19) 외면화와 객관화의 개념은 종교사회학자 Peter L. Berger의 사회심리학적 변증법에서 가져온 것인데, 원래는 지식사회학과 사회심리학적 개념이지만, 여기서는 유교적 예 개념에 걸맞게 실천을 위한 인지체계와 행위 능력이라는 측면에서 인지과학적으로

의 외재적 질서체계인 예 질서에 상응하는 내면적 예의의 인지체계와 합례적 행위 능력이 확충되어 간다.[20)]

진실성[誠]과 경건성[敬]은 내면에서 예의의 인지체계가 최적화되어 합례적 행위 능력이 제대로 작동하는 상태로서, 긍정적 환류작용을 초래하고, 그에 따라 마음과 몸, 사고와 행동, 개인과 사회가 모두 성숙하는 흐름을 만든다. "경(敬)으로써 내면을 바르게 하고, 의(義)로써 외면을 반듯하게 한다."[21)]거나 "내면이 진실[誠]하면, 바깥에 드러난다. 그러므로 군자는 반드시 그 홀로 있음을 삼간다."[22)]는 표현은 모두 그러한 상태를 잘 보여준다.

이러한 환류체계 속에 개인의 행동은 '제도화'(institutionalization)와 '정당화'(legitimation) 과정을 거치면서 객관적 실재로서의 사회를 구성하고, 그러한 사회적 구조 가운데 객관적으로 규정되는 역할을 학습하는 '사회화' 과정을 통해 주관적 실재로서의 사회를 경험하면서 '정체성'(identity)을 형성하게 된다.[23)]

이러한 종교문화체계의 환류작용을 염두에 둘 때, 의례이론과 관련된 두 가지 다른 입장을 설정해 볼 수 있다. 하나는 성왕(聖王)이 제례작악(制禮作樂)하는 과정, 즉 외면화에서 제도화로 이어지는 과정에 주목함으로써 객관적 예제의 질서와 제도가 내면의 합례적 행위 능력과 예의의

재구성하였다. 외면화 내면화 개념에 대해서는 Peter L. Berger & Thomas Luckmann, *The Social Construction of Reality* (New York: Doubleday, 1966); 김종서, 『종교사회학』(서울: 서울대학교출판부, 2005), pp.66~71 참조.

20) 예의 환류체계에 대해서는 劉權鐘, 「禮治에 관한 退溪의 思考」, 『퇴계학보』 110(퇴계학연구원, 2001); 「退溪의 禮 교육과 人格形成의 原理」, 『儒教思想研究』 18(한국유교학회, 2003); 유권종·박충식·장숙필, 「인지과학적 시뮬레이션을 통한 朝鮮 性理學의 禮교육 心性모델 개발(1)」, 『민족문화연구』 37(고려대학교 민족문화연구원, 2002); 같은 저자들의 「인지과학적 시뮬레이션을 통한 朝鮮 性理學의 禮교육 心性모델 개발(2)」, 『동양철학연구』 39(동양철학연구회, 2004) 등 참조.

21) 『周易』, 「坤卦」, 〈文言傳〉. "君子敬以直內, 義以方外. 敬義立, 而德不孤."

22) 『大學』, "誠於中, 形於外. 故君子必愼其獨也."

23) Peter L. Berger & Thomas Luckmann, *The Social Construction of Reality*, 2장과 3장 참조.

인지체계를 규범적으로 형성/재구성하는 측면을 강조하는 입장이고, 또 다른 하나는 이미 마련된 예 질서와 제도를 수용하는 주체의 내면화 과정에 따라 내면적 덕성을 확충함으로써 예의의 인지체계와 합례적 행위능력을 활성화하려는 입장이다.

대개 나라를 세우는 창업기(創業期)에는 제도를 세우려는 외면화-객관화의 흐름이 주류를 이루고, 나라의 제도와 질서가 안정되는 수성기(守成期)에는 내면화-사회화의 내적 성숙이 강조되기 마련이다. 사회의 질서와 제도가 더 이상 인간에게 유효하지 않거나 무너져버리게 되면 시의(時宜)에 따라 수정하거나 변혁하는 새로운 외면화와 제도화의 흐름이 등장하기도 한다.[24)]

또한 유교 전통에서 외면화-객관화의 흐름이 대체로 경세론(經世論)을 강화하는 관심을 펼친다면, 내면화-사회화의 흐름은 상대적으로 심성수양론(心性修養論)으로 경도하는 모습을 보여주고 있다.

그러나 이러한 환류체계는 일단 성립하고 나면, 시간의 선후가 고정적이지 않으며 끊임없이 환류작용을 하게 되는데, 이러한 환류가 단절되거나 부정적 환류(negative feedback)로 전락할 경우에는 종교문화체계로서의 예가 무너지는 비례(非禮)와 난(亂)의 시대가 되고, 환류가 활성화되거나 긍정적 환류작용(positive feedback)으로 상승할 경우에는 종교문화체계로서의 예가 정립되는 예(禮)와 치(治)의 시대가 열린다.

대부분의 유학자들은 긍정적 환류작용을 통한 이상적 질서의 구현을 도모했기 때문에, 내면화-사회화와 외면화-제도화의 선순환구조를 정립하려고 노력했다. 따라서 양자의 흐름은 배타적이지 않고 상호보완적이다. 다만 시대적 요청에 따라, 이론적 필요에 따라 상대적으로 강조점이 달라질 뿐이다.

24) 劉權鐘, 「禮治에 관한 退溪의 思考」, 『퇴계학보』 110(퇴계학연구원, 2001) 참조.

3

유교 의례의 구조와 특성

(1) 심리와 문화를 매개하는 구성적 실재

종교문화체계로서의 예는 하나의 체계 안에 주관적 실재와 객관적 실재가 유기적으로 결합된 구성적 실재(constructive reality)[25]다. 유교 의례는 행위의 정형성을 통해 조절되는 감정과 감정의 조절을 통해 구현되는 문화질서를 구조적으로 내장하고 있는데, 양자는 각각 주관적 실재와 객관적 실재로서 종교문화체계로서의 예를 구성한다.

이런 문제의식으로 인해 유교 전통에서는 특히 '인정'(人情)에 대해 주목하였다. 근동지방에서 발생하여 세계종교의 절반 이상을 차지하고 있는 유대교(Judaism), 그리스도교, 이슬람(Islam)으로 대표되는 유일신교(monotheism) 전통에서 거룩한 의례(ritual)와 율법(law)이 절대적인 궁극적 실재인 신(神)이나 그 신의 의지를 대행하는 사도 혹은 예언자의 명령

25) 여기서 구성적 실재라는 개념은 구성주의, 인지과학, 지식사회학 등에서 공유하는 개념으로서, 객관적으로 존재하는 실체가 아니라 주체가 환경에 대응하여 내면과 외면에 구성하는 실재라는 의미로 사용한다.

에 의해서 신의(神意)에 따라 제정되거나 제정된다고 천명되는 데 비해, 유교 전통에서 예는 철저하게 인간이 구체적인 정황(situation)과 그 정황 속에서 갖게 되는 심리적 감정(emotion)을 유교의 경전적 이상을 구현했던 몇몇 성인(聖人)이 적절한 문화적 형식과 체계로 정식화시킨 것이다.

여기서 유의할 대목이 있다. '정'(情)이라는 단어 자체가 정황(情況)을 뜻하는 '실정'(實情)과 구체적인 대상에 감응(感應)하는 '감정'(感情)의 두 가지 의미를 다 포함하고 있듯이, 예라는 형식은 인간의 '심리적 감정'과 그러한 감정이 몸을 통해 구현될 때 구체적 맥락으로 전제가 되는 '문화적 관계 정황'[倫]을 모두 적절하게 표현하고 규제하게 된다. 그렇다면 예는 인간이 특정한 문화적 맥락에서 자신이 지니게 되는 심리적 감정을 반영하고 표현하는 '표현적 기능'(expressive function)을 하는 동시에, 그러한 심리적 감정을 문화적 관계 정황에서 요청되는 규범적 요구에 걸맞게 조율하고 규제하는 '규제적 기능'(regulative function)을 하는 심리-문화적 기제(psycho-cultural mechanism)라고 할 수 있다. 예는 심리적 감정과 문화적 관계를 적절하게 연결시키는 매개체인 것이다.

예컨대, 640년 당(唐) 태종(太宗)에게 시중(侍中) 위징(魏徵, 580~643)과 예부시랑(禮部侍郎) 영호덕분(令狐德棻)이 올린 건의를 살펴보면, 유교의 전통적인 예론(禮論)이 담긴 『예기(禮記)』의 규정에 따라 예의 기능을 서술하면서, 예가 초자연적인 기원이 아니라 인정(人情)을 근거로 삼는다는 것을 분명하게 알 수 있다.

> 예(禮)는 혐의(嫌疑)를 가름하고, 유예(猶豫)를 정하며, 동이(同異)를 구별하고, 시비(是非)를 밝히는 것입니다. 하늘에서 내려오는 것도 아니요, 땅에서 솟아나는 것도 아니며, 인정(人情)일 뿐입니다. 무릇 친족(親族)은 아홉 종류가 있고, 상복을 입는 방법은 여섯 가지가 있으나, 은혜[恩]를 따라 가벼운 상복[薄]을 입거나 두터운 상복[厚]을 입

고, 정(情)을 저울질해서 형식[文]을 세웁니다.[26]

그러나 예는 인정을 그대로 표출하는 것이 아니라 인정을 저울질하여 일정한 형식에 따라 표현하도록 하는 것이다. 여기서 인정을 저울질한다는 것은 아홉 가지 친족 관계의 관계 정황과 그 관계에서 비롯되는 은혜에 대한 감사의 감정을 적절하게 연결시키는 것을 말한다. 은혜가 많아서 감사의 감정이 진한 관계에는 두터운 상복(喪服)을 입고, 그것이 약한 관계에는 가벼운 상복을 입는다. 이는 혈연적 친소(親疏)라는 관계에서 빚어지는 은혜라는 감정의 거리감을 상복의 등급이라는 형식으로 연결시켜 표현함으로써, 예를 통해 사회문화적 관계 맥락을 드러내고 그에 걸맞게 감정의 표현 수위를 조정하는 방법이다. 이를 통해 예가 지닌 표현적 기능과 함께 규제적 기능이 확실하게 드러난다.

예(禮)는 사람이 지닌 정감[人之情]에 의거하되, 그것을 절도있게[節] 정형화하여[文] 백성들의 (무례한 행동을 막는) 한계[坊]로 삼는 것이다.[27]

『예기(禮記)』의 예론(禮論)에서는 행위로 표현되는 감정이라는 측면과 함께 그러한 감정을 조절하는 측면을 함께 고려한다. 행위의 차원에서 감정과 예가 맺는 관계는 마치 치수(治水)할 때 물과 둑의 관계와 같다고 비유할 수 있다. 인간의 감정은 물과 같아서 행동의 강력한 동인(動因)이 되지만, 그것을 충분히 헤아리기도 힘들고 무조건 막을 수 있는 것도 아니다. 그러나 인간이 지닌 모든 감정이 아무런 규제 없이 그대로 다

26) 『舊唐書』 卷27, 「禮儀志7」, 1019. "貞觀十四年, … 於是侍中魏徵·禮部侍郎令狐德棻等奏議曰, '臣聞禮, 所以決嫌疑, 定猶豫, 別同異, 明是非者也. 非從天降, 非從地出, 人情而已矣. 夫親族有九, 服術有六, 隨恩以薄厚, 稱情以立文.'"

27) 『禮記』, 「坊記」. "禮者, 因人之情, 而爲之節文, 以爲民坊者也."

표현된다면, 사회는 질서를 잃어버린 채 혼란에 빠지게 된다. 따라서 물을 조절하는 둑을 쌓는 것처럼 감정을 조절할 수 있는 한계를 설정하는 것이 필요한데, 예가 바로 그런 기능을 하는 것이다. 결국 예는 '인정을 적절하게 정형화한 것' [人情之節文]이며,[28] 따라서 '인간의 감정을 행위로 매개하는 문화적으로 정형화된 형식과 체계'로 정의할 수 있다.

이러한 『예기』의 예론은 순자(荀子, B.C.298?~B.C.238?)의 사상에 영향을 받은 것으로 보인다. 순자에 의하면, 사람이 타고난 성질(性質)인 정(情)은 사물에 대하여 욕구[欲]하는 반응[應]을 하는데,[29] 사물에 대해 다양한 양상으로 자연적으로 표출되는 구체적인 감정[30]은 보편적으로 먹고 입고 살아가는 데 필요한 모든 면에서 가능한 한 최고/최선의 것을 추구하면서 만족할 줄 모르는 문제점이 있기 때문에, 그러한 문제를 해결하기 위해서 예(禮)가 필요하다.[31] 따라서 예는 반드시 정(情)이 적절하게 문화적으로 정형화된 형식[文]을 통해 표현되어야 하며,[32] 그렇게 규제된 표현을 통해 혈연적 친소(親疏)와 사회적 귀천(貴賤)을 중심으로 구

28) 馮友蘭은 『禮記』의 정의에 근거하여 예가 수행하는 기능[禮之用]을 '인간의 性情'을 '節制하는'(regulating) 측면과 '格式化하는'(refining) 측면으로 분석하였다. 馮友蘭, 『中國哲學史』(上篇, 重印本, 北京: 中華書局, 1992), 411쪽 이하; Fung Yu-lan, *A History of Chinese Philosophy* (tr. by Bodde, Derk, vol. Ⅰ, Princeton, N. J.: Princeton University Press, 1952), p.338f.

29) 『荀子』, 「正名」. "性者, 天之就也. 情者, 性之質也. 欲者, 情之應也."

30) 『荀子』, 「正名」. "性之好 · 惡 · 喜 · 怒 · 哀 · 樂, 謂之情."

31) 『荀子』, 「禮論」. "禮起於何也? 曰, 人生而有欲, 欲而不得, 則不能無求, 求而無度量分界, 則不能不爭. 爭則亂, 亂則窮, 先王惡其亂也, 故制禮義以分之, 以養人之欲, 給人之求, 使欲必不窮乎物, 物必不屈於欲, 兩者相持而長, 是禮之所起也." 『荀子』, 「榮辱」. "人之情, 食欲有芻豢, 衣欲有文繡, 行欲有輿馬. 又欲夫餘財蓄積之富也. 然而窮年累年不知足, 是人之情也." 『荀子』, 「榮辱」. "夫貴爲天子, 富有天下, 是人情之所同欲也." 순자의 정(情)과 예(禮) 개념은, 비록 개념의 함의와 맥락에서는 결코 간과할 수 없는 차이가 있으나, 양자의 관계라는 측면에서는 플라톤(Platon)의 전차 비유에서 말인 '파토스'(pathos)와 마부인 '로고스'(logos)를 연상시킨다.

32) 『荀子』, 「禮論」. "至備, 情 · 文俱盡."

성된 사회적 질서가 유지되는 것이다.33)

그런데 인간의 감정이 연관되는 문화적 정황은 혈연적 친소와 사회적 귀천을 중심으로 조직되는 사회적 질서보다 훨씬 더 포괄적이고 복합적이다. 특히 예가 실행되는 규범적인 문화적 관계를 뜻하는 개념인 '륜(倫)'이나 '십륜'(十倫)34) 등의 개념이 일상성과 신성성을 함께 포함하고 있다는 점을 주목할 필요가 있다.

예컨대, 『예기』「제기(祭器)」편은 천지에 대한 제사 [天地之祭], 종묘제사[宗廟之事], 부자의 도리[父子之道], 군신의 의리[君臣之義]를 '륜'(倫)으로 언급했고,35) 『예기』「제통(祭統)」편은 제사[祭]에서 구현되는 대의(大義)인 '십륜(十倫)'으로 귀신을 섬기는 도리[事鬼神之道], 군신의 의리[君臣之義], 부자의 윤리[父子之倫], 귀천의 등급[貴賤之等], 친소의 차이[親疏之殺], 벼슬과 상의 시혜[爵賞之施], 부부의 분별[夫婦之別], 정사의 균평[政事之均], 장유의 순서[長幼之序], 위와 아래의 교제[上下之際]를 거론했다.36)

이 가운데 대부분은 일상적인 인륜(人倫)의 영역에 속하지만, 두 가지 모두 순서상 천지(天地)나 귀신(鬼神) 등 초자연적인 대상에 대한 신성한 제사를 가장 앞에 두고 있는데, 이 순서는 초월적 신성성이 인륜(人倫)적

---

33) 『荀子』, 「禮論」. "情貌之變, 足以別吉凶, 明貴賤·親疏之節, 斯止矣. … 兩情者, 人生固有端焉." 같은 맥락에서 미국의 중국사가 H. J. Wechsler도 중국의 예(禮)가 의례(ritual)의 표현적(expressive) 차원과 도구적(instrumental) 차원을 동시에 보여주고 있음을 중국인들이 의식하고 있었음을 지적하였다. Howard J. Wechsler, *Offerings of Jade and Silk: Ritual and Symbol in the Legitimation of the T'ang Dynasty* (New Haven: Yale University Press, 1985), p.24.

34) '十倫'에 관한 논의로는 박례경, 「유교 제의에 담긴 예의 정신」, 『종교연구』 36(한국종교학회, 2000) 참조.

35) 『禮記』, 「祭器」. "天地之祭, 宗廟之事, 父子之道, 君臣之義, 倫也."

36) 『禮記』, 「祭統」. "夫祭有十倫焉. 見事鬼神之道焉, 見君臣之義焉, 見父子之倫焉, 見貴賤之等焉, 見親疎之殺焉, 見爵賞之施焉, 見夫婦之別焉, 見政事之均焉, 見長幼之序焉, 見上下之際焉. 此之謂十倫."

일상성의 근원이라는 점을 상기시키고 있으며, 천지와 종묘(宗廟)에 대한 제사의 비일상적 의례에 이어서, 부자관계와 군신관계로 표현되는 일상적 윤리와 정치가 차례로 배열되고 있는데, 이는 감정이 형성되고 표현되는 예의 문화적 관계 정황이 종교, 윤리, 정치의 영역을 포괄하고 있음을 보여주고 있다.[37] 그만큼 예는 종교의례와 윤리규범과 정치질서가 합류하는 실천의 차원을 지니고 있으며, 유교는 정치와 종교, 윤리와 의례가 분리할 수 없을 만큼 유기적으로 연결된 문화전통인 것이다.[38]

(2) 초월적 권위와 보편적 질서의 표상체계

예는 인정을 적절하게 표현하도록 문화적으로 조절하는 것이기 때문에, 종교문화적 권위에 근거하여 사회적 위계질서에 대한 자발적 동의를 이끌어내는 사회통합의 기능을 수행한다. 그런데 보본의식에 근거하여 존중되는 종교문화적 권위는 인륜(人倫)을 중심으로 하지만, 인도(人道)에만 국한되지는 않는다. 실제로 유교적 예 담론의 핵심 정신을 설명한 『예기』를 살펴보면, 예는 천도(天道)로 표방되는 초월적 권위 혹은 보편적 질서의 표상(representation)으로 설정되고 있으며, 특히 하늘은 종교문

37) 유교의 예에 일상성을 초월하는 신성성의 차원이 있다는 점을 논의한 연구로는 금장태, 『유교사상과 종교문화』(서울: 서울대학교출판부, 1994) 참조.

38) 역사적으로 가톨릭 교회와 민족 국가가 맺은 긴장관계를 근대적인 영역 구분을 통해 '정치와 종교의 분리'로 정리한 서구와는 달리, 유교 전통은 정치질서로부터 독립된 종교공동체를 인정하지 않았다. 이 때문에 중국에 불교가 처음 들어왔을 때 종교와 왕권의 관계에 관한 논쟁이 일어나기도 했다. 윤리를 초월하는 종교를 주장하는 그리스도교 전통이나 종교의례와 세속의례의 구분이 성립하는 근대적 종교문화와 달리, 유교 전통에서는 윤리적 행위와 의례적 실천이 분리되지 않으며 윤리와 의례, 종교의례와 세속의례는 모두 禮에 포괄된다. 근대 세계에서 정치와 종교가 이루는 관계양상에 대해서는 George Moyser ed., *Politics and Religion in the Modern World* (London & New York: Routledge, 1991) 참조.

화적 권위의 근원적 정점으로 정립되고 있다.[39)]

> 무릇 예란 선왕(先王)이 하늘의 도(道)를 받들어서 사람의 정(情)을 다스리는 것이므로, 그것을 잃는 자는 죽고 그것을 얻는 자는 산다. … 이 때문에 무릇 예는 반드시 하늘에서 근본하고 땅에서 본받으며 귀신에게 펼쳐서, 상(喪), 제(祭), 사(射), 어(御), 관(冠), 혼(昏), 조(朝), 빙(聘)에 이르는 것이다. 그러므로 성인(聖人)이 예(禮)로써 그것을 보여주기 때문에, 천하(天下), 국(國), 가(家)가 바르게 될 수 있는 것이다.[40)]

위 인용문에 잘 나타나듯이, 예는 하늘의 도를 전범(model)으로 하여 인정을 다스림으로써 천하, 국, 가 등 크고 작은 공동체의 질서를 바로잡아 사회정치적 통합을 이루는 도구이다. 여기서 하늘과 땅과 귀신으로 상정되는 초월적 권위 혹은 보편적 질서가 종교문화적 권위로 설정되고 있는데, 예는 이러한 종교문화적 권위를 모델로 삼아 인정을 다스림으로써 사회정치적 질서를 구현하는 천인상응(天人相應)의 세계관을 보여주고 있다. 이런 맥락에서 예는 하늘이 구현하는 시간적 조건[天時], 땅에서 나오는 공간적 재화[地財], 하늘과 땅의 자연적 생성 질서를 운행하는 귀신(鬼神), 자연적 질서에서 문화적 행위와 제도의 모델을 찾아 감정을 문화적 형식으로 실천하는 매개체인 인심(人心) 등에 맞추어 만물(萬物)을 다

39) 이와 관련하여 Benjamin I. Schwartz는 예의 사회학적 함의를 잘 보여주고 있는 순자마저도 성인(聖人)과 군자(君子)의 합리적인 능력이 초자연적인 권위에서 비롯되었음을 포기하지 않는다고 지적한 바 있다. 그러나 순자의 경우에는 天道와 철저히 구분되는 人道를 주장하는 기초 위에 자신의 禮論을 구축하고 있음을 유의해야 한다. Benjamin I. Schwartz, *The World of Thought in Ancient China* (Cambridge: Belknap, 1985), 7장 참조.

40) 『禮記』, 「禮運」, "夫禮, 先王以承天之道, 以治人之情, 故失之者死, 得之者生. … 是故夫禮必本於天, 殽於地, 列於鬼神, 達於喪祭射御冠昏朝聘. 故聖人以禮示之, 故天下國家可得而正也."

스리는 것으로 설명된다.[41)]

『예기』에 의하면, 천도(天道)에는 천지, 귀신 외에도 태일(太一), 음양(陰陽), 오행(五行) 등 좀더 우주론적으로 추상화된 자연의 원리도 있으며, 만물을 생성하는 자연적 생성의 덕(德)인 성(誠)도 천도로 설명된다.[42)] 이에 따라 예에 쓰이는 각종 음악, 음식, 의복, 의절, 의례의 시간과 장소가 모두 이러한 천도를 표상하고 있으며, 예는 성의 덕을 갖춘 성인에 의해서 비로소 제정되고 실행되는 것으로 이해된다.[43)]

물론 유교 전통에서는 인도의 측면을 강조하면서 이러한 천도의 근원적 중요성과 실재성을 상대적으로 평가절하하여 귀신의 존재나 흠향(歆享)과 무관하게 예를 인정을 표현하는 것에 국한하여 설명하는 논리도 있다. 예컨대, 후한(後漢)의 왕충(王充, 30?~100?)은 제사를 지내면 반드시 복을 받고 제사를 지내지 않으면 반드시 화가 있다는 세속적 믿음을 비판하고, 제사의 본의는 주인(主人)이 스스로 정성을 다하는 것일 뿐이며 귀신이 흠향하는지 여부는 관심 영역에서 배제된다고 하였다.[44)]

이러한 태도는 공자(孔子, B.C.552~B.C.479)가 『논어(論語)』에서 제시한 '귀신을 공경하되 멀리한다'[45)]는 언명과 '마치 신이 계신 듯 제사한다'[46)]

41) 『禮記』, 「禮器」. "禮也者, 合於天時, 設於地財, 順於鬼神, 合於人心, 理萬物者也. 是故天時有生也, 地理有宜也, 人官有能也, 物曲有利也. 故天下生, 地不養, 君子不以爲禮, 鬼神弗饗也, 居出以魚鼈爲禮, 居澤以鹿豕爲禮, 君子謂之不知禮. 故必擧其定國之數以爲禮之大經. 禮之大倫以地廣狹, 禮之薄厚與年之上下. 是故年雖大殺, 衆不匡懼, 則上之制禮也節矣."

42) 『禮記』, 「中庸」. "誠者, 天之道也." 『禮記』에 나타난 天道에 대한 체계적 분석으로는 박례경, 「『禮記』의 體制와 禮論 연구」(연세대학교 박사학위논문, 2004), 108~120쪽 참조.

43) 박례경, 「『禮記』의 體制와 禮論 연구」, 114~120쪽.

44) 王充, 『論衡』 卷25, 「祀義」. "世信祭祀, 以爲祭祀者, 必有福, 不祭祀者, 必有禍. … 執意以爲祭祀之助, 勉奉不絶, 謂死人有知鬼神, 飮食猶相賓客, 賓客悅喜, 報主人恩矣. 其脩祭祀是也, 信其事之非也. 實者, 祭祀之意, 主人自盡恩懃而已, 鬼神未必歆享之也."

45) 『論語』, 「雍也」 6:22. "樊遲問知. 子曰, '務民之義, 敬鬼神而遠之, 可謂知矣.'"

46) 『論語』, 「八佾」 3:12. "祭如在, 祭神如神在."

의 명제를 어떻게 해석하는가에 따라 제사의 대상이 되는 귀신의 실재성 문제를 중심으로 유귀론(有鬼論), 무귀론(無鬼論), 불가지론(不可知論)의 다양한 귀신론(鬼神論)이 등장하게 되며,[47] 이러한 관점의 차이에 따라 유교의 신관(神觀)을 이해하는 입장도 유신론(有神論)과 무신론(無神論)의 차이가 나타나게 된다. 실제로 주희(朱熹)의 이법적(理法的) 천관(天觀)과 정약용의 인격적 상제관(上帝觀)의 연속성과 차별성 역시 이러한 귀신관 혹은 천관의 연속성과 차별성의 맥락에서 해석할 수 있다.

(3) 종교문화적 권위와 사회적 질서의 호응관계

유교의 종교문화적 신념의 핵심을 구현하고 있는 제사는 의례 자체가 모든 예의 근본이자 전형으로서 사회적인 기능을 한다. 순자(荀子)에 의하면, 유교 전통에서 인간의 문화적 삶을 가능하게 했던 기원으로는 우주론적 질서의 근본인 천지(天地), 생물학적 생명의 근본인 선조(先祖), 사회문화적 생활의 근본인 성인(聖人: 君과 師)이 있다.[48] 제사는 그러한 삶의 근본이 대상을 기억하고 그 대상으로부터 비롯되는 은혜와 공·덕에 대한 보답[報本反始]의 의례인 것이다.[49] 그리하여 종교, 윤리, 정치는

---

47) 귀신론을 중심으로 일어난 다양한 관점을 다룬 작품으로는 子安宣邦, 『新版 鬼神論―神と祭祀のディスクール』(東京: 白澤社, 2002), 朱子의 귀신론에 대해서는 박성규, 「朱子哲學에서의 鬼神論」(서울대학교 박사학위논문, 2004) 참조.

48) 『荀子』, 「禮論」. "禮有三本. 天地者, 生之本也. 先祖者, 類之本也. 君師者, 治之本也. … 故禮, 上事天, 下事地, 尊先祖而隆君師. 是禮之三本也."

49) 『禮記』, 「禮器」. "禮也者, 反本修古, 不忘其初者也. … 禮也者, 反其所自生." 『禮記』, 「郊特生」. "唯社, 丘乘共粢盛, 所以報本反始也." 『禮記』, 「郊特牲」. "萬物本於天, 人本於祖. 此所以配上帝也. 郊之祭也, 大報本反始也." 『禮記』, 「祭義」. "君子反古復始, 不忘其所有生也." 『禮記』, 「祭統」. "忠臣以事其君, 孝子以事其親, 其本一也. 上則順於鬼神, 外則順於君長, 內則以孝於親." 등.

보본(報本)의 예라는 측면에서 근본적으로 동일한 성격을 지니게 되며, 그러한 특성으로 인해 제사는 향음주례(鄕飮酒禮)나 향사례(鄕士禮) 등의 일상적 의례[50] 혹은 각종 주술(magic)이나 굿 등의 비(非)유교적 의례와 확연하게 구분된다.

조상과 성인이 천지와 함께 삶의 근본으로 설정되어 의례적인 차원에서 종교문화적 권위(authority)를 지니는 존재로 자리 잡은 것은 그 자체로 조상과 성인의 신성성(sanctity)을 확보하는 것이기도 하지만, 제사의 반복을 통해 근본으로 설정된 신성한 권위를 반복적으로 기억하는 것은 공동체의 형성과 유지에 중요한 의례적 기능을 담당하게 된다. 유교 전통에서 인간다운 삶은 '천지 안에서', '조상(부모) 앞에서', '성인(임금과 스승) 아래서' 이루어지며, 제사의 실천을 통해 초월적인 천지 외에 조상/부모와 스승/임금은 각각 친친(親親)의 혈연적 친소관계를 핵심으로 하는 종족(宗族) 공동체와 존존(尊尊)의 사회적 위계관계를 중심으로 하는 국가 공동체에서 종교문화적인 권위를 인정받게 된다.[51]

특히 이러한 제사는 종교문화적 권위와 사회적 질서의 호응관계를 가묘(家廟), 문묘(文廟), 종묘(宗廟)라는 성소(聖所)를 통해 구현하며, 이러한 제사의 반복적 수행은 각각 혈연적 공동체의 가통(家統), 문화적 공동체의 도통(道統), 정치적 공동체의 왕통(王統) 등이 지니고 있는 통시적 연속성과 공시적 통합성을 유지하고 강화시킨다. 이를 '전통'(傳統)과 '정통'(正

50) 이러한 일상적 의례는 제사를 비롯한 각종 종교적 의식의 범주에 속하지 않고 일상생활에서 지켜야 하는 관습적 규범을 말한다. 흔히 '매너'(manners) 혹은 '에티켓'(etiquette) 등으로 불리는 예의, 예절, 예의범절 등이 이 범주에 속한다.

51) 여기서 '종교문화적 권위'는 인간이 세계를 이해하고 삶의 의미를 부여하는 가장 궁극적인 차원의 준거 지평을 표현하는 개념이다. 예컨대, 그리스도교 전통에서는 '하느님 앞에서'(*Coram Deo*) 혹은 '그리스도 안에서'라는 의식 가운데 삶의 의미를 부여하면서 살아간다. 이러한 시각에서 제사의 종교문화적 측면을 설명한 것으로는 박종천, 「우상숭배와 반인륜 사이에서」, 『제사와 제례문화』(안동: 한국국학진흥원, 2005) 참조.

統)이라고 부른다. 사회적 공동체는 동시에 제사공동체이며, 사회적 질서는 종교문화적인 권위에 의해서 정당성(legitimacy)을 획득하게 된다. 유교적 전통사회에서 이상적인 삶이란 '전통'의 통시적 연속성과 '정통'의 공시적 통합성이 발휘되는 공동체 질서 안에서 개인의 정체성을 확인하고 제사를 통해 주기적으로 기억되는 종교문화적 가치를 구현하는 것이다.

그렇다면 '전통'과 '정통'은 어떻게 종교문화적 권위를 사회의 연속적-통합적 질서로 구현하는가? 제사에서 명확하게 표출되는 '보본의식'의 종교문화적 기반에 근거하여 가족과 국가는 종법(宗法)적 질서를 구현하는 의례공동체로 통합되는데, 그러한 질서의 상징적 중심으로 종자(宗子)와 군주(君主)는 조상과 창업군주로부터 비롯되는 의례적 권위를 계승하고 그것에 근거하여 종족과 국가를 다스리는 정치사회적 권력을 행사하게 된다. 정치사회적 권력은 제사의 의례적 주체[主]가 공동체 전체를 대표하여 제사의 의례적 대상으로부터 연속적으로 계승한 제사권[重/統]의 종교문화적 권위 위에 정립되며, 종자와 군주는 공동체 내의 다른 구성원들과 성별(聖別)된 의례적 존재로서, 통시적으로는 '상징적 시원(始原)'의 현현(顯現)을, 공시적으로는 공동체를 통합하는 '상징적 중심'의 역할을 수행하게 된다.[52]

그런데 이러한 제사를 통해 초월적 근본과 현실 세계를 연결하는 중재자(mediator)는 다른 공동체 구성원과 구별됨으로써 얻은 상징적 '중심성'(centrality)에 의해 공동체 전체를 대표하는 '총체성'(totality)을 구현해야 할 의무를 지니게 된다.[53] 따라서 종교문화적 권위는 일방적으로 정치사회적 권력의 근거로만 전개되지는 않는다. 오히려 종교문화적 권위가 정치사회적 권력의 '권리'와 '의무' 사이에서 무엇과 결합하는가에 따

52) 박종천, 「『國朝典禮考』에 나타난 茶山 丁若鏞의 禮論」, 122~130쪽 참조.

53) '중심성'과 '총체성'의 개념을 왕권(kingship)의 차원에서 논의한 연구로는 Cristiano Grottanelli, "Kingship: An Overview", in Mircea Eliade (ed.), *Encyclopedia of Religion*, vol.8 (New York: Macmillan, 1987), pp.313~317 참조.

라 정치사회적 권력에 대한 '지지'와 '견제'의 현실적 함의가 결정되는 것이다. 예컨대, 사가(私家)의 종자와 왕가(王家)의 군주가 입후(入後)의 상황을 통해 가통이나 왕통을 계승했을 때 제사권의 승계는 물론 그에 따르는 재산권과 정치사회적 권리를 행사할 수 있게 되지만, 혈연적인 친아버지에 대한 제사를 할 수 없게 되어 사적인 감정을 억눌러야 하는 공적(公的) 상징의 역할을 감당해야 하며, 이에 따라 사가와 왕가 모두에서 각종 논쟁이 구조적으로 발생하게 된다.[54]

제사는 사회적 위계질서에 속하는 제사 주체의 계급에 따라 그에 상응하여 제사의 대상, 제물(祭物), 제기(祭器), 제사장소, 제사절차 등을 위계적 서열에 맞게 조정함으로써 제사 주체의 정치사회적 지위를 드러내는데, 이는 유교 의례가 차별적 위계질서를 구축함으로써 공동체의 통합을 이룩함을 분명하게 보여주고 있다. 이러한 사례는 『예기(禮記)』 곳곳에서 어렵지 않게 찾아 볼 수 있다.

[표 1] 『예기』의 제사에 반영된 사회정치적 위계질서의 사례[55]

	제사의 대상과 규모		조상제사	社	제물	
『禮記』	「曲禮」	「祭法」	「王制」	「祭法」	「曲禮」	
天子	上帝/天地/四方/山川/五祀/社稷	七祀	七廟	大社/王社	犧牛(털빛 순수)	郊祀: 特牲
諸侯	四方/山川/五祀/社稷	五祀	五廟	國社/侯社	肥牛(우리 사육)	社稷祭: 大牢(천자) 小牢(제후)
大夫	五祀	三祀	三廟	置社	索牛(求得)	
士	祖上제사만 허용	二祀	一廟	×	羊/豕(돼지)	
庶人	祖上제사만 허용	一祀	寢(無廟)	×		

54) 왕가에서 入後로 인해 생기는 전례논쟁의 문제에 대해서는 박종천, 「조선시대 典禮論爭에 대한 재평가—入承大統의 전례문제를 중심으로—」, 『韓國思想과 文化』 11(韓國思想文化學會, 2001) 참조.

55) 금장태, 『유교사상과 종교문화』, 2부 참조.

유교 의례의 이러한 특성은 '감정의 절제'를 정형화된 형식으로 고정시키는 또다른 특성과 결합하면서 정치사회적 위계질서를 안정화시키는데 공헌하게 된다. 이 점에서 유교 의례는 의례가 수행되는 장에서 일시적으로나마 감정을 극적으로 수행하거나 기존의 사회질서의 정지 혹은 전복을 실현하는 저항적 의례나 민간의례 등과는 분명한 차이가 있다.

이러한 유교 의례의 특성은 의례를 통해 전달되는 '메시지'(messages)의 특성에서도 확인된다. 유교 의례에서는 의례참여자가 실행하는 구체적인 의절(儀節)이 의례참여자의 감정과 현재적 지위를 표현하는 동시에, 그가 속한 구조적 체계(structural system)의 보편적인 질서(universal order)를 구현한다. 이는 유교 의례가 감정을 세련된 문화적 방식으로 적절하게 정형화하고, 예를 수행하는 주체의 사회적 지위를 드러냄으로써 사회적 위계질서를 드러내는 특성을 갖고 있기 때문에 가능한 것이다.[56)]

인류학자 라파포트(Roy A. Rappaport)에 의하면, '의례'(ritual)는 '의사소통의 양식'(a mode of communication)이고,[57)] 의례참여자가 그가 속한 구조적 체계 속에서 현재의 물리적, 정신적, 사회적 지위/상태를 표현하는 '자기지시적 메시지'(self-referential messages)를 다른 참여자들에게 전달하는 한편, 의례참여자가 아니라 보편적인 질서의 일반적이고 지속적인 '경전적 메시지'(canonical messages)를 전달하는데, 대체로 전자가 '가변적'(variant)이라면, 후자는 '항구적'(invariant)이다.[58)]

56) A. S. Cua는 禮의 함의를 delimiting function, supportive function, ennobling function 등으로 나누어 설명한 바 있다. A. S. Cua, "The Ethical and the Religious Dimension of *Li*," in Tu Weiming and Mary Evelyn Tucker eds., *Confucian Spirituality*, vol. 1(New York: The Crossroad Publishing Company, 2003), pp.255~259 참조.

57) Roy A. Rappaport, *Ritual and Religion in the Making of Humanity* (New York: Cambridge University Press, 1999), pp.50~52.

58) Roy A. Rappaport, *Ritual and Religion in the Making of Humanity*, pp.52~54.

이런 내용을 유교 의례에 적용하면, 유교 의례의 경전적 메시지는 흔히 '삼례'(三禮)로 통칭되는 예경(禮經)과 경전(經典)에 명시적으로 규정되어 있는데, 그러한 경전적 메시지가 의례를 실행하는 주체의 자기지시적 메시지를 통해 구현되고 자기지시적 메시지를 규정하며, 자기지시적 메시지는 경전적 메시지의 현실태로서 문화적 가치를 지닌다. 예컨대, 경전적 메시지에 따라 제사에서 반복적으로 쓰이는 축문(祝文)에서 "효자(孝子) 아무개는 …" 운운하는 것은 공동체의 다른 구성원과 구별되는 제사 주체이며 제사 대상의 혈연적 아들이라는 신분을 드러냄과 동시에, 상례(喪禮)에서 부모를 여읜 슬픔의 감정을 '애자'(哀子)로 드러내는 것과는 달리, 돌아가신 부모를 다시 만나는 제사의 감정과 상황을 분명하게 표현한다. 만약 의례의 실행에 따른 자기지시적 메시지의 전달이 경전적 메시지의 규정에서 벗어나는 경우에는 공동체의 질서를 혼란스럽게 하는 '비례(非禮)' 혹은 음사(淫祀)'로 평가되어 도덕적–법적 비난과 제재를 받게 된다.

요컨대, 유교 전통에서 의례는 심리와 문화를 매개하는 구성적 실재로서, 정(情)을 통해 드러나는 심리적 작용과 문화적 행태를 적절한 방식으로 규제함으로써, 마음과 몸, 개인과 사회를 연결한다. 또한 하늘로 대표되는 초월적 권위와 보편적 질서를 표상하고 종교문화적 권위와 사회적 질서의 호응관계를 구성함으로써 인간이 본받아야 할 규범적 이상을 제시하는 표상체계로서, 종교의례와 윤리규범과 정치질서를 하나의 실천적 체계 가운데 유기적으로 연결한다.

제3장 사천(事天)의 제사론과 초월적 인격신관

1. 제사, 종교문화체계의 기초
2. 상제(上帝)를 중심으로 한 초월적 인격신관
3. 제사의 구조와 의례이론의 특징

1

제사, 종교문화체계의 기초

제사는 예의 종교문화체계에서 가장 근원적인 차원을 보여주는 의례이며, 종교문화체계로서의 예는 그 기초를 이루는 제사에서 비롯된다. 제사는 삶의 근본인 신과 인간의 의례적 만남을 규정한 보본(報本)의 의례로서, 궁극적 실재와 만난다는 점에서 인간이 인간과 관계를 맺는 일상적 의례와는 그 차원이 다르다. 정약용도 이 점을 분명하게 의식하고서 자신의 예설(禮說) 속에서 제사를 다른 유교 의례의 범주와 일관되게 구분하였으며, 다른 유교 의례들과 구분되는 제사의 근원적 위상을 강조하였다.

1. 사천(事天)의 의례화

유교 전통에서는 인간의 삶에 보탬이 되는 공덕(功德)을 구현한 대상은 어떤 것이라도 모두 정기적인 제사의 대상이 될 수 있다.[1] 정약용은

1) 『朝鮮經國典』은 그에 대한 전형적인 설명의 사례다. 鄭道傳, 『三峰集』, 卷7, 「朝鮮經國

이러한 대상들에 대한 보답을 의례화한 각종 제사들을 만물을 조화(造化)·주재(主宰)·안양(安養)하는 초월적인 주재자인 하늘[天/上帝][2]에 대한 의례적 봉헌으로 수렴하고자 했다. 그리하여 그는 상제(上帝)를 보좌하는 각종 명신(明神)들에 대한 제사를 모두 사천(事天)의 의례로 수용했으며,[3] 사친(事親) 혹은 사인(事人)에서 시작하여 사천(事天)에서 완성되는 '선왕(先王)의 도(道)' 혹은 '군자(君子)의 학(學)'을 강조하였다.[4]

이는 종교문화체계를 구성하는 두 가지 축이 맺는 관계를 잘 보여주고 있다. 사인(事人)으로 압축되는 일상적 인륜의 수평적 축은 사천(事天)으로 귀결되는 제사의 초월적 축에 의해서 궁극적 의미를 확인받고, 제사는 궁극적인 초월적 실재인 하늘과 만남으로써 하늘을 대면하는 종교적 의식(religious consciousness)을 활성화하여 심신의 수양과 사회의 인륜 질서를 확립하는 데 매진하도록 자극하는 계기가 된다. 정약용이 일상적인 인륜의 실천에 앞서 행하는 신독(愼獨) 공부에 대해서, 제사에서 만나게 되는 상제(上帝)와 천신(天神)들을 대면하는 종교적 의식의 각성으로 설명하는 대목[5]은 제사가 종교적 의식의 활성화를 통해 수양과 실천으로 이어지는 논리를 잘 보여준다.

典上」,〈禮典·諸神祀典〉, 28ab. "凡載祀典者, 皆有功德於民, 不可不報者也. 其祀山川之神, 以其興雲雨滋五穀, 足民食者也. 其祀古昔聖賢, 以其得時行道, 康濟斯民, 立法垂訓, 昭示後世, 故皆載之祀典,以爲常祭. 其不載祀典者, 諂而非禮, 淫而無福, 在所當禁."

2) 『春秋考徵』 卷4, 「先儒論辨之異」(『與全』 2集, 36卷, 24a).

3) 『春秋考徵』 卷2, 「吉禮」,〈社1〉(『與全』 2集, 34卷, 2b). "天地百靈, 皆是上帝之臣佐, 祭此明神, 亦以事天也. 故『中庸』曰 '郊·社之禮, 所以事上帝也.'" 『中庸講義補』 卷1, 「郊·社之禮, 所以事上帝節」(『與全』 2集, 4卷, 33a). "上下神示, 皆受帝命, 保佑萬物, 而王者祭而報之, 無非所以事天. 故曰 '郊·社之禮, 所以事上帝.'"

4) 『論語古今註』 卷5, 「先進」(『與全』 2集, 11卷, 27b). "先王之道, 始於事人.【五教·五倫皆事人.】… 孔子曰, '仁人之事親也, 如事天, 事天如事親',【「哀公問」】 朱子亦此義也." 『中庸講義補』 卷1, 「鬼神之爲德節」(『與全』 2集, 4卷, 23a). "君子之學, 始於事親, 終於事天."

5) 『大學公議』 卷1(『與全』 2集, 1卷, 21b~22a). "十目十手, 謂天地神明, 昭布森列也. … 十目十手之義, 先儒不言. 惟吳季子之言云, 暗室屋漏之中, 幽深隱奧, 一念將動, 人孰知之? 君子於此, 眞見夫天地鬼神昭布森列, 臨之在上, 質之在傍, 曾子之意, 亶在是矣."

한편 제사는, 마치 관리들이 상급자 혹은 상급기관에 자신의 공적을 보고하는 주적(奏績)과 상급자 혹은 상급기관이 평가를 내리는 고적(考績)을 시행하듯이, 인간이 일상적 인륜의 차원에서 이룩한 공·덕을 보고하고 상제가 초월적 차원에서 그 결과를 살피는 과정으로 해석할 수도 있다. 정약용에 의하면, "제사에서 신(神)을 이르게 하는 것은 성(誠)과 제물뿐이다."[6] 따라서 제사과정에서 신을 대하는 성(誠)의 종교적 의식은 유형의 제물과 더불어 신이 흠향하는 무형의 제물이 된다. 또한 유형의 제물도 그 자체로 제물로서의 가치가 있는 것이 아니라 덕이 있는 사람이 바치는 것이라야 비로소 신이 흠향할 만한 가치있는 제물로 인정받는다. 나아가 일상적 인륜의 차원에서 사람을 섬기는 공·덕은 제사에서 신이 흠향하는 무형의 제물이 되고, 백성들의 다스리는 경세론적 업적으로 하늘의 인정을 받아 공동체의 지속을 위한 기반이 된다.[7] 그 결과에 따라 개인적 차원에서는 복선화음(福善禍淫)이 이루어지고, 공동체의 차원에서는 공동체의 성숙과 멸망이 이루어지게 된다.[8]

이렇듯 제사는 개인이나 공동체의 차원에서 공·덕의 실현을 통해 인격 수양과 인륜질서의 확립을 이룸으로써 하늘을 섬기는 방식을 비일상적으로 의례화(ritualization)[9]한 것이며, 일상적 인륜의 영역에서 행하는

6) 『詩經講義』 卷3, 「小雅·北山之什·甫田」(『與全』 2集, 19卷, 2a). "祭之格神, 誠與物而已."
7) 『梅氏書平』 卷3, 「旅獒」(『與全』 2集, 31卷, 31a). "'惟勣繄物'者, 謂物不能自物, 唯爲有德者之所薦, 然後物能爲物. 如黍稷·牲幣之等, 唯貴乎德將也. 此亦論祭祀之理." 『춘추좌전』 僖公5年條에 나오는 기사에도 유사한 발언이 실려 있다. "지극한 정치는 향기로워 신명(神明)을 감동시키니, 서직(黍稷)이 향기로운 것이 아니라 명덕(明德)이 향기로운 것이다."(至治馨香, 感于神明. 黍稷非馨, 明德惟馨.) 『尙書古訓』 卷5, 「召誥」(『與全』 2集, 26卷, 34b). "天監在下, 洞知我以初服而宅新邑, 肆王宜疾敬德, 王欲知德之用乎? 德能祈天永命, 不用非法肆行殄戮, 以此道而治民, 【用乂民.】 咸順有功, 王之位在乎以德爲首, 【元者, 善之長.】 小民乃有所儀刑, 施于天下, 亦王丕顯, 使民昭見其上下憂勤, 又自謙言曰冀若有夏, 勿替有殷, 結之以小民以求誠也."
8) 정약용의 복선화음론에 대해서는 백민정, 『정약용의 철학』, 186～188쪽 참조.
9) 본서에서 사용하는 '의례화' 개념은 실천이론(practice theory)을 중심으로 사용하는 동물행태학적 차원의 개념이 아니라 특정한 믿음과 행동방식을 의례로 정형화하는

수양과 실천은 제사에서 형성되는 종교적 의식의 연장선상에서 공·덕의 실현을 통해 하늘에 나아가는 일상적 의례라고 해석할 수 있다.[10)]

(2) 의절(儀節)과 환심(歡心)

그렇다면 정약용은 제사와 일상적 의례의 관계를 어떻게 설명하고 있는가? 먼저, 정약용은 예가 신(神)에게 음식을 바치기 위해 제기(祭器)를 벌여놓은 제사에서 비롯되었으며, 제사는 모든 예의 근원이 된다고 보았다. 아래 인용문은 제사의 의례적 근원성을 잘 보여주는 대목이다.

> 예(禮)는 제례(祭禮)입니다. 기(示)는 그 신(神)이고, 곡(曲)은 대나무 그릇이며, 두(豆)는 나무 그릇이니, 신기(神示) 옆에 변두(籩豆)와 궤조(簋俎)를 진설한 것이 제례가 아니겠습니까? 그러므로 『상서(尙書)』「요전(堯典)」에 '짐(朕)의 삼례(三禮)를 맡으라'고 하였으니, 삼례는 천신(天神)·지기(地示)·인귀(人鬼)의 제례입니다. 그렇다면 제례를 예라 하는 것이 원의(原義)가 아니겠습니까? 길례(吉禮)가 오례(五禮) 중에서 으뜸이 되고, 흉(凶)·빈(賓)·군(軍)·가(嘉)에 모두 예의 이름을 빌어 흉례·빈례·군례·가례라 하는 것은 그 오르고 내리며 절하고

문화적 양상을 가리키는 표현이다. 유교 전통에서는 일상적인 행위가 의례적인 행위로 구별되는 과정보다는 무엇을 의례적 행위로 만들었는가 하는 것이 더 중요하다. 서구의 실천이론에서 주로 사용되는 '의례화' 개념에 대해서는 Catherine Bell, *Ritual: Perspectives and Dimensions*(New York: Oxford University Press, 1997). Catherine Bell, *Ritual Theory, Ritual Practice*(New York: Oxford University Press, 1992) 참조.

10) 제사와 제사를 제외한 일상적인 禮는 마치 'religious ritual'과 'secular ritual'의 구분과 일치하는 듯 보이지만, 제사에서 각성된 종교적 의식을 일상에서도 지속한다는 점이나 양자가 모두 종교문화체계로서의 예의 구조 안에서 연속성을 지닌다는 점에서 분명하게 차이가 난다.

읍하며 사양하며 나서고 물러나는 절차가 제례와 같기 때문입니다.[11)]

여기서 더욱 주목할 만한 대목은 제사와 다른 의례가 승강(升降)·배읍(拜揖)·사양(辭讓)·진퇴(進退) 등의 구체적인 행위의 방식과 절차인 의절(儀節)에서 형태적 동일성을 지니고 있음을 분명하게 설명하는 부분이다. 이는 제사가 다른 의례나 일반적인 의절과 형태적 동일성을 지님으로써 그에 알맞은 경건한 심리상태를 자아내고, 그에 따라 일상적 의례나 의절도 마치 하늘을 대하는 종교적 의식 가운데 이루어지도록 승화시키는 것으로 해석할 수 있다. 이러한 사유를 일반화하면, 의절(儀節)의 구체적인 형태적 동일성은 그에 상응하는 의식을 구성한다고 요약할 수 있다. 이러한 의절을 매개로 해서 제사는 심신 수양과 인륜 실천으로 이어질 수 있는 것이다.

한편, 정약용은 제사가 연향(燕饗)의 형식을 본뜬 것이므로 양자가 형태적 동일성을 지닌다고 지적하기도 하는데, 연향이 살아있을 때 잔치를 벌여 기쁨[歡]을 다하는 의례적 형식[儀]이라면, 제사는 죽은 뒤에 공경[敬]을 다하는 의례적 형식이다.[12)] 이는 기본적으로 구체적인 관계 양상의 차이에 따라 정형화되는 정(情)의 양상이 다른 데서 비롯되는 것인데, 기쁨과 공경의 차이가 연향과 제사의 심리적 차이를 설명한다는 대목은 눈여겨 볼 필요가 있다. 다산은 일상에서 사람들이 느끼는 환심(歡心)을 제사에서 상제나 조상신을 경건하게 섬기는 전제조건으로 설정하였다.[13)] 제

11) 『詩文集』 卷19, 「書」, 〈答李汝弘【載毅】〉(『與全』 1集, 19卷, 30a). "禮者, 祭禮也. 示, 其神也. 曲者, 竹器也. 豆者, 木器也. 神示之傍, 陳設籩豆·簋俎, 非祭禮乎? 故「堯典」曰 '典朕三禮'. 三禮者, 天神·地示·人鬼之祭禮也. 祭禮之謂之禮, 非其原義乎? 吉禮於五禮爲首, 而凶·賓·軍·嘉, 借名曰禮, 以其有升降·拜揖·辭讓·進退之節, 與祭禮同故耳."

12) 『祭禮考定』 卷2, 「祭饌考」(『與全』 3集, 22卷, 24b). "古者, 祭祀之禮, 原倣燕饗之儀, 生則燕饗以致歡, 死則祭祀以致敬."

13) 『周易四箋』 卷2, 「同人」(『與全』 2集, 38卷, 37b), 『詩文集』 卷10, 「原」, 〈原德〉(『與

사 공동체 참여자들이 일상적으로 느끼는 기쁜 마음은 제사 공동체를 대표하는 제사 주체[主祭者]나 제사 보조자[助祭者]가 공·덕을 실현한 열매로서, 그 공동체의 근원이 되는 제사 대상으로서의 신(神)을 경건하게 섬기는 무형의 제물이라고 할 수 있다.14)

의절(儀節)과 환심(歡心)은 비일상적인 제사와 일상적인 의례 혹은 인륜을 연속적으로 매개하는 행태적 조건과 심리적 조건이며, 의절이 개인적인 차원에서 제사에서 각성된 종교적 의식을 심신 수양과 인륜 실천에 연속적으로 매개하는 행태적 동일성을 구성한다면, 환심은 공동체적 차원에서 제사를 통한 공동체 통합을 이룩하는 일상의 심리적 기반을 이루는 것이다. 공·덕은 일상에서 의절을 통해 구현되어 환심을 일으키고, 제사에서는 성(誠)의 종교적 의식과 더불어 신이 흠향하는 무형의 제물이 되며, 제사에서 일상적 인륜을 거쳐 다시 제사로 환류한다. 따라서 유교 전통의 종교문화체계 내에서 공·덕은 제사, 윤리, 정치를 연속적으로 포괄하면서 환류하는 핵심적 내용물인 것이다.

(3) 영명(靈明)과 공덕(功德)

종교문화체계 상에서 제사가 차지하는 의례적 근원성은 정약용이 제사[祭]를 다른 의례적 형식과 철저하게 구분하는 데서도 확인할 수 있다.

全』1集, 10卷, 2ab).

14) 家의 차원에서 宗子인 哀子(喪禮時) 혹은 孝子(祭禮時)가 主祭者라면, 哀顯相(喪禮時), 孝顯相(祭禮時) 등은 助祭者이고, 國/天下의 차원에서는 군주가 主祭者라면, 尸나 祝 등을 맡는 신하들이 助祭者가 된다. 家의 차원에서 제사 대상이 조상이라면, 國/天下의 차원에서 제사 대상은 先王/上帝다. 『雅言覺非』 卷3, 「孝子」, 「愛子」(『與全』 1集, 24卷), 『喪禮四箋』 卷3, 「喪儀匡」, 〈虞祭3〉〈虞祭4〉(『與全』 3集, 3卷), 『喪禮四箋』 卷4, 「喪儀匡」, 〈祔祭2〉(『與全』 3集, 4卷) 등 참조.

그는 보본반시(報本反始)에 따라 삶의 근본이 되는 신(神)과 정기적으로 만나는 의례만을 '제사'로 보면서, 특정한 문제상황에서 해결을 기원하는 기양(祈禳)의례 혹은 푸닥거리[祓·禬禮] 등과 명백히 구분하였다.

실제로 그는 동지(冬至)나 하지(夏至)에 주악(奏樂)하는 것을 푸닥거리[祈·禳·祓·禊]류의 비정기의례로 보면서, 그것이 초월적 상제가 아니라 온갖 군신(群神)의 이름을 열거하는 것이므로, 상제에게 드리는 정제(正祭)인 교사(郊祀)가 아님을 지적하고,[15] 제천의례 중에서도 일이 생겼을 고유(告由)하는 려(旅), 밖으로 나갈 때 고하는 류(類), 인제(人帝)를 배향하는 체(禘) 등의 의례방식에 따라 구분함으로써, 같은 대상에 대한 의례라도 정기적인 제사와 특별한 사안에 따라 거행하는 비정기의례를 구분하였다.[16] 정기의례로서의 제사와 다른 비정기의례의 차이는 제사 주체의 공·덕을 무형의 제물로서 바치고 신이 그것을 흠향하는가 그렇지 않은가의 차이와 연관된다고 해석할 수 있다.

또한 희생[牲]을 갖추어 의례를 치르는 제(祭)와 희생 없이 채소 따위

---

15) 『春秋考徵』 卷1, 「郊3: 論子月冬至, 無郊天之法.」(『與全』 2集, 33卷, 12ab). "禬之爲禮, 今不可詳, 蓋與祈·禳·祓·禊類也. 其名物雖缺, 亦有祝號, 歷擧群神之名. 故春官詛祝, '掌盟·詛·禬·禜之祝號.' 天官女祝, '掌招·梗·禬·禳之事.'【梗, 亢也, 招善而亢惡也. 除災害曰禬. 卻變異曰禳.】 禬者, 刮也,【鄭玄云.】 刮去災惡也. 二至奏樂, 本是禬·禳之法, 明載經文, 赫如日星, 而鄭玄乃以此爲南郊·北郊之大祭, 上誣先聖昭事之典, 下啓後世黷祀之端, 流毒萬古, 不可洗濯, 不亦惑之甚乎? '冬日至致天神, 夏日至致地示'十有二字, 磊磊落落, 無所隱晦, 而鄭君公然註之曰 '蓋用祭天地之明日', 不亦武乎? 祭之明日又祭者, 夏曰復胙, 殷曰肜祭. 鄭所依者, 此也. 然古人祭法, 有迎神·送神. 初祭之始, 迎而致之, 又祭之末, 謖而送之. 考諸古禮, 其法皆然, 又祭而致其神, 理所不然. 今以神仕者, 冬至致神, 夏至致示, 曷謂其禮在於大祭之明日也? 無祭而曰有祭, 今日而曰明日, 以曲成此慢天瀆神之謬典, 抑又何益?"

16) 『論語古今注』 卷1, 「八佾中」(『與全』 2集, 7卷, 45a). "旅者, 陳告也, 如今之告由祭." 『春秋考徵』 卷4, 「鄭氏六天之辨」(『與全』 2集, 36卷, 16b). "古者祭天之禮, 其正祭曰郊, 啓蟄而行之, 其日用辛,【見原篇.】 有事而告曰旅,【臚陳也.】 將出而告曰類,【見『詩』·『書』.】 冬至奏樂曰禬, 行之於圜丘,【見原篇.】 配之以人帝曰禘.【『周禮』所云 '祭五帝'.】 皇天上帝, 唯一而已, 安有五哉?"

를 올리는 천(薦)의 의례적 방식을 구분하면서, 양자의 차이를 사대부(士大夫)이상에서 제전(祭田)을 갖고 있을 때와 제전이 없는 서인(庶人)의 신분적/경제적 차이로 설명하였다.[17] 이는 사대부(士大夫) 이상만이 묘(廟)를 갖는다는 점과 함께, 제사가 현실적인 경제적 차이를 고려하여 사회적 위계질서를 반영하는 동시에, 그러한 인륜질서를 구현하는 공・덕(功・德)을 실현했는가 혹은 그럴 지위[位]를 지니고 있는가에 대한 구분을 명시하는 것으로 해석할 수 있다.

특히 중요한 것은 인귀(人鬼)에 대한 제사가 죽으면 땅으로 내려가는 체백(體魄)에 대한 의례적 대접인 '전'(奠)이 아니라 하늘로 올라가는 혼기(魂氣)에 대한 의례라는 점을 명확히 한 점이다.[18] 이는 체백에 대한 전(奠)과 혼기에 대한 제사[祭]를 분명하게 구별함으로써, 제사가 신체의 생체 기운[身體生活之氣]인 백(魄)이 아니라 하늘이 직접 감통(感通)하는 영명(靈明) 혹은 영지혜식(靈知慧識)을 지닌 혼(魂)에 대한 의례임을 분명하게 밝힌 것이다.[19] 이렇듯 정약용은 하늘의 상제, 상제를 보좌하는 하늘의 명신(明神), 사후의 신혼(神魂) 혹은 혼기(魂氣)만을 제사의 대상으로 인정하여 다른 의례와 구분함으로써, 이들이 공유한 영명(靈明)한

---

17) 『春秋考徵』 卷2, 「時享7: 論四時正祭之外, 本無三薦 四薦之禮.」(『與全』 2集, 34卷, 33a). "「王制」云, '大夫・士有田則祭, 無田則薦', 安得祭・薦兼行乎? 天子之四祭・四薦, 其在九經・四書, 了無證驗, 不可遵也. …「豳風」云, '四之日其蚤, 獻羔祭韭.' 四之日者, 仲春也. 自天子達於庶人, 祭以仲月. 惟庶人之祭無牲, 故名之曰薦. 非四祭之外, 更有四薦也. 天子 諸侯凡得新物, 皆因朔祭而薦之, 無特祭也. 故「司尊彝」記 '四時之間祀, 惟有追享・朝享', 無薦名也. ○又按, 「楚語」, 屈子木曰, '祭典有之. 〈士有豚・犬之奠, 庶人有魚・炙之薦.〉' 以薦爲祭者, 庶人之法也."

18) 『喪禮外編』 卷1, 「檀弓箴誤4」(『與全』 3集, 17卷, 45a). "未葬曰奠,【如小斂奠・大斂奠・朝夕奠・朔月奠.】 旣葬曰祭.【如虞祭祔祭・練祭・禫祭.】 體魄降于地, 故措地以奠之.【名曰奠.】 魂氣升于上, 故擧肉以祭之.【祭字, 從以手擧肉.】 奠也者, 所以安體魄.【尸在家.】 祭也者, 所以饗魂氣也.【旣葬, 則迎精而反.】 此奠與祭之所以別, 而古聖人微文妙義, 有不可以言語形容者."

19) 『喪禮四箋』 卷1, 「喪儀匡1」, 〈始死2: 啼哭喪主遷尸復〉, '上乙七' (『與全』 3集, 1卷, 14b). "靈知慧識, 謂之魂. 身體生活之氣, 謂之魄. 生則聚合, 死則分離, 故復以禱之."

영성(spirituality)을 제사의 대상이 될 수 있는 필요조건으로 강조하였다.

요컨대, 정약용은 제사 대상의 필요조건으로 영명의 영성을 전제하고, 제사 주체의 충분조건으로 공·덕의 실현을 설정한 것이다. 그가 강조한 제사의 조건과 더불어 제사와 다른 의례의 차이를 일반화하면, 모든 의례는 영명한 실체들의 교류(communication)인 반면, 제사는 그러한 영명한 실체들이 공·덕을 실현하여 무형의 제물로서 바치고 흠향하는 과정이 전제된 의례라고 할 수 있다. 다른 의례와 제사를 구분하는 제 조건들도 공·덕의 실현을 분명하게 부각시키고 있다.

2

상제(上帝)를 중심으로 한 초월적 인격신관

(1) '만물일체(萬物一體)'에서 '만물일본(萬物一本)'으로

종교학자 카렌 암스트롱(Karen Armstrong)은 체계적인 명제로 정리된 종교적 '신념'(belief)과 그러한 명제를 신뢰하게 만드는 '믿음'(faith)이 구분되어야 한다고 주장한 바 있다.[20] 이것은 달리 말하자면, 체계적인 '교리'(doctrine)와 그 교리를 수용하게 되는 '경험'(experience)의 구분이기도 하다. 교리는 일정한 지속성을 가지면서 제도와 권위에 의해 공인받은 해석으로 경전화(canonization)되어 쉽게 바뀌지 않지만, 경전화 과정 자체도 경험의 해석에서 출발된다는 점을 상기해 보면, 새로운 경험적 해석, 곧 믿음은 체계적 교리를 변화시키는 요인으로 작용할 수도 있다.

정약용의 신관(神觀)에 대한 접근은 이러한 통찰에서 시작하는 것이 바람직하다. 왜냐하면 당시 공식종교(official religion)의 신념체계를 담고 있는 도학(道學)적 교리와 유교 의례의 실천에서 나타나는 신관과 개인적 삶

20) Karen Armstrong, 『신의 역사: 유대교, 기독교, 이슬람의 4,000년간 유일신의 역사』, 1권, 배국원/유지황 共譯(서울: 동연, 1999), 17쪽.

혹은 민간종교(popular religion) 차원에서 경험되는 신관은 서로 영향을 주고받으면서도 분명히 구별되는 복합적 양상을 드러내고 있으며, 정약용의 신관은 이런 정황에 대한 사상적 대응의 성격을 갖고 있기 때문이다.

정약용이 살았던 당시 조선 후기에는 크게 두 가지 신관이 서로 영향을 주고받으면서 종교문화의 사상적 지형을 형성하고 있었다. 신념의 차원에서는 문화의 상층부를 장악하고 있던 유교지식인들이 이법[理]적 천(天)을 궁극적 실재로 삼는 비인격적 일원론(impersonal monism)을 견지한 반면, 민간 전통에서는 인격적 다신론(personal polytheism)과 의인화(anthropomorphism)된 신관이 주도적이었다. 그러나 의례와 믿음의 차원에서는 지고신(至高神)인 천(天)과 기능신인 백신(百神)이 위계질서를 구성하는 위계적 다신론이 보편적이었을 것으로 추정된다.[21)]

예컨대, 조선시대에 공식종교의 교리적 영역을 장악했던 주희의 도학적 관점에 의하면, 천(天)과 귀신(鬼神)은 태극(太極)/리(理)와 음양(陰陽)/기(氣)의 차원에서 이해해야 하는 것이기 때문에 '유형 · 무형의 어떤 사물' [一物]이 아니다.[22)] 이에 비해 17~8세기 민간에서 대단한 호응을 얻으면서 널리 유포되었던 『숙향전(淑香傳)』을 비롯하여 조선 후기의 많은 소설들이나 민간종교의 믿음과 의례에서는 특정 종교전통의 교리에 얽매이지 않은 채 흔히 상제(上帝) 혹은 옥제(玉帝) 등으로 표현되는 '하느님'을 지고신으로 삼고 그 아래에 여래(如來)나 칠성(七星) 등 각종 신들이 공존하는 융합적 신관이 나타난다.[23)]

한편, 유교 전통에서도 믿음이나 의례의 차원에서는 어느 정도 인격성을 보이는 주재(主宰)적 상제(上帝)가 상대적으로 강조되기도 하고, 기(氣)

21) 金勝惠, 「한국인의 하느님 개념—개념 정의와 三教 교섭의 관점에서—」, 『종교신학연구』 8(서강대학교 신학연구소, 1995) 참조.
22) 박성규, 「朱子哲學에서의 鬼神論」 참조.
23) 金勝惠, 「한국인의 하느님 개념—개념 정의와 三教 교섭의 관점에서—」, 108~109쪽.

가 흩어지지 않고 사람들에게 영향을 끼치는 귀신(鬼神)이 제사에서 실재하는 실체로 여겨지기도 했다. 예컨대, 가뭄이 들어 기우제(祈雨祭)를 지내는 상황에서는 유교적 지식인들도 인격적 신관을 드러내고 있으며, 조상신이나 여귀(厲鬼) 등의 귀신(鬼神)을 실체처럼 여기는 경우도 종종 확인할 수 있다.

실제로 신(神) 관념에서 근원적 초월성이나 자연적 포괄성이 개체적 인격성과 양립하는 것은 조선시대에만 국한되는 것이 아니라 세계종교사적으로도 보편적으로 확인할 수 있는 사실이다.[24] 계몽주의자들의 '이신론'(理神論, Deism)이 창조의 질서를 부여한 후 세상에 개입하지 않은 채 잠자코 있는 신인 '데우스 오티오수스'(Deus Otiosus)나 그러한 신이 더 이상 개입하지 않는 자연법칙을 신으로 보는 반면, 힌두교의 '박티'(Bhakti)는 신에 대한 인격적 사랑과 헌신을 보여주고 있으며, '신비주의'(mysticism)는 양자의 유형이 모두 나타난다.

이러한 논리는 신관에 국한되는 것이 아니라 의례에도 적용될 수 있다. 인지종교학적 연구에 의하면, 종교의례의 핵심이 되는 '성례(聖禮)'가 종교적인 근거는 문화적으로 요청 혹은 가정되는 초인간적 존재에 대한 봉헌과 관련된 상징-문화적 표상체계(representational systems)에 있다.[25] 그 체계의 핵을 이루는 것이 바로 초월성이나 인격성을 보여주는 신이다. 따라서 신 관념의 변화는 그 관념을 중핵으로 하는 상징-문화적 표상체계 전반에 영향을 미친다는 점에서 중요하다.

의례의 측면에서 신의 초월성 강조가 의례에서 인위적 문식(文飾)을 자제하는 태도로 이어지는 반면, 신의 인격성 부각은 인간적 표현을 극대화하는 방식으로 나타난다. 대표적인 예를 중국 제천의례의 두 가지

---

24) Karen Armstrong, 『신의 역사』, 특히 2권, '제7장. 신비주의의 신' 참조.

25) Robert N. McCauley & E. Thomas Lawson, *Rethinking Religion: Connecting Cognition and Culture*(Cambridge: Cambridge University Press, 1990) 참조.

양식에서 살펴 볼 수 있다. 중국 제천의례의 제장(祭場)으로는 사람이 사는 집[屋] 양식에 따라 만든 기년전(祈年殿)과 하늘의 추상적인 질서를 표상한 단(壇) 양식의 원구(圓丘)가 있는데, 전자가 '부천모지'(父天母地) 관념에 따라 부모를 섬기는 극진한 정성으로 화려하게 신을 섬기는 의례적 양식을 보여주는 데 비해, 후자는 '음양지의'(陰陽之義) 관념에 따라 경건하게 인위적 문식을 최대한 배제하는 의례적 양식을 나타내고 있다.[26] 이는 신의 인격성에 대한 친근함과 초월성에 대한 경외감이라는 차원에서 신 관념과 그에 따른 감정을 문화적으로 표현한 결과인 것이다.

[그림 1] 천인상응 관계에 대한 정약용의 구상

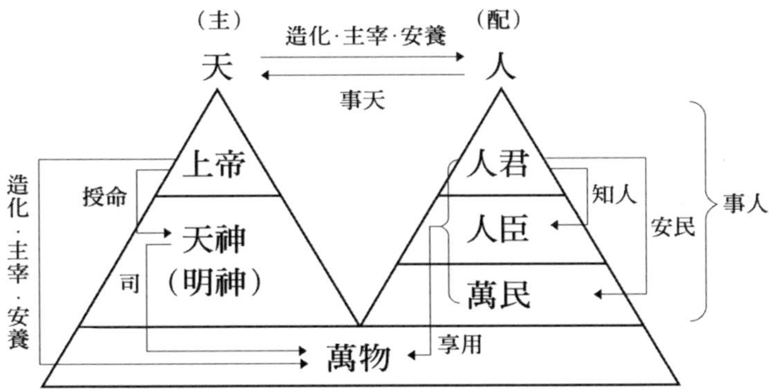

이러한 종교문화적 지형 속에서 정약용의 상제 관념은 기본적으로 도학적 유교 전통에서 주로 자연적 포괄성과 결합되었던 초월성을 인격성과 결합하는 양상을 보여주었다. 실제로 정약용은 신 관념에서 '만물일체'(萬物

26) 朴美羅, 「기년전과 원구: 인간이 그린 두개의 하늘」, 『종교문화비평』 3(한국종교문화연구소, 2003).

一體)의 상관론적 사유(correlative thinking)를 거부하고 전통적인 유교적 천 관념의 자연적 포괄성을 해체하면서도, '만물일본'(萬物一本)과 상제의 '유일무이'(唯一無二)성에 의거하여 궁극적 초월성을 계승하였다. 그리하여 상제가 인간과 만물(萬物)을 조화(造化)·주재(主宰)·안양(安養)하는 과정에서 영명(靈明)의 영성(spirituality)에 의한 인격적 교류를 통해 인륜의 가치를 실천하도록 자극하고, 국가론적 유비(state analogy)에 따라 초월적 영역의 위계질서에서 명신(明神)들을 통솔하면서 만물과 인간을 다스린다는 점에서 신의 초월성을 인격성과 결합시키고 있다.[27)]

먼저 정약용의 신관에서 가장 먼저 눈에 띄는 것은 '만물일체'(萬物一體)에서 '만물일본'(萬物一本)으로 전환하는 대목이다. 한대(漢代)의 정현(鄭玄, 127~200)으로부터 송대(宋代)의 주희에 이르기까지, 비록 개념적 양상에서 무시할 수 없는 차이가 있긴 하지만, '만물일체'의 '인간-우주동성동형론적 세계관'(anthropocosmic worldview)과 그것을 우주론적으로 뒷받침하는 기화우주론(氣化宇宙論)[28)]은 만물의 포괄적인 우주론적 연속성을 지탱하는 보편적인 논리로 지속되었다. 이에 대해 정약용은 이러한 자연의 포괄적인 연속성을 해체하고, '만물일본'의 논리로 상제의 유일무이한 초월성을 확보한 근거 위에서 상제를 중심으로 하는 초월적 영역과 인간들이 이루는 인륜(人倫)의 영역과 인간의 이용[享用] 대상

---

27) 정약용의 상제론은 인간-우주동성동형론적 세계관을 해체하는 한편, 영성과 국가론적 유비에 의한 천인상응론을 견지했다. 이를 논증한 연구로는 정순우, 「다산에 있어서의 천과 상제」, 중국의 전통적인 천인관계론의 양상에 대해서는 John B. Henderson, *The Development and Decline of Chinese Cosmological Thought* (New York: Columbia University Press, 1984) 참조.

28) 甘懷眞은 유교제사에 담긴 종교적 지식이 西漢 이후 氣化宇宙觀이며, 그것이 상이한 정치적 관심에 따라 다양하게 해석되면서 다양한 유교제사의 양상이 펼쳐진다고 설명했고, 그 대표적인 사례를 唐代 開元禮를 통해 설명했다. 甘懷眞, 『皇權·禮儀與詮釋: 中國古代政治史研究』(臺北: 喜瑪拉雅基金會, 民國92), pp.34~43, 185~192.

이 되는 만물(萬物)을 존재론적 위계질서에 따라 구분하려고 했다.[29)]

① 위가(緯家)는 뭇 별들이 빽빽하게 늘어서서 하늘을 가득 채운 것을 우러러 보고는, 곧 이것으로써 하나의 조정(朝廷)을 열려고 하였다. 그리하여 별 하나를 추대하여 상제(上帝)【요백보(耀魄寶)】로 삼고, 오성(五星)을 추대하여 오제(五帝)【태미원(太微垣)】로 삼았으며, 삼공(三公)·육경(六卿)·문무백관(文武百官) 중 갖추어지지 않은 것이 없었다. 그리하여 모든 경문(經文)에서 말하는 천신(天神)은 모두 별로써 해당시키니, 이는 작은 일이 아니다. ② 아! 우리 인간은 만물의 영(靈)이고, 저 드높은 하늘과 두터운 땅, 일월성신(日月星辰), 산천초목(山川草木), 어느 하나도 우리 인간의 물(物)이 아닌 것이 없다. 하늘은 우리의 집이요, 땅은 우리의 먹거리이며, 일월성신은 우리를 밝게 비추는 것이요, 산천초목은 우리를 길러주는 것이다. 그것들은 모두 기(氣)가 있고 질(質)이 있으나 정(情)이 없고 영(靈)이 없는데, 어찌 우리 인간이 섬길 수 있는 대상이겠는가? ③ 다만 그 온갖 신(神)들이 분속(奔屬)하여 상제의 궁정에서 명(命)을 받아 더러는 일월성신을 담당하고 더러는 토곡산천(土穀山川)을 담당하니, 성인께서 사전(祀典)에 배열함으로써 (상제를) 밝게 섬기는[昭事]의 뜻을 넓힌 것이다. ④ 주소가(註疏家)들은 매양 형(形)이 있는 사물[有形之物]을 가리키면서 그것을 받들어 신으로 삼았으니, 아! 옳겠는가? 하늘의 백신(百神)은 본래 형질(形質)이 없거늘, 어찌 반짝반짝 빛나는 빛을 가지고 지목하여 신(神)으로 삼겠는가?[30)]

29) 『中庸講義補』 卷1, 「天命之謂性節」(『與全』 2集, 4卷, 2b). "況草木禽獸, 天於化生之初, 賦以生生之理, 以種傳種, 各全性命而已. 人則不然, 天下萬民, 各於胚胎之初, 賦此靈明, 超越萬類, 享用萬物."

30) 『春秋考徵』 卷1, 「吉禮」, 〈郊9〉(『與全』 2集, 33卷, 37ab). "緯家仰觀列星森羅滿天, 便欲以此闢一朝廷. 於是, 推一星以爲上帝,【耀魄寶】 推五星以爲五帝.【太微垣】 三公·六卿·文武百官, 無所不備. 於是, 諸凡經文之言天神者, 悉以星當之. 此非細事. 噫!

위 인용문은 상관론적 사유에 의거한 만물일체의 세계관을 해체하는 대목을 잘 보여주고 있다. 먼저 ①에서 잘 나타나듯이, 참위설(讖緯說)과 성명학(星命學, astrology)에 입각한 상관론적 사유에서는 천체(天體)의 별들 중 요백보(耀魄寶)를 상제(上帝)로 삼고 태미원(太微垣)의 오성(五星)을 오제(五帝)로 추대하며 그 아래 삼공(三公)·육경(六卿)·문무백관(文武百官)의 별들을 지정함으로써, 신성한 하늘의 조정을 구성하고 그러한 초월적 위계질서에 근거하여 황제를 중심으로 이루어지는 지상의 위계질서에 대한 정치적 정당성을 확보하려 하였다.

참위설을 수용한 정현의 논리는 하늘의 신성성을 내세워 정치권력의 정당성을 확보하기 위해 하늘의 별들이 인간의 조정처럼 일종의 위계질서를 구성한다고 설명하고 있다. 특히 주목할 것은 하늘의 별들을 의인화여 의인화된 신으로 삼아서 '인지 최적화 효과'(cognitive optimum effect)[31]를 극대화시키는 한편, 눈에 보이는 물리적인 하늘을 근거로 삼

吾人者, 萬物之靈, 彼穹天厚地·日月星辰·山川草木, 無一而非吾人之物. 天, 吾屋也. 地, 吾食也. 日月星辰, 吾所明也. 山川草木, 吾所養也. 彼皆有氣有質, 無情無靈, 豈吾人所能事哉? 惟其百神奔屬, 受命帝庭, 或司日月星辰, 或司土穀山川, 聖人列于祀典, 以廣昭事之義. 註疏之家, 每指有形之物, 奉之爲神, 惡乎! 可哉? 天之百神, 本無形質, 安得以煜煜之光, 指之爲神哉?"

31) 인간은 모호한 사물이나 사건을 해석할 때 그것을 '가장 중요한 것'(what matters most)으로 해석하고, '가장 중요한 것'을 종종 살아있는 것, 특히 인간적인 것으로 취급하는 내재적인 심리적 경향(bias)을 지니고 있으며, 이에 따라 '애니미즘'(animism) 혹은 '의인화'(anthropomorphism)에 의거한 신관(神觀)이 등장하게 된다. Stewart Guthrie, "Why gods? A cognitive theory," in Jensine Andresen (ed.), *Religion in Mind: Cognitive Perspectives on Religious Belief, Ritual, and Experience* (Cambridge: Cambridge University Press, 2001), pp.94~111. 예컨대, '무소부재(無所不在, omnipresence)'하는 신학적 신 개념보다는 미켈란젤로의 〈천지창조〉에 나타나는 이미지처럼 중년의 남성 족장과 같은 모습을 한 신 개념이 훨씬 더 쉽게 마음에서 표상된다. 이렇듯 인간과 유사한 인격적/의인화된 신 개념이 비인격적/초월적 신 개념보다 쉽게 수용되는 까닭은 상식적인 직관(intuition)에 반하는 특성을 최소화할수록 인지적으로 수용하기 좋은 개념(concept)이 된다는 '인지 최적화 효과'(a cognitive optimum effect) 때문이다. 인지최적화 효과에 대한 연구로는

아 무형의 신성과 유형의 사물, 신과 인간의 경계 구분을 희미하게 만들었다는 점이다.

이에 대해 정약용은 ④에서 신(神)이 형질(形質)을 지닌 만물[有形之物]과는 달리 본래 형질을 갖고 있지 않다고 주장함으로써, 신의 인격성이 아니라 신의 무형성을 신의 초월성으로 연결시키는 한편, ②에서는 기(氣)와 질(質)만 있는 만물(萬物)이 정(情)과 영(靈)이 없기 때문에 의례적 섬김[事]의 대상이 될 수 없다고 하여 영명한 실체인 신과 자연물을 분명하게 구분함으로써 만물의 신성을 배제하는 데 인지 최적화 효과를 사용하였다.

여기서 기와 질이 감각에 의해 직접적으로 파악되는 물질적인 요소라면, 정과 영은 감각에 의해 직접적으로 파악되지 않는 것이다. 정약용은 이러한 인지적 기준의 차이에 따라 섬김[事]의 대상과 향용(享用)의 대상[32]을 구분하고, 신과 인간을 섬김의 대상으로 삼고, 자연물은 향용의 대상으로 설정하였다.

한편, ③에서는 상제를 보좌하는 상제의 명(命)을 받아 자연물을 주관[司]하는 백신(百神)이 등장한다. 정약용은 분명히 상관론적 사유에 입각한 인간-우주동성동형론적인 세계관을 거부했음에도 불구하고, 상제(上帝)와 상제를 돕는 백신(百神)으로 구성되는 초월적 위계질서를 수용했다. 정약용은 분명히 고대 중국에서부터 면면히 내려온 유교적 신관의 전통, 곧 초월적 천(天)과 사명신(司命神)적 역할을 하는 백신(百神)의 위계

Harvey Whitehouse, "Toward a Comparative Anthropology of Religion," *Ritual and Memory*(Walnut Creek, CA.: AltaMira Press, 2004), pp.189~192, 195~203 참조.

32) 정약용은 인간이 하늘로부터 부여받은 靈明을 인간이 만물을 초월하여 향유할 수 있는 근거로 보았다. 『中庸講義補』 卷1, 「惟天下至誠節」(『與全』 2集, 4卷, 2b). "天於化生之初, 賦以生生之理, 以種傳種, 各全性命而已. 人則不然, 天下萬民, 各於胚胎之初, 賦此靈明, 超越萬類, 享用萬物. 今乃云, '健順五常之德, 人物同得', 孰主孰奴? 都無等級, 豈上天生物之理, 本自如此乎?"

질서를 계승하고 있다.[33] 그리고 이런 구도에 따라 '만물일체(萬物一體)'를 대신하는 '만물일본(萬物一本)'의 논리를 펼치고 있다.

> 『주례(周禮)』 「대종백(大宗伯)」에 천신(天神)과 지기(地示)는 모두 상제를 보좌하는 명신(明神)이니, … 하늘의 명신이 하늘을 맡고 땅을 맡아 밝게 펴져 죽 늘어서서 천명(天命)을 받들고 인사(人事)를 돕는 것도 만물일본(萬物一本)의 분명한 증험이다. 이것을 일러 '귀신에게 묻는다'고 한 것이다.[34]

> 온갖 신들이 명(命)을 받들어 화육(化育)을 보우(輔佑)하니, 만물은 근본이 하나임[萬物一本]을 여기서 증험할 수 있다. 이것이 귀신에게 물어도 의문이 없다[質諸鬼神而無疑]는 것이다.[35]

위 두 인용문을 보면, 상제 아래 모든 백신(百神)들은 천신(天神)과 지기(地示) 가릴 것 없이 모두 하늘[天]의 명신(明神)으로서 상제의 명을 받아서 상제의 만물 화육과 인간의 일을 돕는 존재로 설정된다. 여기서 '만물일본'이란 개념은 상제가 모든 인간과 만물의 초월적 근원이라는 것을 강조하는 맥락으로 쓰이고 있다.

---

33) 유교적 전통사회의 종교전통이 지닌 신관의 기본구도를 초월적 天과 百神의 위계적 구조를 지닌 일종의 위계적 다신론(多神論)으로 보면서, 그러한 신앙의 의례적 실천이 위계적 사회질서와 조응한다는 점을 해명한 연구로는 金勝惠, 「中國宗教傳統의 基本構造와 特性」, 『종교연구』 2(한국종교학회, 1986), 38~72쪽 참조.

34) 『中庸講義補』 卷1, 「子曰吾說夏禮節」(『與全』 2集, 4卷, 58b). "『周禮』 「大宗伯」, 祭天神·地示, 皆帝佐之明神, 「周語」史過之言, 「晉語」史嚚之言, 猶可考也. … 天之明神, 司天司地, 昭布森列, 以奉天命, 以佑人事, 亦萬物一本之明驗. 此之謂質鬼神也."

35) 『中庸自箴』 卷3, 「子曰吾說夏禮節」(『與全』 2集, 3卷, 27b). "百神承命, 輔佑化育, 萬物一本, 於此可驗. 此, 質諸鬼神而無疑也."

> 호천상제(昊天上帝)는 오직 하나일 뿐이요 둘이 아니다. 정현(鄭玄)이 망진(亡秦)의 오제(五帝)에 관한 사설(邪說)을 답습하고 위서(緯書)의 감생(感生)에 관한 요사스런 말을 믿어서, 계칩(啓蟄)의 교(郊)를 창제(蒼帝)에게 돌리고, 따로 동지(冬至)의 제사를 만들어서 상제(上帝)에게 제사하고 스스로 축호(祝號)를 세워 천황대제(天皇大帝)라고 하니, 불합리하지 않은가? 만물(萬物)은 근본이 하나인데, 정현이 둘로 나누고 여섯으로 나누었으니, 선비[儒]라고 하겠는가?[36]

위 인용문은 정현이 음양오행론(陰陽五行論)적 구도에 따라 오제(五帝)에 대한 제사를 주장하고 참위설에 따라 하늘의 신과 성왕(聖王)을 혈연관계로 설명하는 감생제(感生帝)설을 내세운 것에 대한 정약용의 반론인데, 여기서 정현을 공박하는 논리가 바로 '만물일본'이다. 정약용은 근원적 초월성은 오직 하나여야 하지, 둘 이상이 되면 안된다는 취지에서 '호천상제'의 유일무이한 초월성을 강조하였다.

또한 정약용은 상제가 무형무성(無形無聲)한 귀신(鬼神)의 덕(德)을 갖고 있기 때문에 감각적으로 파악될 수 없는 대상인데도, 영(靈)도 없고 형(形)만 있는 물체인 별을 상제로 파악하는 것이 무형하고 영명한 존재와 유형한 물질적 존재의 차이를 무시하는 인지적 오류임을 지적하는 한편,[37] 인지 최적화 효과를 위해 자미성(紫微星)을 천황대제(天皇大帝)로 삼고 태미오성(太微五星)을 오방천제(五方天帝)로 삼는 것에 대해서는

---

36) 『春秋考徵』 卷1, 「吉禮」, 〈郊3〉(『與全』 2集, 33卷, 14a). "昊天上帝, 唯一無二. 鄭玄襲亡秦五帝之邪說, 信緯書感生之妖言. 乃以啓蟄之郊, 歸之於蒼帝, 別刱冬至之祭, 以祀上帝, 而自立祝號曰天皇大帝, 不亦悖乎? 萬物一本, 鄭玄二之六之, 儒云乎哉?"

37) 『春秋考徵』 卷4, 「程氏六天之辨」(『與全』 2集, 36卷, 16b). "『周禮』「大宗伯」, 唯有'昊天上帝' 一號. 皇天上帝, 卽昊天上帝, 分而爲二, 已極弇陋. 況上帝之體, 無形無聲, 視之而弗見, 聽之而弗聞. 今乃以紫微一星爲天皇大帝, 太微五星爲五方天帝, 則無靈有形之物, 推尊爲帝, 至五至六, 而昊天上帝, 唯一無二之位, 已泯晦而不章矣. 罪至於此, 何以赦矣? 此殆鬼怪, 非人爲也."

지상의 제(帝)가 사방의 후백(侯伯)들과 제(帝)의 호칭을 나눠갖지 않는 것을 예로 들면서 상제의 유일무이한 초월성을 견지했다.[38]

얼핏 보면, 정약용의 '만물일본'은 전통적인 '만물일체'와 동일한 논리로 보인다.[39] 초월성의 측면에 국한하여 보면, 천(天)은 리(理)와 비슷한 측면이 있기 때문이다. 그러나 양자의 실제 함의는 완전히 다르다. 전통적인 '만물일체'가 이기론(理氣論)적 관점에서 인간과 자연의 포괄적인 연속성을 강조하는 반면, 정약용이 주장하는 '만물일본'은 상제와 만물의 존재론적 위계의 차별성을 강조하는 것이다. 따라서 '만물일본'은 '만물일체'가 품고 있는 인간-우주동성동형론적 구도를 깨고 상제의 유일무이한 근원적 초월성을 강조한 개념이라고 할 수 있다.

실제로 주희도 '만물일원'과 '만물일체'를 개념을 함께 쓰는데, 정약용의 개념과는 달리 두 개념은 모두 자연과 인간의 연속성을 강조하는 것으로 사용되었다. 『대학혹문(大學或問)』에는 '만물일원'(萬物一原)이라는 표현이 나오는데, 이 명제는 이기론(理氣論)적 관점에서 논의되는 것으로서, 천도(天道)가 유행(流行)하여 만물(萬物)을 발육(發育)시키는 조화(造化)는 음양오행(陰陽五行)의 작용일 뿐인데, 그 리(理)의 측면에서는 만물은 근본이 하나라서 사람과 사물, 귀(貴)한 것과 천(賤)한 것의 차이가 본래 없는 반면, 기(氣)의 측면에서 보면 바르고[正] 통(通)하는 것은 사람이 되고, 치우치고[偏] 막힌[塞] 것은 사물이 된다는 점에서 차별적 현실이 드러난다는 뜻으로 쓰이고 있다.[40] 또한 『중용장구(中庸章句)』에는

38) 『春秋考徵』 卷1, 「吉禮」, 〈郊5〉(『與全』 2集, 33卷, 21a). "夫上帝之名, 人所謂也. 以其惟一無二, 如下土之有一帝, 故謂之上帝. 下土之帝, 旣不與四方侯伯, 分此帝號, 則大祝之臣, 亦豈敢以上帝之尊稱, 分獻於五方天神之爲上帝臣佐者乎? 其妄, 一也."

39) 예컨대, 김영식은 정약용의 '만물일본'이 전통적인 '만물일체'와 다르지 않은데도, 양자를 다른 것으로 설명하는 정약용이 모순을 보였다고 평가한 바 있다. 김영식, 『정약용 사상 속의 과학기술—유가 전통, 실용성, 과학기술』, 23쪽.

40) 『大學或問』 上(『朱子全書』 第6册, 『四書或問』, 507). "曰, 然則此篇所謂 '在明明德, 在新民, 在止於至善' 者, 亦可得而聞其說之詳乎? 曰, 天道流行, 發育萬物, 其所以爲

'만물일체'라는 표현이 등장하는데, 이 개념은 체용론(體用論)적 관점에서 인간의 마음[心]과 기(氣)에 따라 천지(天地)의 마음과 기가 영향을 받는다는 뜻으로 쓰이고 있다.[41] 양자 모두 인간과 자연의 차별성이 아니라 연속성 혹은 상호연관성을 강조하는 개념인 것이다.

이에 반해, 정약용은 상제 외의 다른 존재들, 특히 유형의 만물들에 근원적이고 초월적인 신성을 부여하는 데 반대하고 상제의 유일무이한 절대적 초월성을 강조하기 위해 '만물일본'이라는 개념을 쓰고 있다. 이에 따라 정약용은 전통적으로 천지인(天地人) 삼재(三才) 사상에 따라 신을 분류했던 『주례』의 분류체계에서 수용하면서도, 천신과 지기를 모두 하늘의 명신으로 재분류했으며,[42] 천신과 지기에 대한 제사인 교(郊)와 사(社)의 제사를 상제에 대한 제사와 하늘의 명신에 대한 제사를 통해 종국적으로는 상제를 섬기는 의례적 방식으로 재해석하였다. 그리하여 기존에는 음양론적 구분에 따라 천신에 대비될 만큼 근원적인 지모신(地母神)의 지위를 누리던 지기가 상제의 명령을 수행하는 지역신(地域神)으로 전락하게 되었다.[43]

造化者, 陰陽五行而已. 而所謂陰陽五行者, 又必有是理而後有是氣, 及其生物, 則又必因是氣之聚而後有是形. 故人·物之生, 必得是理, 然後有以爲健順仁義禮智之性, 必得是氣, 然後有以爲魂魄 · 五臟 · 百骸之身. 周子所謂 '無極之眞, 二 · 五之精, 妙合而凝' 者, 正謂是也. 然以其理而言之, 則萬物一原, 固無人物貴賤之殊. 以其氣而言之, 則得其正且通者爲人, 得其偏且塞者爲物. 是以或貴或賤, 而不能齊也."

41) 『中庸章句』, 「致中和, 天地位焉, 萬物育焉.」節. "盖天地萬物, 本吾一體. 吾之心正, 則天地之心亦正矣. 吾之氣順, 則天地之氣亦順矣. 故其效驗至於如此. 此學問之極功, 聖人之能事, 初非有待於外, 而脩道之敎, 亦在其中矣. 是其一體一用, 雖有動靜之殊, 然必其體立而後用有以行, 則其實亦非有兩事也."

42) 금장태, 「정약용의 천 개념과 천인관계론」, 『한국실학사상연구』(서울: 집문당, 1987), 123쪽.

43) 地神의 종류로서 지모신과 지역신의 차이에 대해서는 박미라, 「중국 祭地儀禮에 나타난 地神의 이중적 성격」, 『道教文化研究』 25(한국도교문화학회, 2006); 「유교 祭地儀禮의 역사와 구조」, 『온지논총』 14(온지학회, 2006) 참조.

> 이제 『주례』「대종백」을 살피건대, 천신(天神)과 지기(地示)는 비록 두 가지 류(類)로 나뉘어져 있으나, 만물(萬物)은 근원[原]이 하나이지, 본래 근본[本]이 둘인 것이 아니다. 일월성신(日月星辰)·풍우(風雨)·사명(司命)의 신(神)들과 사직(社稷)·오사(五祀)·오악(五嶽)·산림(山林)의 신들은 모두 하늘의 명신(明神)인데, 다만 그 맡은 바 임무에서 하늘을 담당하거나 땅을 담당하는 구별이 있으므로, [하늘을 담당한 신을] 천신(天神)이라 하고, [땅을 담당한 신을] 지기(地示)라고 하는 것이다. … 위아래의 천신(天神)과 지기(地示)는 모두 상제의 명(命)을 받아 만물(萬物)을 보우하니, 왕자(王者)가 그들을 제사하여 보답하는 것은 하늘을 섬기는 방법이 아님이 없다. 그러므로 '교(郊)·사(社)의 예는 상제를 섬기는 것이다'라고 한 것이다.[44]

정약용이 이처럼 상제의 유일무이한 초월성을 강조한 것은 세 가지 개념적 연원을 지니고 있다.

먼저 정약용이 스스로 직접 개념적 연원으로 거론한 것은 한유(韓愈, 768~824)의 「원귀(原鬼)」 서론이다. 한유는 귀신을 소리도 없고[無聲] 형체도 없고[無形] 기운도 없어서[無氣] 감각적으로 경험할 수 없는 존재로 보았는데,[45] 정약용은 이러한 개념에 따라 구체적으로 귀신을 보고 듣

---

44) 『中庸講義補』 卷1, 「郊社之禮, 所以事上帝節」(『與全』 2集, 4卷, 32b~33a). "今按『周禮』「大宗伯」, 天神·地示, 雖分二類, 萬物一原, 本無二本. 日月星辰·風雨·司命之神, 社稷·五祀·五嶽·山林之神, 都是天之明神, 特其所掌, 有司天·司地之別, 故或云天神, 或云地示也. 據『春秋傳』, 蔡墨明以句芒·蓐收之等爲五祀之神, 【昭廿九】 而「周語」內史過爲祝融降於崇山, 而謂之明神, 「晉語」史嚚又以蓐收謂之天神, 明社稷·五祀之神, 未嘗非天神也. 上下神示, 皆受帝命, 保佑萬物, 而王者祭而報之, 無非所以事天. 故曰, '郊·社之禮, 所以事上帝.' 不言后土, 非省文也. 但后土旣爲社神, 又爲五祀之神, 【昭廿九】 似爲疊祀, 或其中有異義, 今不可攷."

45). 魏仲擧 編, 『五百家注昌黎文集』 卷11, 「雜文」, 〈原鬼〉, 5a. "有嘯於梁, 從而燭之, 無見也, 斯鬼乎? 曰, 非也, 鬼無聲. 有入於堂, 從而視之, 無見也, 斯鬼乎? 曰, 非也, 鬼無形. 有觸吾躬, 從而執之, 無得也, 斯鬼乎? 曰, 非也, 鬼無聲與形, 安有氣? 曰, 鬼無

고 느끼는 감각적 경험과 그에 근거한 제사를 비판하였다.[46] 그러나 이런 귀신 개념은 상제가 감각적 경험이 불가능한 존재라는 것을 설명할 수는 있어도 '유일무이한' 초월성까지 나아간 것은 아니다.

정약용은 『춘추고징』에서 상제의 유일무이한 초월성을 설명하기 위해 위(魏)의 왕숙(王肅, 195~256)으로부터 비롯되어 송대 도학을 거쳐 청(淸)대의 『오례통고(五禮通考)』에 이르기까지 면면히 발전해 온 예학사(禮學史)의 전통에 대한 논의를 전개했는데, 인간-우주동성동형론적 차원에서 신의 인격성을 강조하는 정현의 신관[47]에 대해서는 전면적으로 엄격한 비판을 하는 것과는 달리, 신의 인격성은 부인하지만 신의 초월성을 정립하는 왕숙 계통의 예학적 흐름에 대해서는 전체적으로 대단히 호평(好評)을 하면서 보완해야 할 점을 수정하는 방식으로 대안을 제시했다.[48]

예컨대, 왕숙이 호천상제의 유일무이한 초월성을 주장한 점에 대해 전체적인 방향에서 탁월한 견해라고 칭찬하는 한편, 오제(五帝)를 상제를 돕는 보좌신격으로 보아 사계절에 나누어 제사한다는 주장에 대해서는 진한대에 퍼진 음양오행론의 그늘에서 벗어나지 못함을 지적했다.[49] 왕

聲也, 無形也, 無氣也, 果無鬼乎? 曰, 有形而無聲者, 物有之矣, 土石是也. 有聲而無形者, 物有之矣, 風霆是也. 有聲與形者, 物有之矣, 人獸是也, 無聲與形者, 物有之矣, 鬼神是也."

46) 『詩文集』 卷19, 「書」, 〈與鼎山【寄延豐謫中】〉(『與全』 1集, 19卷, 15b~16a).

47) 정현의 六天說에 대한 자세한 내용은 『春秋考徵』 卷4, 「鄭氏六天之異」(『與全』 2集, 36卷, 14a~17a) 참조.

48) 『春秋考徵』 卷4, 「先儒論辨之異」(『與全』 2集, 36卷, 17a~24b).

49) 『春秋考徵』 卷4, 「先儒論辨之異」(『與全』 2集, 36卷, 17ab). "王肅曰, '天唯一而已, 安得有六? 五行分主四時, 化育萬物, 其神謂之五帝. 是上帝之佐也, 猶三公輔王, 可得稱王輔, 不得稱天王. 五帝可得稱天佐, 不得稱天帝. 鄭以五帝爲靈威仰之屬, 非矣.' ○鏞案, 王子雍謂'天唯一', 其見卓越嚴正. 但五行之神, 本稱五祀, 蔡墨之對魏獻子, 詳覈無謬. 【昭二十九年】 領於宗伯, 祭之以地示, 安得天神之列, 而有五行之帝矣? 一言剖劈, 則赤熛·黑汁, 已雲消霧散, 王氏却云'五行分主四時, 可稱天佐', 亦勞矣. '分

숙의 견해와 함께 '제'(帝)를 기(氣)의 주(主)인 리(理)로 보는 정이의 관점도 근원적으로 초월성을 인격성이 아니라 포괄적 자연성으로 연결함으로써 신의 초월성을 제대로 확보하는 데는 문제가 있다고 진단했다.[50]

이처럼 정약용은 상제에 대해 설명하는 과정에서 철저하게 왕숙에서 송대 도학을 거쳐 내려오는 전통적인 유학사 혹은 예학사의 맥락에 충실하게 신의 무형한 초월성을 강조했다. 그러나 전체적으로는 정현처럼 우주-인간동성동형론적 인격신을 도입하지 않고 왕숙류의 예학에서 주장하는 신의 근원적 초월성을 견지했으나, 그것이 우주-인간동성동형론의 자연적 포괄성을 지니고 있기 때문에, 유일무이한 초월적 인격성으로 전환해야 한다고 주장한다.

정약용의 신관에서 유일무이한 초월성의 개념까지는 대체로 유교의 경학과 예학 전통에서 연속성을 찾아볼 수 있다. 그렇다면 인격성의 도입은 어디에서 비롯된 것인가? 정현에 의해 인격신의 개념이 운위되었지만, 그것은 초월성보다는 의인화된 신 관념에 가깝고, 그것도 우주-인간동성동형론적 세계관에 의거한 것이었다. 이 대목에서 『천주실의』의 영향을 가늠해 볼 필요가 있다.

『천주실의』에 의하면, 자연물은 혼이나 지각이 없는 존재에 불과하

主四時', 本亦鄒·呂之邪說, 稽之正理, 一不得立. 王肅曰, '『易』, 〈帝出乎震〉. 震, 東方生萬物之初. 故王者定制之初, 以木德王天下, 非謂木精之所生(也). 五帝皆黃帝之子孫, 各改號代變, 而以五行爲次焉. 何太微之精所生乎?' ○鏞案, 天體至圓, 左旋無端, 地體渾圓, 繞行而復, 夫豈有東·西乎? 本無東·西, 又安有木東·金西之理? 既無木 金之定方, 又安有木德·金德? 欲破鄭義, 先自 '木德王' 一句, 劈其非理, 然後邪怪誕妄之物, 無所依附. 若於 '木德' 一句, 疑有實據, 則青帝·白帝之紛然以作, 終不可禁止也."

50) 『春秋考徵』 卷4, 「先儒論辨之異」(『與全』 2集, 36卷, 17b). "程子曰, '六天之說, 起於讖書, 鄭玄之徒從而廣之, 甚可笑也. 帝者, 氣之主也. 豈有上帝而別有五帝之理? 此因『周禮』言〈祀昊天上帝〉, 而後又言〈祀五帝亦如之〉. 故諸儒附會此說, 正如今人說六子. 乾坤之外, 甚底是六子? 譬如人之四肢, 只是一體耳, 學者大惑也.' ○鏞案, 此時以理爲帝. 故曰, "帝者, 氣之主也." 誠若氣之主爲帝, 則天有六氣, 庸得無六帝乎? 『周禮』 '五帝', 不明爲人帝, 則鄭角難折. 且乾坤明有六子, 人身明有四肢, 而五方天帝, 是本無之物, 亦恐所喩未允也."

고,[51] 귀신은 무형한 존재로서 상제의 명령으로 만물을 관리하는 일을 담당할 뿐 궁극적 주재권은 없으며,[52] 오직 천주(天主)만이 궁극적 근원이 된다.[53]

> 사물들의 개별적인 뿌리와 바탕[根原]은 진실로 하나가 아닙니다. 그러나 사물들의 보편적인 본래의 근원[本主]이라면 둘일 수는 없습니다. … 한 집에 하나의 가장만이 있고, 한 나라에 하나의 군주만이 있습니다. 둘이면 집도 나라도 혼란스러워질 것입니다. … 저는 이런 점들 때문에 이 하늘과 땅 사이에 비록 귀신이나 신들이 많다 해도, 오직 천주만이 원초에 천지와 사람과 만물을 창제하고 때에 맞게끔 그들을 주재하고 편안하게 생존시키고 계심을 아는 것입니다.[54]

특히 『천주실의』에서는 직접적으로 '만물일체'를 비판하면서,[55] '만물일원'의 관점에서 천주가 만물과는 근본적으로 존재론적 위상을 달리 하는 근원적 초월성을 지니고 만물을 창조하고 주재하며 안양하는 초월적

---

51) 마테오 리치, 『천주실의』, 송영배 외 옮김(서울: 서울대학교출판부, 1999), 47쪽. "해, 달, 별들로 말하자면, 모두 동시에 하늘에서 빛나면서도, 각기 하늘을 본래 자기 자리로 삼고 있으나, 실제로는 혼이 없고 지각도 없는 존재들입니다."

52) 마테오 리치, 『천주실의』, 189쪽. "무릇 귀신은 사물로 분류되지 않으니, 바로 무형(無形)하고 특별한 존재의 부류입니다. 그 본래 직분은 오직 천주의 명령으로 만물들이 '생성하고 변화하는'[造化] 일들을 관리할 뿐이요, 세상을 지배하는 전권(專權)은 없습니다."

53) 마테오 리치, 『천주실의』, 56, 57쪽. "천주는 시작도 끝도 없으며 만물의 시조요 만물의 뿌리인 것입니다." "천주께서 만물을 만들어 내어, 이에 모든 종류의 시조[原宗]들을 처음으로 화생(化生)시키신 것입니다. 일단 시조들이 있고 나면, 이 시조에서 스스로 생명이 생겨나옵니다."

54) 마테오 리치, 『천주실의』, 62~63쪽.

55) 마테오 리치, 『천주실의』, 221쪽. "천지 만물이 한 몸[天地萬物一體]이라는 논의에 집착하게되면, 상제를 우습게 보게 되고, 상과 벌을 뒤섞어 놓게 되고, 사물 분류의 구별[類別]들이 제거되어서, 인(仁)과 의(義)가 없어지게 됩니다."

인격신임을 강조하였다. 그리고 이러한 초월적 인격신관은 『춘추고징』을 중심으로 한 정약용의 신관에 수용된다.[56]

따라서 유일무이한 초월적 인격성에 입각한 정약용의 신관은 유일무이한 초월성 관념의 측면에서 왕숙에서 주희에 이르는 전통적 유교사상을 나름대로 계승하는 가운데, 마테오 리치의 『천주실의(天主實義)』의 자극을 수용하여 『상서』, 『시경』, 『주례』, 『중용』, 『춘추』 등에 나오는 상제(上帝)의 인격성을 재조명하여 경학과 예학의 맥락에 충실하게 재해석하면서 정립된 것으로 보인다. 그리하여 원시유교부터 있었던 초월적 천(天)과 백신(百神)의 위계질서를 충실하게 계승하는 가운데, 『천주실의』의 자극을 유교적 맥락에서 주체적으로 수용하여 기존의 '만물일체'적 관점과는 반대로 '만물일본'이라는 관점에서 상제의 초월성을 강화함으로써 무형하고 영명한 초월적 인격신의 성격과 국가론적 유비를 더욱 강화시켰다고 평가할 수 있다.

그러나 이러한 정약용의 신관이 『천주실의』의 신관을 전면적으로 수용한 결과물이라고 해석해서는 곤란하다. 정약용은 초월적 인격신의 무형한 영명성과 신의 초월적 위계질서 구축을 도심에 따르는 인륜의 가치 실천과 적극적인 왕도정치의 구현을 위한 사회정치적 위계질서 구축이라는 유교적 맥락에서 논의하고 있을 뿐이며, 그러한 실천적 효과가 신

56) 『孟子要義』 卷2, 「盡心」, 〈盡其心者知其性章〉(『與全』 2集, 6卷, 38b). "鏞案, 天之主宰爲上帝, 其謂之天者, 猶國君之稱國, 不敢斥言之意也. 彼蒼蒼有形之天, 在吾人不過爲屋宇帡幪, 其品級不過與土地水火, 平爲一等, 豈吾人性道之本乎? 太極圖上一圓圈, 不見六經, 是有靈之物乎? 抑無知之物乎? 將空空蕩蕩, 不可思議乎? 凡天下無靈之物, 不能爲主宰. 故一家之長, 昏愚不慧, 則家中萬事不理, 一縣之長, 昏愚不慧, 則縣中萬事不理. 況以空蕩蕩之太虛一理, 爲天地萬物主宰根本, 天地間事, 其有濟乎?" 『春秋考徵』 卷4, 「先儒論辨之異」(『與全』 2集, 36卷, 24a). "古今大病, 全在乎認天爲帝, 而堯·舜·周·孔, 不如是錯認. 故以今眼釋古經, 一往多誤, 凡以是也. 上帝者, 何? 是於天地·神人之外, 造化天地·神人·萬物之類, 而宰制安養之者也. 謂帝爲天, 猶謂王爲國, 非以彼蒼蒼有形之天, 指之爲上帝也."

과 인간, 인간과 인간의 관계를 총체적으로 아우르는 예의 실천에서도 상제를 비롯한 각종 명신에 대한 제사는 철저히 유교적 방식에 따른다. 따라서 정약용은 유교 전통의 신관에서 스스로 판단하기에 비유교적이라고 생각한 부분들을 배제하는 면에서 『천주실의』의 초월적 인격신관[57]의 자극을 주체적으로 수용하여 유교적 맥락에서 충실한 초월적 인격신관을 재구성한 것이라고 할 수 있다.

이러한 초월적 인격신관은 제국의 통일질서를 구축하기 위해서 황제권의 신성성을 정치적으로 정당화할 필요가 있었던 시기에 대중들의 정치적 지지를 이끌어 내기 위해 신선술(神仙術), 황로학(黃老學), 음양오행론(陰陽五行論), 성명학(星命學) 등 각종 비유교적 전통을 끌어들여서 인지 최적화 효과를 극대화하려고 했던 진·한(秦·漢)대 유교 전통의 정치적 상징조작을 거부하는 한편,[58] 인지 최적화 효과를 극도로 자제하면서 자연적 포괄성을 강조했던 도학적 천관의 기본 취지에 공감하여 신의 초월성을 계승하되, 거기에 다시 인륜의 실천과 왕도정치의 적극적인 실현이라는 예의 실천적 효과를 위해 인지 최적화 효과를 높이는 인격성을 결합한 것으로 보인다. 따라서 정약용의 초월적 인격신관은 『천주실의』의 자극에 의해 유교사상사와 조선의 종교문화사에 이미 내재해 있던 가능성을 좀더 분명한 형태로 구성한 것이라고 볼 수 있다.

57) 여기서 『천주실의』가 그리스도교의 차별적 신관, 즉 신의 계시와 역사, 구원론, 그리스도론, 심판과 종말론 등의 주제들이 크게 부각되지 않은 보유론(補儒論)적 관점의 저술이라는 점에 유의할 필요가 있다. 이러한 주제들이 부각되지 않은 초월적 인격신은 그리스도교 전통에만 국한된 것이 아니라 보편적으로 나타날 수 있는 신관일 뿐만 아니라, 조선시대, 심지어 유학자들의 의식에서도 어느 정도 확인되는 것이라는 점을 고려해 보면, 『천주실의』의 역할은 초월적 인격신관에 대한 촉매제로 한정될 것이다.

58) 정약용의 저술, 특히 『춘추고징』을 보면 길례(吉禮)의 거의 모든 잘못된 의례적 실천이 대부분이 진한대에서 비롯된다고 하는 비판을 흔하게 볼 수 있다.

그러나 정약용의 예설에서 초월적 인격신이 제사의 대상으로 등장할 때에는 인격신적 특성보다는 무형한 초월성이 강조된다. 특히 상제와 명신은 더욱 그렇지만, 인귀에 대해서도 '신도무형'(神道無形)의 원칙에 따라 신의 인격성과 관련된 내용을 최대한 억제하고 신의 초월성과 관련된 의절을 부각시켰다.[59] 따라서 정약용의 초월적 인격신관은 기본적으로 원시유교에서부터 도학을 거쳐 면면히 전승되는 초월신의 성격을 중시하는 가운데, 신의 인격성은 우주-인간동성동형론적 만물일체론을 해체하고 인륜의 가치 실천과 왕도정치의 구현을 위해 영명한 영성을 통한 의사소통과 정치사회적 위계질서를 설정하는 대목에서만 부각된다고 평가할 수 있다.

(2) 신관의 변화와 초월적 위계질서의 재구성

①고금(古今)의 큰 병통은 모두 천(天)을 제(帝)로 인지하는 데 있으나, 요, 순, 주공, 공자는 이처럼 오인(誤認)하지 않았다. 그러므로 오늘날의 안목으로 옛날 경전을 해석하여 줄곧 오류가 많은 것은 모두 이 때문이다. ②상제(上帝)란 누군가? 이는 천·지(天·地), 신·인(神·人)의 밖에서 천·지, 신·인, 만물(萬物)의 류(類)를 조화(造化)하고 재제(宰制)하고 안양(安養)하는 자이다. 제(帝)를 천(天)이라 하는 것은 왕(王)을 국(國)이라고 하는 것과 같으니, 저 푸르른 유형(有形)의 하늘을 가리켜서 상제라 하는 것이 아니다. 그러므로 교(郊)와 려(旅)의 제사는 상제

59) 『喪禮四箋』 卷4, 「喪儀匡13」, 〈祔祭2〉(『與全』 3集, 4卷, 17b). "祔也者, 令神有依附也. 神道無形, 唯以氣類相感, 三祭五祭, 安之合之而後, 告之以辭而隮附之. 此其首尾情文, 皆所以求神理於無形之地, 而詔神道於弗覩之中也. 又何必移其木主, 徙其筵几而後, 方可以合於其祖乎?" 『尙書古訓』 卷1, 「堯典」, 〈肆類于上帝, 禋于六宗, 望于山川, 徧于群臣.〉(『與全』 2集, 22卷, 31a).

에게 드리는 것이다. ③ 천지사방(天地四方)에 예(禮)를 하는 것같은 경우는 상제 외의 천신(天神)에게 예를 행하는 것이다. 천신에는 하늘을 담당하는 자도 있고 땅을 담당하는 자도 있으며 국읍을 지키거나 주현을 지키는 자도 있어서 사방에 즐비하게 깔려 있다. 이것이 육기(六器)를 만들어 경건한 예[敬禮]를 이루는 방법이다. 하늘을 담당하는 신을 제사하는 경우에는 옥(玉)과 희생예물이 모두 하늘 빛깔을 따르고, 땅을 담당하는 신을 제사하는 경우에는 옥과 희생예물이 모두 땅 빛깔을 따르며, 사방(四方)의 신 역시 그와 같다. 이것들이 교천대제(郊天大祭)와 무슨 관련이 되길래 이처럼 어지럽게 얽혀있는가? ④ 만약 하늘에 예를 하는 것[禮天]이 하늘에 교제사하는 것[郊天]이라면, 황황상제(皇皇上帝)는 아래로 땅을 담당하는 신과 사방의 뭇 신들과 더불어 같은 품질(品秩)의 반열이 되어 육옥(六玉)을 나누어 받게 되니, 또한 '주공(周公)이 예를 잘 만들었다'고 말할 수 없게 된다. ⑤ 옛날에 신을 섬길 때에는 품질(品秩)을 가장 중시하였으므로, 종백(宗伯)을 옛날에 질종(秩宗)이라 일컫고, 제신(祭神) 역시 함질(咸秩)이라 일컬으며, 사망(四望)이 … 산천에 질(秩)하고 오악(五嶽)이 삼공(三公)에 질(秩)하며 사독(四瀆)이 제후에 질(秩)한 것이다. 고례(古禮)가 품질에 엄격한 것이 이와 같건만, 이에 상제를 아래로 땅신이나 사망의 신과 같게 보아 같은 품질로 평준화하여 육옥을 나누어 주니, 되겠는가? 그럴 리가 없음이 틀림없다.[60]

---

60) 『春秋考徵』 卷4, 「先儒論辨之異」(『與全』 2集, 36卷, 24a). "古今大病, 全在乎認天爲帝, 而堯 · 舜 · 周 · 孔, 不如是錯認. 故以今眼釋古經, 一往多誤, 凡以是也. 上帝者, 何? 是於天地 · 神人之外, 造化天地 · 神人 · 萬物之類, 而宰制安養之者也. 謂帝爲天, 猶謂王爲國, 非以彼蒼蒼有形之天, 指之爲上帝也. 故郊 · 旅之事, 享于上帝. 至若禮天地 · 四方者, 是於上帝之外, 致禮乎天神者. 天神有司天者, 有司地者, 護持國邑, 護持州 · 縣者, 布列四方. 此所以作爲六器, 以致敬禮. 旣祭司天之神, 玉與牲幣, 皆從天色. 旣祭司地之神, 玉與牲幣, 皆從地色. 四方亦然. 此與郊天大祭, 何與何干, 顧若是之糾紛也? 若云禮天是郊天, 則皇皇上帝, 下與司土之神及四方諸神, 列爲同秩, 分受六玉, 亦不可曰周公善制禮也. 古者事神最重品秩. 故宗伯古稱秩宗, 祭神亦稱咸秩,

위 인용문은 교제(郊祭)에 대한 설명인데, 신관의 변화와 더불어 초월적인 위계질서의 양상을 잘 보여주는 대목이다. ① 먼저 정약용은 교제(郊祭)를 제대로 지내기 위해서는 먼저 제사 대상에 대한 성격이 정확히 인지되어야 한다는 점을 의식하여,[61] 제사 대상에 대한 인지적 오류를 지적했다. 정약용은 유형(有形)한 푸른 하늘과 영명(靈明)한 주재(主宰)의 하늘을 나누고, 양자를 감각적으로 지각되지 않으면서 영명한 지각능력으로 사물을 주재할 수 있는 실체[自立者]인 제(帝)와 감각적으로 지각될 수는 있으나 지각능력이 없는 천(天)으로 분리하였다. 이에 따라 영명한 실체와 유형의 실체가 구분되고, 유형의 실체는 제사의 대상에서 제외된다. 오직 영명한 실체만 제사의 대상이 되는 것이다. 이러한 기준은 모든 제사에 적용되는 기준이 된다. 예컨대, 오사(五祀)를 오행(五行)을 담당하는 천신에 대한 제사로 범주화하여 제사의 대상으로 삼으면서, 기존의 오행은 신성을 거세당한 채 인간 생활에 유용한 단순한 자연물로 전락하게 된다.

[그림 2] 신관의 변화

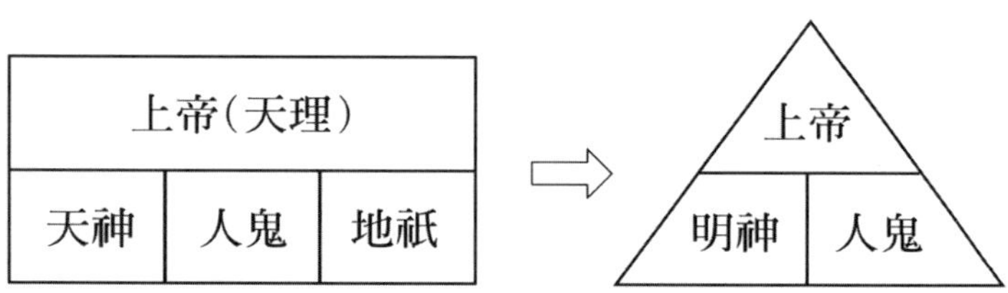

〈전통적 신관〉 〈다산의 신관〉

而四望【句】秩于山川, 五嶽秩于三公, 四瀆秩于諸侯. 古禮之嚴於秩如此, 乃以上帝下同土神及四方之神, 平爲一秩, 分受六玉, 可乎? 必無是矣."

61) 제사 대상에 대한 올바른 인지가 올바른 제사의 기초가 된다는 것은 『목민심서』「예전」〈제사〉조에 다음과 같이 설명되었다. 『牧民心書』 卷7, 「禮典」, 〈祭祀〉(『與全』 5集, 22卷, 16b). "郡縣之祀, 三壇一廟. 知其所祭, 心乃有嚮. 心有所嚮, 乃齊乃敬."

② 초월적 영역의 위계질서가 새롭게 구성되었다. 정약용은 기존에 『주례(周禮)』「대종백(大宗伯)」의 천지인(天地人) 삼재(三才)의 구도에 따라 천신(天神)/지기(地祇)/인귀(人鬼)로 병렬적으로 분류했던 신의 범주를 해체하고, 상제(上帝)의 근원적 초월성을 강조하면서 다른 신과 인간 및 만물보다 질적으로 차별화된 정점에 올려놓았다. 앞서 보았던 것처럼, 만물(萬物)은 명신(明神)들이 담당[司]하고 인간들이 향유하는 유형적 물질이므로, 우주의 위계질서 제일 아래에 자리잡게 된다. 그리고 초월적 위계질서는 상제를 정점으로 하여 처음부터 무형하고 영명한 귀신으로 활동했던 명신(明神) 혹은 천신(天神)들과 유형성과 영명성을 함께 가지고 있다가 죽은 뒤 상제와 인간을 매개하는 인귀(人鬼)가 그 다음 위치를 차지하게 되고 인간은 신과 만물의 중간에 자리잡게 된다.

③ 천신과 지기 등의 명신은 상제를 보좌하는 천신으로 성격이 통합되었으며, 이에 따라 마치 신하들이 임금을 돕듯이, 상제를 중심으로 하여 천신과 인간은 천상과 지상에서 상제의 조화/재제/안양하는 일을 도우면서 각기 맡은 바 소임을 다하여 공·덕(功·德)을 창출하는 존재로 새롭게 자리매김하게 된다. 특히 상제의 명에 따라 상제를 돕는 기능신 역할을 하는 천신 혹은 명신에 대한 제사는 제사의 예물로 쓰이는 옥과 희생에서 각기 그 기능신이 담당하는 임무와 관련된 예물을 쓴다는 점이 주목할 만하다. 이는 제사의 예물이 기능신의 기능과 연관되어야 한다는 인식의 반영이다.

④ 정약용은 상제를 보좌하는 하늘의 명신(明神)에게 제사하는 예천(禮天)을 천지만물의 주재자인 상제에게 제사하는 교천(郊天)과 구분하고 있으며, ⑤ 수직적으로 계열화된 신들의 위계질서[品秩]를 깨트리는 범주의 혼동이나 등급 변경을 강력하게 규제해야 한다고 주장했다. 이는 하늘의 초월적 위계질서에 대한 엄격한 준수를 의례화하는 방식이라고 할 수 있다. 초월적 위계질서에 따른 의례의 실행은 결과적으로 지상의 정

치사회적 위계질서와 호응하여 제사 참여자들로 하여금 지속적으로 위계질서에 대한 기억을 환기시킴으로써 정치사회적 질서를 내면화하는 계기가 된다.

(3) 초월적 인격신관에 대한 예학사적 평가

정약용의 초월적 인격신관은 대체로 천지음양론적 구도에 의해 남교(南郊) 제천(祭天)과 북교(北郊) 제지(祭地)의 쌍을 이루었던 왕망(王莽)의 제례개혁, 진나라의 오교치(五郊畤) 전통을 오행사상에 따라 오방상제(五方上帝)로 재구성했던 정현의 육천설(六天說), 천신과 인귀의 신비한 혈연적 연계를 주장하는 감생제(感生帝) 등의 신관(神觀)을 비판하고, 왕숙(王肅)에서 정이, 주희를 경유하여 청대(清代) 『오례통고(五禮通考)』에 이르기까지 지속되는 전통적인 유교적 호천상제(昊天上帝)의 신관의 전통에 서 있다.[62] 따라서 예학적으로 보았을 때 정약용의 신관은 한대 정현이 아니라 송대 주희의 관점에 가깝다고 할 수 있다.

---

62) 기존의 중국의 교사의례의 양상과 변화에 대해서는 尾形勇, 「中國古代における帝位の繼承—その正統化の過程と論理」, 『史學雜誌』 85(1976); 小島毅, 「郊祀制度の變遷」, 『東洋文化研究紀要』 108(1989); 尾形勇, 『中國古代の家と國家—皇帝支配下の秩序構造』(東京: 岩波書店, 1979); 金子修一, 『古代中國と皇帝祭祀』(東京: 汲古書院, 2001); 李零, 『中國方術續考』(北京: 東方出版社, 2000); Howard J. Wechsler, *Offerings of Jade and Silk: Ritual and Symbol in the Legitimation of the T'ang Dynasty*; 문정희, 「秦漢 祭禮와 國家支配」(연세대학교 박사학위논문, 2005); 김일권, 「위진남북조 시기의 교사 제도 변천과 천문사상」, 『진단학보』 86(1998); 「천문정통론으로서의 한당대 오덕수명론과 삼통사상 연구」, 『한국사상사학』 12(1999); 「한당대 교사제도에서의 일월의례 연구」, 『대동문화연구』 35(1999); 「당송대의 명당의례 변천과 그 천문우주론적 운용」, 『종교와문화』 6(2000); 「양한대의 오행론적 세계관에 따른 오교 의례 고찰」, 『중국사연구』 23(2003); 「진한대의 교사제도와 국가제천의례 변천과정」, 『중국사연구』 24(2003); 「한무제의 태일 제천과 황노 우주론」, 『중국사연구』 32(2004) 등 참조.

그러나 여기서 주의할 점이 있다. 정이와 주희로부터 그 계승자인 양복(楊復)을 거쳐 청대(淸代)의 진혜전(秦蕙田)에 이르기까지, 성리학에 의해 심성화된 천(天) 개념은 이기론과 음양오행론에 따라 제사시기와 횟수 및 신격을 조율하는 양상을 보여주었다. 예컨대, 양복은 제(帝)를 천(天)의 주재적 측면으로 보는 성리학의 통합적 관점을 확대 적용하여 오제(五帝)와 오행(五行)과 오상(五常)을 연결시켰다. 정약용의 비판에 의하면, 양복의 설명은 오제(五帝)를 사시(四時)를 담당하는 천신에 비유하듯이, '제'를 '인의예지신(仁義禮智信)'이라는 오상(五常)의 마음[心]에 견주고 '천'을 성(性)에 견줌으로써, 실제적으로는 지기(地祇)에 속하는 오행을 천신(天神)에 배당하고 다시 오제로 높이는 인지적 범주 혼동의 오류를 범한 것이다.[63]

또한 정이의 설에 따라 해마다 열리는 정기적인 제천의례를 동지(冬至) 교천(郊天), 춘(春) 기곡(祈穀), 하(夏) 대우(大雩), 추(秋) 명당(明堂) 등 네 번으로 보았던 진혜전의 견해에 대해서, 정약용은 『주례』와 『춘추』의 경전적 근거가 없는 견해라고 비판하면서, 오직 계칩에 정기적으로 일년에 한 번 정제(正祭)로 드리고 나머지는 특별한 일이 생겼을 때 드리는 비정기의례로 처리하였다.[64] 정약용은 정기의례와 비정기의례의 차이로 제사시기의 문제에서 경전에 나타나는 제천의례의 다양한 사례에 일정한 기준을 부여함으로써 인지적 혼동의 문제를 해결하였던 것이다.

정약용의 시각에 의하면, 위와 같은 문제는 결국 우주-인간동성동형론적 관점을 고수하기 때문에 생긴 것이다. 따라서 정약용은 이러한 상관론적 사유를 극복하기 위해 초월적 인격신의 관념을 세우게 된다. 그러나 그의 인격신 관념은 정현처럼 정치적 권력을 신비적으로 정당화시키는 것이 아니라 송대 도학에서 강조한 인륜의 실천과 왕도정치의 구현

63) 『春秋考徵』 卷4, 「先儒論辨之異」(『與全』 2集, 36卷, 18a~19b).
64) 『春秋考徵』 卷4, 「先儒論辨之異」(『與全』 2集, 36卷, 22a).

을 적극적으로 이끌어내기 위한 맥락에서만 부각된다는 점에서 예학상으로도 한학(漢學)이 아니라 송학(宋學)의 근본 취지를 공유한다.

실제로 정약용의 초월적 인격신 관념은 교사(郊祀)에서 드러나는 신격의 기능이나 의례적 방식에서도 송대 도학자들의 예설에 가까운 면모를 보여주고 있다. 중국의 교사에 나타난 천신(天神)의 성격과 천인관계(天人關係)의 양상을 정약용이 주장하는 천신관과 천인관계론과 비교해 보면, 그러한 사실을 분명하게 알 수 있다.

[표 2] 중국의 교사(郊祀)에 나타난 천신관(天神觀)과 천인관계(天人關係)

유형	천신의 성격	천인관계	제사장소
상제 (上帝)	종족의 조상, 보호자	후손―조상관계의 혈연적/직접적인 감응(感應)	옥(屋) 양식
천(天)	천도(天道)의 상징, 덕행(德行)의 감시자	천도를 상징하는 엄숙한 절차의 도리적인 천인상통(天人相通)	단(壇) 양식

중국 교사의 역사를 살펴보면, 크게 두 가지 양상의 천신관과 천인관계가 나타난다.[65] 하늘 상징은 역사적으로는 대체로 부모와 같은 종족의 보호자로 친밀한 감정으로 대하는 조상신적인 상제(上帝)에서 천명(天命)의 실현을 감시하는 자로서 대하는 이법적 천(天)으로 상징의 변화가 진행되었고, 성리학을 거치면서 초월적 천의 인격성은 약화되고 자연성은 극대화되었다. 상제(上帝) 유형은 대개 종족의 조상이나 보호자로서 친밀한 혈연적 관계나 직접적인 감응에 의한 합일을 중심으로 조상과 후

65) 박미라, 「中國 郊祀儀禮에 나타난 天神의 性格과 構造 硏究」, 『종교학연구』 16(1997); 박미라, 「中國 祭天儀禮 硏究―郊祀儀禮에 나타난 上帝와 天의 이중적 天神觀을 중심으로―」(서울대학교 박사학위논문, 1997) 참조. 이하 중국 교사에 나타나는 신관과 제사양식에 대해서는 이 논문의 결론에 따른다.

손의 천인관계를 보여주는 반면, 천(天) 유형은 주로 천도의 상징이자 덕행의 감시자로서 엄숙한 도리로 상통하는 천인관계를 나타낸다. 상제에 대한 제사가 대체로 인간적인 친밀함에 근거하여 화려하게 꾸며진 옥(屋)양식의 기년전(祈年殿)에서 봉헌되는 데 반해, 천에 대한 의례는 대체로 초월적 존엄성에 근거하여 소박하고 경건한 단(壇)양식의 원구단(圓丘壇)에서 거행된다.[66]

이러한 구도대로 따르자면, 인격적 상제를 주장하는 정약용은 기년전의 옥 양식을 따라 상제를 제사해야 할 것같은데도, 오히려 정반대의 주장을 펼치고 있다. 정약용은 상제에 대한 제사를 인간적 친밀감으로 만들어진 옥(屋) 내에서 할 수 없으며, 지극한 공경을 표현하기 위해 단의 땅 높이를 높이거나 지붕으로 하늘을 가리거나 장막을 설치하는 등의 인위적인 공간배치를 철저히 금지함을 원칙으로 하는 점을 지적하면서, 제천의례를 인간의 공간인 명당(明堂)에서 하지 않고 교단(郊壇)에서 거행해야 한다고 지적하였다.[67] 따라서 결과적으로 정약용의 상제는 전통적인 상제 유형이 아니라 천 유형에 속함을 알 수 있다.

정약용이 이러한 결론에 이른 것은 그가 교사에서 부각되는 상제의 신격을 인격성보다는 초월성의 측면에서 이해했기 때문이다. 초월성이란 범주는 신과 인간의 존재론적 차이를 보여주고, 인격성이란 범주는 인지 최적화 효과로 인해 존재론적 간격을 줄이게 된다. 따라서 정약용은 교사에서 도학자들의 예설이 지닌 근본 취지와 상통하는 맥락에서 초월성이란 측면을 더욱 강화시킨 것으로 이해할 수 있다.

66) 박미라, 「북경의 천단: 기년전과 원구」, 『종교문화비평』 3(2003) 참조.

67) 『春秋考徵』 卷1, 「吉禮」, 〈郊6: 論明堂配食, 非先王之法.〉(『與全』 2集, 33卷, 28a). "神示之祭而行事屋中, 九經無文, 惟亡國之社屋而廢之. 此天下之至辱也, 豈有皇皇上帝而祭之於屋下者? 祭帝之禮, 下不增地, 上不蔽天. 故氈案無障, 帟幕不設, 敬之至也. 明堂祭帝, 古有是乎? 周以文王爲太祖, 則宗祀文王, 本無是事. 古人不於屋中祭天, 則明堂祭天, 亦無是理."

이러한 측면은 북송(北宋)의 정호(程顥, 1032~1085)와 남송(南宋)의 주희가 설명하는 교사의례의 방식과 비교하면 좀더 분명하게 드러난다. 도학자들은 분명히 상제를 천의 주재적 측면으로 이해하고 있었음에도 불구하고 오히려 상제와 천에 대해 각각 분제(分祭)를 한다고 생각하고 있었다. 이는 사물의 존재론적 연속성의 근거인 기론(氣論)과 음양론적 천지생성론의 구도에 따라 신의 초월성보다는 신의 포괄성을 더 중시한 결과이다.

> 만물(萬物)은 하늘에 근본을 두고 사람은 조상에 근본을 두기 때문에, 동지(冬至)에 하늘에 제사하고 조상을 거기에 배향하는 것이다. 동지를 쓰는 것은 기(氣)가 이르는 시초이기 때문이다. 만물은 땅에서 형(形)을 이루고 사람은 아버지에게서 형(形)을 이루기 때문에 계추(季秋)에 상제에게 제향[享帝]하고 아버지를 거기에 배향하는 것이다. 계추를 쓰는 것은 만물이 이루어지는 때이기 때문이다.[68]

정호는 제사시기와 관련하여 분제의 이유와 방법을 설명했다. 그는 만물의 근본인 하늘이 기(氣)의 전승에 의해 사물을 낳고 완성시키는 생성(生成)의 조화를 하는데, 동지에 하늘에 제사하는 것은 음기(陰氣)가 극대화된 뒤 새로운 양기(陽氣)가 생기는 시초이기 때문이요, 계추에 상제에게 제향하는 것은 땅에서 만물이 형(形)을 이루는[成] 때이기 때문이라고 보았다. 이는 아버지가 기를 부여하여 생명의 시초가 되고 어머니는 그 기를 받아 태내에서 사람의 형태를 갖추게 하는 것처럼, 자연도 하늘은 기(氣)를 통해 낳고 땅은 형질(形質)을 갖추도록 한다는 우주-인간동성동형론적 사유에 근거한 것이다. 이에 따라 사물의 시작과 완성에 결

---

68) 『河南程氏遺書』 卷4, 「二先生語4」, 〈游定夫所錄〉(『二程集』, 1冊, 70). "萬物本乎天, 人本乎祖, 故冬至祭天而祖配之. 以冬至者, 氣至之始故也. 萬物成形於地, 而人成形於父, 故以季秋享帝而父配之. 以季秋者, 物成之時故也."

맞는 우주적 리듬에 해당하는 동지와 계추가 선택된 것이다.

주희는 『효경(孝經)』에서 "후직(后稷)을 교사(郊祀)하여 천(天)에 배향하고, 문왕(文王)을 명당(明堂)에 종사(宗祀)하여 상제(上帝)에 배향한다"[69]고 한 구절에 대해 제자가 상제(上帝)가 곧 천(天)이고, 천이 곧 상제인데도, 천과 상제를 분제(分祭)하는 까닭을 묻자, "단(壇)을 만들어 제사하기 때문에 천(天)이라 하고, 옥(屋) 아래서 제사하면서 신기(神祇)를 거기에서 제사하기 때문에 제(帝)라고 한다"[70]고 답하였다. 이는 주희가 제사장소의 형태와 제사 대상이 밀접하게 관련이 있음을 알고 있었고, 단에서 엄숙한 태도로 천을 제사하고 옥에서 친밀한 자세로 상제에게 제사함을 인지했음을 뜻한다.

의례의 대상인 하늘이 천(天)과 제(帝)로 구분되듯이, 하늘을 대하는 의례적 태도 역시 두 가지 다른 양상을 보인다. 주희가 『시경(詩經)』「아장(我將)」의 주석에서 인용한 진씨(陳氏)의 설에 따르면, 환구(圜丘)에서 지내는 제천(祭天)의례가 제기(祭器)와 희생(犧牲)이 지극히 간략했기 때문에, 성인(聖人)이 이를 보완하여 계추(季秋)에 대향(大饗)의 예를 제정했는데, 교(郊)에서 천(天)을 제사하면서 직(稷)을 배향하는 것은 '존존'(尊尊)의 원리에 입각한 것이요, 명당(明堂)에서 제(帝)를 제사하면서 문왕(文王)을 배향하는 것은 '친친'(親親)의 원리를 따르는 것이다.[71]

이에 비해 정약용은 상제가 곧 초월적인 천이라는 점에 근거하여 제사

69) 『孝經注疏』 卷5, 「聖治章」 9:1(十三經注疏 整理本, 26冊, 34). "郊祀后稷以配天, 宗祀文王於明堂以配上帝."

70) 『朱子語類』 82:9. "問, '配天, 配上帝, 帝只是天, 天只是帝, 卻分祭, 何也?' 曰, '爲壇而祭, 故謂之天, 祭於屋下而以神祇祭之, 故謂之帝.'"

71) 朱熹, 『詩集傳』 卷19, 「頌4 · 周頌淸廟之什1」, 〈我將〉(『朱子全書』 1冊, 726). "陳氏曰, '古者祭天於圜丘, 掃地而行事. 器用陶匏, 牲用犢. 其禮極簡. 聖人之意以爲未足以盡其委曲, 故於季秋之月有大饗之禮焉. 天, 卽帝也. 郊而曰天, 所以尊之也, 配稷於郊, 亦以尊稷也. 明堂而曰帝, 所以親之也, 配文王於明堂, 亦以親文王也. 尊尊而親親, 周道備矣.'"

대상을 분제하는 것을 근본적으로 잘못된 것으로 보았으며, 계칩에 한번 드리는 것만을 정제(正祭)의 정기의례로 삼고 나머지는 일이 있을 때 고(告)하는 비정기의례로 분류하였다.[72] 이는 인간적인 친밀감에 근거한 명당이 아니라 인간적 친밀감을 배제하고 초월적 존엄성에 걸맞게 지어진 교단(郊壇)에서 지낸다는 점과 일맥상통하는 것이다. 따라서 정약용의 예설에 의하면, 제천의례는 제사의 형식, 시기, 장소가 상제의 유일무이한 초월성에 걸맞는 의례적 태도를 구현하는 과정이 된다.

이처럼 도학자들과 정약용은 초월성이라는 측면을 공유하고 있음에도 불구하고 그것을 자연적 포괄성으로 연결하는가 아니면 초월적 인격성으로 정립하는가의 차이가 있음을 알 수 있다. 그렇다면 정약용은 하늘 상징을 어떻게 변화시키고 있고, 어떠한 역사적 상황 속에서 새로운 세계관에 걸맞는 사회문화적 질서를 기획했는가?

먼저 주목할 부분은 정약용이 마테오 리치의 『천주실의』를 중심으로 한 서학(西學)을 접하면서 성리학자들에 의해서 동일시되었던 천(天)과 상제(上帝)의 차이를 자각했고, 양자를 분리하면서 전통적인 만물일체(萬物一體)의 유기적 포괄성이 깨졌다는 점이다. 그 결과 천도(天道)는 영명한 상제(上帝)와 법칙적인 자연[蒼蒼有形之天]으로 분리되고, 이에 따라 자연법칙과 분리된 인도(人道)는 영명(靈明)의 측면에서 새롭게 자리매김을 하게 된다.

또 한가지 유의할 점은 이신론(理神論, Deism)에 가까울 만큼 이법적 천으로 치우쳤던 하늘 상징을 초월적 인격신인 상제로 회복시키면서도, 제천의례에서 주로 친밀한 보호자로서 조상신적 성격이 강했던 상제의

72) 『春秋考徵』 卷4, 「程氏六天之辨」(『與全』 2集, 36卷, 16b). “古者祭天之禮, 其正祭曰郊, 啓蟄而行之, 其日用辛,【見原篇.】有事而告曰旅,【臚陳也.】將出而告曰類,【見『詩』·『書』.】冬至奏樂曰禬, 行之於圜丘.” 계칩에 지내는 이유에 대해서는 『春秋考徵』 卷1, 「吉禮」, 〈郊2: 論古之郊期, 本在建卯之月.〉(『與全』 2集, 33卷, 7b~8b) 참조.

성격은 배제되고, 오히려 성리학의 이법적 천보다도 훨씬 더 역동적으로 실존적 긴장감을 불러일으키는 인륜적 가치 실천을 도심을 통해 권면하고 감시하는 하늘 상징을 구축했다는 것이다. 이에 따라 참위설이나 음양오행론 등에 의해 정식화되는 하늘과 사적(私的)인 유대관계를 성립시키는 혈연적 유대감 혹은 신비적인 연합의 가능성은 폐기되고, 공·덕이라는 가치를 창출할 때 비로소 정당화되는 공적 의례관계가 강조되면서, 의례는 더욱 더 강력한 실천의 행위가 된다.

이러한 변화의 이면에는 제국질서의 창출이라는 한대의 시대적 상황이나 불교와 도교의 도전에 응하여 사대부를 중심으로 한 성리학적 질서를 구축하려고 했던 송대의 맥락과는 다른 조선 후기의 사회적 배경이 자리잡고 있다. 정약용이 구상한 세계관은 쉴새없이 다급하게 실천에 내몰리는 숨가쁜 사회적 상황에서 만들어진 것이다. 그는 이미 기존의 세계관을 담당했던 성리학이라는 지도가 현실적 지형과 너무나 괴리된 것처럼 느껴지는 사회적 상황을 살고 있었다. 따라서 정약용의 새로운 신관 재정립은 하늘 상징의 변화를 통해서 의례를 강력한 실천으로 바라보고 사회를 의례적 질서에 따라 재조직하려는 정치-문화적 기획이라고 해석할 수 있다.

한편, 정약용이 전통적인 삼재사상에 따라 천지인의 한 축을 차지하는 지기의 신격을 탈각시키고 천신과 인귀의 구도로 압축시킨 것도 의례적 장이 오직 영명성에 의해 마련되고 공·덕에 의해 의례적 당위와 현실적 존재의 간극을 해소하도록 하기 위한 구도라고 볼 수 있다.

그렇게 마련되고 창출된 의례의 장은 영명한 실체들의 관계가 된다. 심지어 혼자 있을 때 하는 신독의 수양 공간에도 상제의 눈길은 따라온다. 그리고 모든 의례는 초월적 상제를 향한 경건한 실천이 된다. 이로 인해 정약용은 체(禘)제에 대해서 역사적으로 유교 전통을 구성하는 문화적 가치[功德]를 구현했던 오제(五帝)라는 성군들을 상제(上帝)에 배향하는 제사로 보았으며,[73] 사직의례조차 상제를 섬기는 실천방식으로 규정했다.[74] 그리하여 결국 모든 제사는 상제를 섬기는 사천(事天)의 차원에서 실행되고, 그것은 살아있는 인간관계에서 이루어지는 의례적 관계인 사인(事人)과 더불어 최종적으로는 사천(事天)으로 수렴된다.

하늘 상징을 중심으로 구조화되는 이런 세계관은 지식인들이나 일반 백성들은 물론, 군주도 영명한 하늘이 그런 것처럼 끊임없이 자신을 영명한 실천적 주체로서 적극적이고 능동적으로 유교적 가치를 창출하여 삶 전체가 예를 구현하게 되도록 주문하고 있다. 그리고 그러한 구상은 공·덕에 의해 상향식으로 추대되는 군주관과 더불어 사적인 이익을 권력으로 정당화하기 위해 상징이나 의례를 동원하지 못하도록 하는 예설을 통해 정치-문화적으로 구체화된다. 예를 실현하는 삶은 문화적 가치를 창출하면서 삶 전체가 상제와의 의미있는 만남이 되도록 한다. 그리하여 그의 의례이론이 꿈꾸는 목표는 신도 인간도 모두 영명한 실체로서 주재권을 최대한 발휘하여 가치를 창출하는 세계인 것이다.

---

73) 『春秋考徵』 卷2, 「禘之說」~「禘2」(『與全』 2集, 34卷, 7b~10b). 사직제와 체제에 대한 정약용의 학설에 대해서는 금장태, 「다산의 사직제와 체제 고증」, 『종교학연구』 16(서울대학교 종교학연구회, 1997) 참조.

74) 『中庸講義補』 卷1, 「郊社之禮, 所以事上帝節」(『與全』 2集, 4卷, 32b~33a). "今按『周禮』「大宗伯」, 天神·地示, 雖分二類, 萬物一原, 本無二本. 日月星辰·風雨·司命之神, 社稷·五祀·五嶽·山林之神, 都是天之明神, 特其所掌, 有司天·司地之別, 故或云天神, 或云地示也. 據『春秋傳』, 蔡墨明以句芒·蓐收之等爲五祀之神, 【昭 廿九】 而「周語」內史過爲祝融降於崇山, 而謂之明神, 「晉語」史嚚又以蓐收謂之天神, 明社稷·五祀之神, 未嘗非天神也. 上下神示, 皆受帝命, 保佑萬物, 而王者祭而報之, 無非所以事天. 故曰, '郊社之禮, 所以事上帝.' 不言后土, 非省文也. 但后土旣爲社神, 又爲五祀之神, 【昭 廿九】 似爲疊祀, 或其中有異義, 今不可攷."

3

제사의 구조와 의례이론의 특징

(1) 주향(主享)과 배향(配享)의 제사 구조

정약용의 신관이 변화한 것 중 주목할 만한 대목은 전통적인 천인관계론에서 상관론적 사유 가운데 유기적으로 융합되어 있던 유형한 자연과 무형한 영명이 독자적 실체로서 구분된다는 점이다. 기존에 자연적 이법천[天] 안에 함께 포섭되었던 상제(上帝)와 자연은 각각 인격적 판단과 반응이 가능한 정령(情靈) 혹은 영명(靈明)과 그렇지 않은 형질(形質)이나 기질(氣質)의 범주 구분에 따라 영명한 주재의 하늘[靈明主宰之天]과 푸르른 유형의 하늘[蒼蒼有形之天]을 비롯한 자연물[物]로 분리되고, 양자 중 전자만 제사의 대상이 되었다.

이러한 현상은 기존에 지기로 분류되었던 신격에도 적용되어, 욕수(蓐收)·구망(句芒)·축융(祝融)·현명(玄冥)·후토(后土) 등은 천신으로, 중(重)·해(該)·수(修)·희(熙) 등은 인귀로 재분류되었으며, 호천상제(昊天上帝)로 불리는 하늘[天]의 명을 받은 보좌 천신들이 지상의 중요한 산물인 오행(五行)과 육부(六府)를 포함한 땅의 자연물을 담당한 공로로 오사(五祀)의 신(神)으로 제사의 주 대상이 되었고, 이에 맞춰 지상의 군주로부터 명을 받아 해당 일을 맡아 본 신하들은 마침내 공을 이루어 인귀(人鬼)로서 오사의 신에 배향(配享)되었다.[75] 또한 토지신인 사(社)와 곡물신인 직(稷)은 본래 지기로 분류되어 있었으나, 정약용은 천신과 지기를 모두 천신의 범주로 묶으면서 상제를 보좌하는 육부(六府)의 천신으로 재분류했으며, 후토(后土)와 후직(后稷)은 본래 사와 직이 천신으로서 주관하는 일을 인간의 영역에서 담당하는 관명(官名)이었는데, 정약용은 역대 후토와 후직으로서 해당 소임을 잘했던 이들을 사와 직에 배향(配享)하여 함께 사와 직으로 일컬었다고 보았다.[76]

결국 상제(上帝)를 비롯한 천신(天神)은 본래부터 구체적인 형질(形質)이 없는 존재이고, 조상신을 중심으로 한 인귀(人鬼)는 살아 있을 때에는 형질(形質)과 영명(靈明)의 결합이었다가 사후 형질은 없어지고 영명만 남은 존재이며, 기존에 지기로 분류되었던 귀신은 존재론적으로 천신이나 인귀로 재분류된 셈이다.[77] 이처럼 지기를 천신으로 통합하면서

75) 『春秋考徵』 卷1, 「吉禮」(『與全』 2集, 33~34卷) 참조.

76) 『牧民心書』 卷7, 「禮典」, 〈祭祀〉(『與全』 5集, 22卷, 15b~16a). 『春秋考徵』 卷2, 「吉禮」, 〈社1: 論社稷之禮, 以二官配二神〉(『與全』 2集, 34卷, 1a~4b).

77) 『中庸講義補』, 卷1, 「鬼神之爲德節」(『與全』 2集, 4卷, 20ab). “今按『周禮』「大宗伯」, 所祭鬼神, 厥有三品. 一曰天神, 二曰地示, 三曰人鬼. 天神者, 昊天上帝 · 日 · 月 · 星辰 · 司中 · 司命 · 風師 · 雨師, 是也. 地示者, 社稷 · 五紀 · 五嶽 · 山林 · 川澤, 是也. 人鬼者, 先王 · 先公 · 先妣之廟, 是也. 祭祀之秩, 雖有三品, 其實天神 · 人鬼而已. 何者? 蓐收者, 五祀之神, 明係地示, 而『春秋外傳』史嚚之言, 乃以蓐收謂之天神, 則句芒 · 祝融 · 玄冥 · 后土, 都是天神可知也. 重 · 該 · 修 · 熙者, 少皥氏之四叔也. 黎者, 顓頊氏之子也. 句龍者, 共工氏之子也. 柱者, 烈山氏之子也. 棄者, 高辛氏之子也. 社稷 · 五祀, 是祭是祀, 則地示之本人鬼可知也. 天以天神, 各司水火金木土穀 · 山川林澤, 人主亦使人臣分掌是事, 及其後世, 乃以人臣之有功者, 配於天神, 以祭社稷, 以祭五祀, 以祭山川, 則名雖地示, 其實皆天神 · 人鬼也. 人鬼者, 人死之鬼, 天地功用, 二氣良能, 非所論語人鬼也. 天神者, 本無形質, 爲上帝之臣佐, 【見『禮注』】 昭布森列, 有號有位.”

제사 대상을 천신과 인귀로 재분류하고 천신을 상제를 보좌하는 명신으로 규정하는 것은 하늘의 초월적 영역과 인간의 일상적 영역의 구분을 더욱 명확히 하는 동시에, 모든 제사가 상제를 섬기는 의례라는 점을 강화시키는 효과를 지닌다.[78]

더욱 주목할 것은 정약용이 천신과 인귀로 신을 재분류하면서 거의 모든 길례(吉禮)의 의례적 구조가 천신의 '주향'과 인귀의 '배향'으로 재편된다는 점이다. 이 점은 신관의 재편에 따라 정약용의 길례관이 지니게 된 중요한 특징이다. 제사에서 주향과 배향의 대상은 공과 덕이 같다. 따라서 제사는 특정한 신격과 연관된 일화기억(episodic memory)보다는 그 신격들이 구현한 공과 덕과 연관된 의미기억(semantic memory)을 환기시킨다고 할 수 있다.[79] 이는 제사가 특정한 일화를 의례적으로 구현

78) 『易學緖言』 卷4, 「卜筮通義」, 〈表記卜筮之義〉(『與全』 2集, 48卷, 17a). "古人事天地神明, 以事上帝." 『春秋考徵』 卷2 「吉禮」, 〈郊4〉(『與全』 2集, 33卷, 18a). "祭天·祭地, 無往而非昭事之典, 故『中庸』曰 '郊·社之禮, 所以事上帝也.'" 『春秋考徵』 卷2, 「吉禮」, 〈社1〉(『與全』 2集, 34卷, 2b). "天地百靈, 皆是上帝之臣佐, 祭此明神, 亦以事天也. 故『中庸』曰 '郊·社之禮, 所以事上帝也.'" 『中庸講義補』 卷1, 「郊·社之禮, 所以事上帝節」(『與全』 2集, 4卷, 33a). "上下神示, 皆受帝命, 保佑萬物, 而王者祭而報之, 無非所以事天. 故曰 '郊·社之禮, 所以事上帝.'"

79) 인지심리학의 실험결과를 살펴보면, 일화기억이 개인의 경험이나 자전적 사건에 관한 기억으로서, 특정한 시간과 공간 맥락에서 이루어진 정보 획득과 연관되는 반면, 의미기억은 세상사와 연관된 대상간의 관계나 단어들의 의미 관계에 관한 지식으로서, 특정한 경험이나 사건과 무관하다. 한국실험심리학회 편, 『인지심리학』, 개정판(서울: 학지사, 2003), 170~171쪽 참조. 특히 유교적 전통사회에서 유교적 의례는 대체로 일화기억보다는 의미기억을 더 활성화시키고 있으며, 민간전통의 의례는 주로 의미기억보다는 일화기억을 더 부각시키고 있다는 점을 주목할 필요가 있다. 의례가 활성화시키는 기억의 차이를 대표적으로 살펴볼 수 있는 사례가 기우제(祈雨祭)인데, 가뭄이라는 동일한 위기를 극복하는 의례적 대응에서 유교 전통이 '의례경건주의'의 자세를 보여주는 반면, 민간전통은 '의례열광주의'의 양상을 드러내고 있다. 비슷한 맥락에서 유교사회의 祈禳의례에 대하여 유교적 正祀와 비유교적 淫祀의 차이를 功德과 靈驗의 차이로 설명한 연구로는 이욱, 「儒敎 祈禳儀禮에 관한 硏究－朝鮮時代 國家祀典을 中心으로－」(서울대학교 박사학위논문, 2000), 의례경건주의와 의례감성주의 또는 공식종교의 修德과 민간종교의 求福의 차이로 설명

하지 않으며 전체적으로 보아 제사대상과 무관하게 극히 정형화된 틀을 지니고 있다는 점과도 연관된다.

실제로 정약용은 사직과 오사의 제사를 통해서 백성들의 삶에 절실히 필요하고 왕도정치를 구현하기 위한 물질적 자원들, 예컨대 오행(五行)이나 육부(六府) 등과 관련된 일을 담당하는 관직에 있던 자들 중 임무를 훌륭하게 수행하는 사람들이 죽어서 인귀로서 해당 만물을 담당했던 천신의 제사에 배향된다는 점을 강조했다.

또한, 정약용은 『시경(詩經)』에 나오는 성왕(聖王)들이 모두 상제에게 배향된 점을 지목하면서 고례(古禮)에는 '배지'(配地)가 없고 '배천'(配天)만 있었다는 점을 강조하였다.[80] 이는 음양론적인 구도에 따라 북교와 남교에서 각기 선제(先帝)와 선후(先后)를 배향하는 문제점을 비판함으로써, 인간이 배향하는 궁극적 대상이 초월적 하늘임을 분명하게 강조하는 동시에 하늘의 초월성을 위해 하늘과 땅을 부모와 같은 존재로 설정하는 인지 최적화 효과를 거부한 것이다.

> 위의 푸른 하늘과 밑의 누런 땅은 모양도 있고 빛깔도 있으나 영(靈)이 없고 정(情)도 없다. 이 하늘과 땅을 주재하는 자는 상제(上帝)뿐이다. 하늘을 제사하고 땅을 제사하는 것은 소사(昭事)의 예가 아닌 것이 없다.[81]

한 연구로는 최종성, 『조선조 무속 國行儀禮 연구』(서울: 一志社, 2002)와 「민속과 유교」, 『비교민속학』 24(비교민속학회, 2003) 참조.

80) 『春秋考徵』 卷1, 「吉禮」, 〈郊4【論北郊祭地, 非先王之法.】〉(『與全』 2集, 33卷, 17ab). "鏞案, 魏·晉以降, 皆祠北郊, 皆以先帝配南郊, 先后配北郊. 降及隋·漢, 雖祭北郊, 不配先妣, 皆以其高祖配之. 並詳『通典』, 今姑略之. ○又案, 古有配天, 未有配地. 『詩』曰 '文王陟降, 在帝左右', 『詩』曰 '殷之未喪師, 克配上帝', 『詩』云 '三后在天, 王配于京', 『詩』云 '思文后稷, 克配彼天', 有配地乎? 謂帝爲天者, 如謂王爲國. 配帝 配天, 皆配帝也, 有配地乎? 『孝經』晩出, 雜以緯說, 然猶曰 '嚴父莫大於配天', 有配地乎? 漢興百年, 禮樂未興, 所謂祭典, 皆承秦舊, 而又雜之以讖緯邪說, 乃於太社之外, 別創后土之祀, 以配先帝. 此已禮家之大變, 逆臣王莽又刱配妣之法, 及莽誅滅, 此法不廢, 南郊·北郊, 欽此欽遵, 認作百王之令典. 嗚呼, 其無議矣!"

기가 베푸는 것은 아비의 도[父道]요, 땅이 낳는 것은 어미의 도[母道]다. 초목백곡에 대해서는 참으로 이 이치가 옳다. 그러나 위의 푸른 하늘과 밑의 누런 땅은 모두 정(情)이 없는 사물들이며, 해와 달과 산과 강과 같이 기질로 이루어진 것으로 영명한 앎[靈識]의 주체적 작용이 없는 것들이다. 성인은 이치에 밝은데, 어찌 그것들을 아비로 섬기고 어미로 섬기는 이치가 있겠는가? 오직 위대한 상제만이 모양[形]도 바탕[質]도 없으나, 날마다 살피면서 여기에 있으며, 하늘과 땅을 다스리고 만물들의 근원이자 뭇 귀신들의 우두머리로서 우뚝하고 환하게 임하여 위에 있다. 이에 성인은 조심스런 마음 자세로 상제를 밝게 섬겼으니, 이것이 곧 교제(郊祭)가 생겨난 까닭이다. 이에 온갖 명신들이 상제의 명을 받드니, 어떤 명신들은 해와 달과 별과 별자리와 바람과 구름과 우레와 비를 맡고, 어떤 명신들은 곡식과 산과 내와 언덕과 큰 언덕과 숲과 연못을 관장한다. 그 맡은 바 일이 위에 있는 명신들을 천신이라 하고, 그 맡은 바 일이 아래 있는 명신들을 지기라고 부른다.[82]

정약용은 영과 정이 있는 자로서 초월적인 상제만이 천지를 주재할 수 있으며, 천신과 지기에 제사하는 것이 결국은 상제를 섬기는 방식임을 천명하였다. 또한 자연을 의인화된 신으로 여기는 방식의 인지 최적화에 대해서 무형성과 영명성을 기준으로 내세워 비판하는 한편, 그러한 자연물에 대해서는 부모에게 느끼는 인륜적 감정이 적용될 수 없다는 점을 중

81) 『春秋考徵』 卷1, 「吉禮」, 〈郊4〉(『與全』 2集, 33卷, 18a). "上蒼 · 下黃, 有形有色, 無靈無情, 主此天地者, 上帝而已. 祭天 · 祭地, 無往而非昭事之典."

82) 『春秋考徵』 卷1, 「吉禮」, 〈郊4〉(『與全』 2集, 33卷, 15b~16a). "氣施者, 父道也. 土生者, 母道也. 其於草木百穀, 誠有此理. 然上蒼 · 下黃, 都是無情之物, 與日月山川, 均爲氣質之所成, 了無靈識之自用, 聖人明理, 豈有父事 · 母事之理? 惟其皇皇上帝, 無形無質, 日監在茲, 統御天地, 爲萬物之祖, 爲百神之宗, 赫赫明明, 臨之在上. 故聖人於此, 小心昭事. 此郊祭之所由起也. 於是, 明神受命, 或司日月星辰 · 風雲雷雨, 或司土穀山川 · 丘陵林澤. 故其司之在上者, 謂之天神, 其司之在下者, 謂之地示."

시하였다. 그리하여 자연물을 제사의 대상에서 제외하되, 그것을 담당하는 영명한 실체들에 대한 제사만 정당하게 생각했으며, 제사에서 요청되는 태도로 초월자에게 걸맞는 조심스런 경건함만을 인정하였다.

나아가 정약용은 모든 제사가 제천(祭天)에서 비롯되었으며, 교(郊)·체(禘)·조(祖)·종(宗)의 제사는 모두 배천(配天)의 의례적 방식임을 천명하고,[83] 옛날의 제법(祭法)이 공과 덕을 기준으로 삼아 덕이 상제에게 짝하고 공이 하민(下民)에게 미칠 때 비로소 교·체에서 배식(配食)할 수 있다는 점을 설명하였다. 이는 제사가 바로 상제의 명을 받아 인륜의 영역에서 공과 덕을 창출하여 그 혜택을 백성들이 누리게끔 하는 일종의 유교적 문화영웅, 즉 성인(聖人)을 기억하고 그 공·덕에 보답하는 것임을 명확히 강조한 것이다.[84]

정약용은 『상서(尙書)』 「여형(呂刑)」편의 주석에서 전옥(典獄)의 도리[85]에 대해, 전옥이 위엄을 내세우기에 앞서 백성들의 삶을 넉넉하게 하는 공덕이 중요하다는 의미로 해석했다. 특히 우(禹)가 치수(治水)사업을 잘 하고 직(稷)이 파종(播種)법을 잘 가르쳐서 백성들의 삶의 질을 향상시킨 것처럼 백성에게 덕과 공을 베푸는 적극적 왕도정치를 실현하고 하늘을 두려워하는 자세를 갖추어서 옥사를 잘 처리함으로써, 전옥이 천덕(天德)에 합하여 사람의 생명을 놓고 하는 판결을 그르치지 않게 되면, 초월적 영역에서 명(命)을 담당하는 천신(天神)인 원명(元命)이 사명(司命)의 덕으로 배향(配享)되듯이, 인간의 영역에서는 전옥이 스

83) 『尙書古訓』 卷1, 「堯典」, 〈正月上日, 受終于文祖〉(『與全』 2集, 22卷, 25b). "祭祀之禮, 本起於祭天. 祖·宗之祭, 首繇於配天. 不配天, 則不祖·宗. … 郊·禘·祖·宗四祭, 皆所以配天."

84) 『尙書古訓』 卷2, 「堯典」, 〈月正元日, 舜格于文祖〉(『與全』 2集, 23卷, 14b). "古之祭法, 以德以功, 德配上帝, 功被下民, 然後配食於郊·禘. 此百祭之源本也."

85) 『尙書』, 「呂刑」. "典獄非訖于威, 惟訖于富, 敬忌, 罔有擇言在身, 惟克天德, 自作元命, 配享在下."

스로 천덕에 합한 덕의 실천으로 원명의 신으로 아래서 배향된다고 한다고 설명했다.[86] 이는 하늘의 상제가 명한 공과 덕을 초월적 영역에서 천신이 잘 수행하듯이 인간도 그에 걸맞는 실천을 하게끔 유도하는 제사의 기능을 분명하게 보여주는 해석이다.

이처럼 주향과 배향의 제사 구조는 바로 초월적 영역의 하늘과 일상적 영역의 인간 세계가 모두 상제의 명에 따라 각기 맡은 바 일을 열심히 수행함으로써 공(功)과 덕(德)을 창출하는 면에서 조응함을 드러내는 중요한 의례적 방식이고, 모든 제사는 그 자체로 상제에게 짝하는 '배천'의 의례적 방식이다. 따라서 제사는 영명한 실체들이 성취한 공과 덕을 반복적으로 기리고 기억함으로써 의미기억을 활성화시키고 그것을 다시 암묵기억(implicit memory)으로 몸에 새겨지도록 하여 인륜적 가치 실천과 왕도정치의 실현을 위한 의례적 가능성을 증가시킨다.

한편, 제사에서 주향과 배향의 대상은 공과 덕이 같다. 특정한 제사대상은 한 제사에만 국한되지 않고, 그가 구현한 공과 덕이 다양하면 그 공과 덕에 따라 두 종류 이상의 제사에서 의례 대상이 될 수도 있다. 예컨대 후직(后稷)은 생명유지에 필수불가결한 곡식을 공급한 덕으로 사(社)에서도 제사되고 사람들이 살 터전을 제공한 공로로 오사(五祀)에도 제사된다.[87] 따라서 제사는 특정한 신격과 연관된 일화기억보다는 그 신격들이 구현한 공과 덕과 연관된 의미기억을 환기시킨다고 할 수 있다. 이는 제

---

86) 『尙書古訓』 卷7, 「呂刑」(『與全』 2集, 28卷, 24ab). "訖, 猶成也. 富, 謂先富民, 如上禹平水土, 稷降播種也. 民窮財竭, 瞖不畏死, 則雖欲立威, 而令不行禁不止矣. 故曰, '典獄之道, 非成于威, 惟成于富', 卽上德威惟畏之意. ○補云, 敬忌, 謂畏天也. 擇言, 可棄之言也.【凡擇者必有所棄.】議讞審愼, 則無誣枉之言. ○補云, 元命, 天神之司命者也,【大宗伯所祀.】司命配享在上.【祀食於上.】帝典獄者克合天德, 不誤人死生之命, 則是自作元命之神, 配享在下."

87) 『春秋考徵』 卷2, 「社1」(『與全』 2集, 34卷, 2a). "后土之得兩祭者, 生穀之故祭於社, 居民之故祭於五祀也. 於是選取先古名臣 · 碩輔之善治六府之職者, 配食於六神, 如聖王之配食於上帝然者."

사가 특정한 일화를 의례적으로 구현하지 않으며 전체적으로 보아 제사 대상과 무관하게 극히 정형화된 틀을 지니고 있다는 점과도 연관된다.

정약용은 영명한 주재의 상제를 제시하는 동시에, 그 하위의 신격을 명신과 인귀로 압축하였다. 그런데 이들 모두는 형질이 없고 영명하다는 점에서 공통적이다. 길례(吉禮)는 이러한 영명한 실체들에 대한 제사로 국한된다. 정약용의 사상에서 인간 역시 영명한 실체라는 점을 고려하면, 정약용이 구상하는 의례는 '영명한 실체들의 교류'로 정의할 수 있게 된다.

따라서 영명성이라는 기준은 제사의 대상과 주체가 되는 필요조건이고, 영명성의 발휘에 의한 공과 덕의 창출이 제사의 대상이 될 충분조건이 된다. 그 대표적인 예가 바로 인귀(人鬼)로서 배향되는 존재들이 공과 덕의 실현자라는 점에서 확인된다. 이런 사실은 앞서 살펴본 『상서』「여형」편의 전옥(典獄)의 예를 통해 충분히 알 수 있다.

정약용은 이러한 기준에 따라 영명한 실체인 상제와 그 보좌 역할을 하는 천신, 그리고 공과 덕을 성취한 인귀만이 제사의 대상이 될 수 있고, 유형한 기질적 실체인 동물이나 천체 및 기타 무생물들을 모두 제사의 대상에서 배제하였다. 예컨대, 진한(秦漢)시대 이후 참위(讖緯) 혹은 술수(術數)적인 조류에 따라 자미성(紫微星)을 천황대제(天皇大帝)로, 태미오성(太微五星)을 오방상제(五方上帝)로 삼는 등 하늘의 별을 신앙과 제사의 대상으로 삼는 정현의 성명학적 육천설(六天說),[88] 하늘과 땅을 아버

88) 『春秋考徵』 卷4, 「鄭氏六天之辨」(『與全』 2集, 36卷, 15a). "鏞案, 青帝·赤帝之說, 本出緯書. 其妖邪屑越, 大悖極逆, 不可言也. 列星爲物, 無靈無覺, 乃以紫微一星, 尊之爲天皇大帝, 以太微五星, 命之曰五方天帝, 橫說竪說, 以誣上尊, 罪至於此, 何以赦之? 『周禮』日月星辰, 宗伯祭之者, 爲天之明神司其轉動也, 豈謂彼有靈哉? 上自秦·漢, 下逮明·淸, 其郊祀之禮, 誣罔如此, 上帝其享之乎? 鄭玄於此, 其無所逃罪矣." 『春秋考徵』 卷1, 「郊4」(『與全』 2集, 33卷, 16a). "北辰不知何物. 若云北極, 北極本無星點. 若以耀魄寶爲北辰, 耀魄寶本一小星, 其居亦少偏, 不當北極之樞紐, 不免隨天環轉, 以其近於北極. 故其所轉不離小圈之輪郭, 不似赤道諸星之轉於大圈. 然若謂之恒居不動, 非其實矣. 藉使恒居不動, 本一小星, 了無靈識, 萬萬非吾人所肯父事者."

지와 어머니처럼 섬겨서 음양론적 구도에 따라 제사시기와 제사장소를 규정하는 이원적 교사(郊祀) 방식,[89] 제천의례에서 태양을 제사의 주신(主神)으로 모시고 달을 배향신[配神]으로 삼는 의례방식,[90] 땅 혹은 땅에서 나는 유용한 사물을 신격화해서 제사의 대상으로 삼는 것,[91] 짐승을 제사지내는 사안[92] 등에 대해서, 정약용은 천신이 상제의 명을 받아 담당하고 인간이 향용하는 만물은 결코 영명한 실체가 아니기 때문에 섬김

89) 『春秋考徵』 卷1, 「吉禮」, 〈郊4〉(『與全』 2集, 33卷, 15b～16a). "於是乎, 有朝日・夕月之禮, 於是乎, 有社稷・山川之祭, 考之九經・祭典, 其義昭然. 今乃曰, 穹蒼, 予父也, 名之曰上帝, 以祭南郊, 隤黃, 予母也, 名之曰皇示, 以祭北郊, 陰陽配合, 考妣並享, 有若王與后妃之配體而匹尊, 其蒙昧誣罔, 慢天瀆神, 爲何如者? 夫法之出於二帝・三王之經者, 謂之經法, 何者? 二帝・三王皆聖人也. 聖人明理達物, 故其所立法, 皆合天理而協人紀. 法之不出於二帝・三王之經者, 謂之壞法, 何者? 騶衍・呂不韋姦人也, 王莽逆臣也. 故秦之巫漢之緯, 非儒者之所取也. 北郊之祭而可言哉?"

90) 『春秋考徵』 卷1, 「郊2」(『與全』 2集, 33卷, 13b). "鏞案, 祭之所嚮, 在於所主. 所主是日, 則是祭日也. 何謂祭天? 『詩』云, '維此文王, 小心翼翼, 昭事上帝,' 未聞其昭事太陽也. 謂帝爲天者, 猶謂王爲國, 非以彼蒼蒼者天指之爲帝也. 今也謂天無爲, 【見『集說』.】 以日爲主, 擧天下黔首之民, 而稽首屈躬於無靈之物, 豈先王之法哉? 『周禮』'祭日月星辰, 祭山林川澤,' 皆所以祭明神之司是物者, 非以彼有形之物, 指之爲神也. 今也名曰祭天, 而主之以有形之日, 配之以有形之月, 謂天無知, 不可祈嚮, 非大悖乎? 其祭闇・祭陽, 仍是赤・白・黑之邪說. 此等誕妄, 皆起於鄒衍・呂不韋之等, 非吾儒之所宜言也."

91) 『春秋考徵』 卷2, 「社1」(『與全』 2集, 34卷, 2ab). "鏞案, 民生日用, 莫切於五行, 故敬用五行, 爲皇極之大義. 『春秋傳』謂之六府. 非此五・六, 民罔克生. 水・火・金・木・土・穀者, 天地之大財也. 天生萬物, 司以百靈, 六府之神, 理所宜有. 孔以句芒・祝融之等爲五神之本名, 誠合理也. 六府皆地生之物, 故司六府者, 皆屬地示. 呂不韋・鄭玄之等, 欲於九天之上, 亦立五行之帝, 其不分天地, 有如是矣. 六府之中, 土・穀尤大, 故別而尊之, 以爲社・稷. 五行之神, 其位相等, 故立爲五祀也. 后土之得兩祭者, 生穀之故祭於社, 居民之故祭於五祀也. 於是選取先古名臣・碩輔之善治六府之職者, 配食於六神, 如聖王之配食於上帝然者, 此先王之舊典也. 天神・地示, 同是天神. 故蓐收本係地示, 而史嚚謂之天之刑神, 義可知也. 【五祀本地示之祭, 而蓐收爲五祀之神, 則蓐收者, 地示也.】 若云社稷・五祀, 都是人神, 不是外神, 則社稷・五祀, 其在『周禮』, 本屬地示, 重・該・柱・棄之等, 豈可曰地示乎? 天地百靈, 皆是上帝之臣佐, 祭此明神, 亦以事天也. 故『中庸』曰, '郊・社之禮, 所以事上帝也.'"

92) 『春秋考徵』 卷4, 「雜禮」(『與全』 2集, 36卷, 28b). "鏞案, 六畜不相爲用者, 謂用豕之祭, 不用羊, 【士祭不用羊.】 用犬之禮, 不用牛也. 【鄕禮皆用犬.】 杜以爲馬祭不用馬, 謬矣. 且馬祖之祭, 亦祭先代之始乘馬者, 非祭獸也. 獸死無靈, 聖人必不祭也. 若八蜡之祭, 迎虎迎貓, 野人之俗, 不足據也."

[事]의 대상이 되지 않는다고 비판하였다.

정약용은 유형한 기질적 실체로 분류되는 것들에 대해서는 그것이 영명성을 갖추지 못했기 때문에 제사의 대상이 되지 못한다는 전제 아래 자연과학적 논리를 적용하여 의례의 영역에서 축출하였다. 결국 정약용은 영명(靈明)한 실체만을 제사의 대상으로 인정하고 형질(形質)적 실체는 제사의 대상에서 배제했다고 할 수 있다.

(2) 의례 대상과 의례 방식의 호응관계

신관의 변화는 의례의 대상, 시기, 장소, 방식에서 변화를 일으킨다. 이런 맥락에서 정약용은 제사의 방식을 제사 대상이 되는 신의 특성에 맞춤으로써 제사의 실행에서 인지 최적화 효과를 이루려고 한다.

예컨대, 정약용이 반곡(反哭)시 목주(木主)를 만들지 않는 까닭에 대해 목주가 신과 무관한 물체에 불과하다고 논증하거나, 『주자가례(朱子家禮)』의 시사(始死)의절에서 설치하는 혼백(魂帛) 역시 쓸모없다고 보는 것 등은 모두 신의 무형성(無形性)[93]에 근거하여 유형한 물체가 무형한 신과 어떤 식으로든지 연결되는 것을 비판한 것이다.[94]

또한 정약용은 천신과 인귀가 혼동되고 그에 따라 제사방식이 잘못 적용되는 것을 극히 경계하였다. 예컨대, 교제사를 지낼 때 부천모지(父天母地)사상에 근거하여 남교(南郊) 제천(祭天)과 북교(北郊) 제지(祭地)를

93) 『喪禮四箋』 卷4, 「喪儀匡13」, 〈祔祭2〉(『與全』 3集, 4卷, 17b). "祔也者, 令神有依附也. 神道無形, 唯以氣類相感, 三祭五祭, 安之合之而後, 告之以辭而隮附之. 此其首尾情文, 皆所以求神理於無形之地, 而詔神道於弗覩之中也. 又何必移其木主, 徙其筵几而後, 方可以合於其祖乎?" 『尙書古訓』 卷1, 「堯典」, 〈肆類于上帝, 禋于六宗, 望于山川, 徧于群臣.〉(『與全』 2集, 22卷, 31a).

94) 劉權鍾, 「茶山 禮學 硏究—喪儀說을 中心으로—」, 120쪽.

지내거나, 하늘과 땅을 부모처럼 생각하여 함께 제사를 모시는 일이 많았는데, 정약용은 그것을 거부했다. 이는 상제와 천신/지기의 품급이라는 경계를 무너뜨리는 일이자 상제와 천신을 인귀의 차원에서 제사지내는 방식이기 때문이다.[95)]

기우제 역시 당나라 이후 조선에서도 악독, 산천, 사직, 종묘 순으로 7일마다 한번씩 기우제를 하고 다시 순환시키는 방법과 각종 주술적 민간의례를 시행하는 등 '미신불거'(靡神不擧)의 형식을 따르는데, 정약용은 하늘[天]에 기도하는 대우(大雩)와 우사(雨師)에게 비는 우(雩)만이 올바른 기우제임을 적시함으로써 상제와 천신에 대한 제사로 한정하였다.[96)]

또한 그는 정현이 지신(地神)의 예로 본 석전(舍奠)의 예를 망자(亡者)의 신(神)에 대한 예로 규정하면서, 인귀(人鬼)는 살아있을 때 사람이었으므로 생전에 사용했던 안석[几]과 대자리[筵]를 쓸 수 있지만 지신(地神)은 애초부터 형질이 없으므로 안석과 대자리를 쓸 수 없다는 논리와 함께 시(尸)는 인귀(人鬼)의 제사에만 세운다는 점을 강조했다.[97)]

한편, 사직(社稷)은 외신(外神)이기 때문에 신이 희생의 모혈(毛血)을 흠향하도록 하는 땅에 파묻는 혈제(血祭) 혹은 예매(瘞薶)의 제사 방식을 써야 하는데도 불구하고, 조선의 사직제사에서는 종묘제사에서 인귀에게 쓰는 제기(祭器)들과 같은 제기들을 사용한다는 점에서 옛 예법과 다르다고 비판하였다.[98)]

---

95) 『春秋考徵』 卷1, 「吉禮」, 〈郊4【論北郊祭地, 非先王之法.】〉(『與全』 2集, 33卷, 15a~20b).

96) 『春秋考徵』 卷1, 「吉禮」, 〈郊8【論龍見而雩, 非祭五方天帝.】〉(『與全』 2集, 33卷, 35a~37a).

97) 劉權鐘, 「茶山 禮學 硏究―喪儀說을 中心으로―」, 166~169쪽.

98) 『牧民心書』 卷7 「禮典」, 〈祭祀〉(『與全』 5集, 22卷, 15b~16a). "吾東之法, 亦祭國社·國稷, 以句龍·姬棄配之, 與古合也. 但社稷是外神, 故祀以血祭. 血祭者, 瘞薶之類也. 今社稷之祭, 其籩豆·簋鉶, 與宗廟人鬼之祭同, 此與古異也. 句龍·姬棄, 足跡

이러한 설명방식은 오사(五祀)에도 적용된다. 일반적으로 오사(五祀)는 칠사(七祀)와 혼용되거나 각각 제후와 천자의 소사(小事)로서 구별되기도 하는 것인데,[99] 조선에서는 종묘(宗廟) 안에 칠사당(七祀堂)을 두어 제사를 지냈다. 정약용은 그 경전적 근거인 『예기(禮記)』「제법(祭法)」편 자체에 대한 불신을 드러내면서, 오사가 호(戶)·조(竈)·문(門)·행(行)·중류(中霤)가 아니라 오행(五行)을 담당하는 신(神)에 대한 제사라고 설명했다.[100] 특히 비슷한 공과 덕을 세워서 기류(氣類)가 같은 제사 대상들을 하나의 제사에서 함께 제사하는 것이기 때문에 따로따로 제사하면 안 되며,[101] 오사에는 시(尸)가 있으므로 인귀여야 한다는 논점을 제기하였다.[102]

不及於朝鮮, 然疆理之制·播種之法, 流自中國, 所以祀也.【唯郡縣之社, 不祭句龍·姫棄, 但祭社神·稷神.】"『春秋考徵』卷2,「社1【論社稷之禮, 以二官配二神】」(『與全』2集, 34卷, 3b). "吾東之社, 其祭句龍·周棄, 恐或無義. 句龍·周棄之功被於中國, 顧何嘗及於吾東哉? 吾東, 猶之可也. 若日本·琉球之等, 尤無謂矣. 若云'敎民稼穡, 自中國而流布外藩', 則其流布之人功德, 不尤深乎? 箕子之於吾東, 其德有徵, 猶無常祀, 遙遙句龍之事, 有誰知之? 古聖多智有功德者, 列于常祀, 以之勸忠, 今也不知句龍爲何神, 雖極崇報, 何以勸矣? 竊禮之不中者, 人必笑之. 此又知禮者所宜講也."

99) 七祀와 五祀에 대한 역사적 연구로는 이현진,「조선시대 七祀의 성격에 대하여」,『奎章閣』29(2006) 참조.

100)『論語古今註』卷1,「八佾」(『與全』2集, 7卷, 51b~52a). "[質疑] 五祀者, 五行之神也. 據『春秋傳』蔡墨之言曰五行之官, 封爲上公, 祀爲貴神. 社·稷·五祀, 是尊是奉. 木正曰句芒, 重爲之, 火正曰祝融, 黎爲之, 金正曰蓐收, 該爲之, 水正曰玄冥, 修及熙爲之, 土正曰后土, 句龍爲之.【昭二十九年】古之五祀, 本無門·竈·中霤之名.「祭法」·「月令」, 不知所本.『周禮』「大宗伯」, 以社·稷·五祀, 列于地示, 則天子亦五祀而已.「曲禮」五祀, 自天子達大夫, 本無差等. 雖士, 亦然. 故「士喪禮」行禱于五祀,【「旣夕」文】誠以五行之神, 祭則全祭, 不可闕一. 乃「祭法」別爲層級曰王立七祀, 諸侯五祀, 大夫三祀, 適士二祀, 庶人一祀. 此明是秦末俗儒之所記, 則竈本非五祀之神, 特閭巷鄙俚之俗, 或祭竈神, 故孔子之時, 有此鄙諺也. 然竈神無祭奧之理, 雖祭於奧, 竟是竈神, 則引喩未切, 恐本旨不然也."

101)『春秋考徵』卷2,「社3」(『與全』2集, 34卷, 7b). "五祀者, 五行之神. 不祭則已, 祭之則五者不可闕一. 故自天子達於士, 皆同五祀, 諸文歷然.「祭法」乃云, "天子七, 諸侯五, 大夫三." 聚合不倫之物, 倡爲非鬼之諂, 不亦妄乎?"

102)『春秋考徵』卷2,「社3」(『與全』2集, 34卷, 7b). "五祀有尸. 此其驗也. 重·該·修·黎, 本是人鬼, 故得有尸也. 戶·霤·門·行, 安有尸乎?"

이밖에도 조전(弔奠)의 예에서 땅에 술을 붓는 일, 사시(四時)의 중월(仲月)에 드리는 천신(薦新)의 예를 춘분, 추분, 하지, 동지 외에 봉행하거나 살아있을 때 먹지 않는 생쌀과 생고기를 바치는 행태 등은 모두 신리(神理)를 모독한 것으로 규정된다.[103)]

이처럼 정약용은 의례의 대상이 되는 신의 특성에 따라 의례의 방식이 바뀌는 것을 매우 주목하였는데, 특히 상제 아래 병립하고 있는 명신과 인귀의 차이가 분명하게 부각된다. 인귀의 경우에는 무형(無形)한 신리(神理) 뿐만 아니라 생전의 정리(情理)까지 고려해야 하기 때문이다.[104)] 이 때문에 정약용은 특별히 시(尸)와 관련된 내용을 많이 언급했다.

> 시(尸)는 신을 돕는 자[神相]이다. 『예기(禮記)』「증자문(曾子問)」에 "군시(君尸)가 된 자는 변(弁)·면(冕)을 하고 나선다"고 했는데, 변·면은 동자(童子)의 복(服)이 아니다. 『주례(周禮)』「총인(冢人)」에 "무릇 무덤[墓]에 제사할 때는 총인(冢人)이 시가 된다"고 했으니, 총인은 동자의 관(官)이 아니다. 삼례(三禮)를 두루 살펴보아도 동자가 시가 되는 설은 없건만, 우리 동방에서 시를 말할 때마다 시동(尸童)이라고 이르는 것은 도대체 무슨 까닭인가? 공자(孔子)가 "시는 반드시 손자

103) 『喪禮外編』 卷2, 「弔尊考」, 〈致奠之禮, 非古.〉(『與全』 3集, 18卷, 34b). "總之, 弔奠之禮, 今已成俗, 苟其執友情厚者, 鷄酒以來哭, 固亦美風. 若夫子女·姪婦·門生·故吏之屬, 盛備殷奠. 陸續入酹, 以黷神理者, 在所嚴禁. 【如婦女之奠, 須預爲之辭止.】" 『祭禮考定』 卷1, 「祭期考」, 〈夏至·冬至, 有薦新之禮. 大夫·士皆同.〉(『與全』 3集, 22卷, 18a). "又按「月令」, 仲春薦冰, 季春薦鮪, 孟夏薦麥, 仲夏薦含桃, 仲秋薦麻, 季秋薦稻, 季冬薦魚. 此皆天子·諸侯之禮, 得有月祭, 故因其祭而薦之, 非謂特薦此一物也. 今人謬據此文, 薦麥·薦稻·薦瓜·薦魚, 皆單薦一物. 又其所薦不經炊瀹, 大非禮也. 腥米·腥魚, 生所不食, 死豈享之? 【祭禮雖有薦腥之節, 正祭必薦熟.】 二分·二至之外, 雖有新物, 不宜續續薦獻以瀆神理也."

104) 神理와 情理의 개념에 대해서는 劉權鐘, 「茶山 禮學 研究—喪儀說을 中心으로—」, 113~124쪽 참조.

> 를 세운다. 손자가 어리면 사람으로 하여금 손자를 안게 한다"고 했는데,【『예기』「증자문(曾子問)」】이 문장을 잘못 근거삼아 시를 시동으로 여긴 것이 분명하다. 한 글자의 호칭은 불편하므로, 그것을 황시(皇尸)라고 일컫는 것은 괜찮다.[105]

전통적으로 시(尸)를 시동(尸童)으로 보는 견해는 중국과 조선에서 모두 보편화되어 있었다. 주희도 신명(神明)과 교류하는 방도로 모든 제사에는 시를 세웠다고 보았으며,[106] 안정복(安鼎福, 1712~1791)도 전통적인 관점에 따라 형체가 없는 귀신(鬼神)의 특성 때문에 대신 시를 세우는 효자(孝子)의 마음을 주목하면서 시를 '신의 상징'[神象]으로 해석하였다.[107]

그러나 정약용은 시가 시동이나 신상이 아니며, '신을 돕는 자'[神相]라고 이해했다. 이러한 견해는 파격적이어서 정약용의 가장 강력한 지지

105) 『雅言覺非』 卷3, 「尸童」(『與全』 1集 雜纂集, 24卷, 30b). "尸者, 神相也. 『禮』曰, '爲君尸, 弁·冕而出.' 弁·冕, 非童子之服也. 『禮』云, '凡祭墓, 冢人爲尸.' 冢人, 非童子之官也. 歷考三禮, 無童子爲尸之說, 而吾東言尸, 每云尸童, 抑何故也? 孔子曰, '尸必以孫. 孫幼則使人抱之.'【「曾子問」】必誤據此文, 認尸爲童也. 一字之稱不便, 則謂之皇尸焉, 可也."

106) 『朱子語類』 3:60. "蔡行夫問事鬼神. 曰: '古人交神明之道, 無些子不相接處. 古人立尸, 便是接鬼神之意.'" 時擧(64이후) 朱熹의 尸에 관한 자세한 언급은 『朱子語類』 90:65~90:75에 상세하게 나온다.

107) 『順菴先生文集』 卷5, 「書·答李輝遠【曁】問目【乙亥】」, 1a~2b. "問: 「曲禮」 '祭祀不爲尸' 註, '必用主人之子, 則其父北面事之, 勢所不已.' 而今云 '不爲尸', 則何人爲尸乎? 爲尸者能知不爲尸之義, 則是稍知人事而非幼稺之童矣. 然則古制, 尸用幾歲以上耶? 答: 尸, 神象也. 古禮讀祝饗神, 後有迎尸之節, 盖鬼無形, 因尸以節醉飽, 孝子之心也. 尸必以孫, 孫祔祖之義也. 孫幼則使人抱之, 無孫則用同姓之孫行, 故註云 '取主人之子行', 非謂取主人之子也. 鄭康成云, '尸卜筮無父者', 盖避父也. 用尸不必以童, 而必稱尸童者. 意者尸用孫行, 必多未成之人故也. 古者天子以卿爲尸, 諸侯以大夫爲尸, 周公祭泰山, 以召公爲尸. 『周禮』祭亡國之社, 士師爲尸, 大喪告后土, 冢人爲尸, 則古禮用尸之制, 可知矣. 恐無年限.'"

자였던 중형(仲兄) 정약전(丁若銓, 1758～1816)조차도 처음에는 전통적인 시(尸) 관념을 가지고 있다가 뒤에 가서 정약용이 쓴 「시변(尸辯)」을 보고서야 정약용의 견해를 수용하게 될 정도로 시에 관한 정약용의 학설은 매우 독창적인 견해였다.[108]

정약용은 시가 신(神)이 마음에 두어 아끼는 자로 하여금 그 시(侍)로 삼고 그 상(相)으로 삼아서 사람과 신 사이를 잘 중개하여 신이 제대로 흠향하기를 바라는 뜻에서 만들어진 제도로서, 신의 상징이 아니라 신을 돕는 자임을 설명하는 한편, 시가 시동이 아니요 손자 항렬에 국한되는 것도 아님을 주공(周公)이 태산(泰山)에 제사할 때 소공(召公)이 시(尸)가 된 경우와 『주례』의 "무릇 무덤[墓]에 제사할 때는 총인(冢人)이 시가 된다"고 한 언급을 증거 삼아 해명했다.[109]

108) 뒷날 정약전은 「시의(尸義)」에서 "시는 신을 모시는 것[侍神]도 아니요, 신을 제사하는 것[祭神]도 아니며, 신을 본뜬 것[象神]도 아니다. 바로 신을 돕는 것[相神]이다."라고 하여 정약용의 해석에 동의하게 된다. 『喪禮外篇』 卷7, 「古禮零言1」, 〈尸義〉(『與猶堂集』 卷94, 奎章閣本, 5a～8a). 정약전은 원래 『喪禮四箋』「喪儀匡」에 실려있는 尸 관련 조항을 살펴보면서 정약용의 견해가 너무 지나치다고 생각했다가, 壬戌(1802)년 가을과 甲子(1804)년 9월 14일에 걸쳐 작성된 정약용의 「尸辯」을 읽으면서 자신의 오류를 깨닫고 난 뒤에 「尸義」를 썼다. 이 두 자료는 두 형제 학자들의 제사론, 특히 尸와 관련된 독창적 견해를 보여주는 자료다. 「尸義」는 新朝鮮社本에는 없고, 奎章閣 필사본에만 「尸辯」 뒤에 실려 있다. 정약용의 글이 아니기 때문에, 신조선사 영인본을 만들 때 뺀 것으로 추측된다.

109) 『喪禮外編』 卷3, 「古禮零言1」, 〈尸辯〉(『與全』 3集, 19卷, 1a～3b). "尸也者, 相神者也. 尸・祝一也, 特尸於神益親, 故謂尸尊, 非竟奉尸以爲神也. 「樂記」曰, '宗祝後尸. 故德成而上, 藝成而下', 「郊特牲」曰, '坐尸於堂, 詔祝於室', 『莊子』曰, '尸・祝不越尊・俎', 卽尸於祝類也. 孰謂之象其親乎? 「祭統」者, 一儒之所記也. 惡足以執而難之? … 曰, 然則尸何爲者也? 曰, 孝子之祭其親, 庶幾饗之, 而人・神之間, 邈然遼絶, 不知神之所饗. 故令神之所顧愛攜抱者, 爲之待爲之相,【「曲禮」, '君子抱孫, 不抱子. 此言孫可以爲王父尸.' ○祔法, 孫祔於祖, 祖・孫本相依祔.】使之密邇於筵・几之間, 而紹介於人・神之際, 庶幾神之繇此而得饗焉. 此孝子之至意, 聖人之至文, 三代之所共由, 未可以變者也. … 孔子曰, '尸必以孫. 孫幼則使人抱之, 無孫則取於同姓, 可也.'【「曾子問」】然七世之廟, 必有七尸. 「禮器」之云 '旅酬六尸', 是也.【周廟之尸】周之太祖, 后稷是也. 成・康之世, 何從得此后稷之孫而爲之尸? 共・懿以降, 何從得有文・武之孫列哉? 孔子所謂 '無孫則取於同姓' 者, 謂不必孫列. 凡同姓之卑

특히 정약용은 시의 존재 여부를 인귀 제사와 다른 명신 제사를 구분하는 기준으로 적극 활용하였다. 예컨대, 상제는 원래 시(尸)가 없는데, 교(郊)제사에 시가 있는 것은 상제의 시가 아니라 상제에 배향되는 선성(先聖)의 시라고 설명한 데서 그런 사실을 분명하게 확인할 수 있다.[110)]

(3) 천지지정(天地之情)과 인정(人情)의 현실주의적 예론(禮論)

한편, 정약용은 인의(仁義)의 '질'(質)과 예악(禮樂)의 '문'(文)의 상호 관계를 인정하면서도, 인정의 절제를 통한 질서의 재정립이라는 당시 조선의 실정에 대응하기 위해 '질'보다 '문'을 상대적으로 더 중시했다.[111)] 주희와 그 후계자들이 시의(時宜)에 따라 '질'을 후(厚)하게 실현하려는 경향을 보이는 것과는 달리, 정약용은 예의 개정을 위해 '문'의 엄격한 기준에 따라 인정의 절제를 강조하였다.[112)] 정약용 역시 '질'의 근원적 중요성을 인정했으나, 예법의 질서가 무너졌다는 현실 인식과 명분과 예법에 입각한 선왕지도(先王之道)가 무너진 상황을 극복하려는 문제의식에 따라 유교적 실천규범과 유교적 사회질서를 구축하는 형식과 제도인 '문'의 정립이 유교적 신념의 핵심 내용인 '질'을 적절하게 이끌어낼 수 있으므

幼者, 可使耳. 鄭康成堅執孫列之義, 每欲祭成喪而無尸, 誤矣. 周公祭泰山, 召公爲尸, 未必召公爲孫列也. 『周禮』, '凡祭墓, 冢人爲尸', 未必冢人爲孫列也. 何況八蜡之祭, 有虎尸 · 貓尸? 若是者, 奈何? 康成之說, 必不通矣."

110) 『春秋考徵』 卷1, 「吉禮」, 〈郊5: 論五方天帝之祭, 非先王之法.〉(『與全』 2集, 34卷, 26a). "上帝無尸, 郊之有尸, 以配先聖也. 「節服氏」之所送逆, 是乃稷尸, 而執戈二人, 猶爲裘冕, 則羲 · 農之祭,不裘冕乎? 斯又人帝之明驗也."

111) 정약용의 文質論에 대해서는 劉權鐘, 「茶山 禮學 研究—喪儀說을 中心으로—」, 62~71쪽 참조.

112) 『詩文集』 卷20, 「書」, 〈答李汝弘〉(『與全』 1集, 20卷, 1b). "論禮之家, 尙嚴而不尙厚."

로 현실적으로 형식과 제도의 정립을 통해 인의의 덕을 회복하게 하는 방식에 힘써야 한다고 주장했다.[113)]

주희와 정약용의 관점은 인의의 '질'과 예악의 '문'을 본말(本末)로 이해하고 본말을 상호의존적인 것으로 여기는 면에서는 같지만, 방법론상 주희가 근본인 '질'이 중요하고 형식인 '문'은 질의 내용을 자연스럽게 표현하는 매개체에 불과함을 강조하는 본질주의적 자세를 보이고 있는 반면, 정약용은 '문'의 재정립을 통해서 '질'을 회복할 수 있다고 주장하는 현실주의적 태도를 보여주고 있다.[114)] 이러한 상대적 차이를 '인정의 절문'이라는 측면에서 생각해 볼 때, 주희가 상대적으로 예의 표현적 기능을 강조했다면, 정약용은 상대적으로 예의 규제적 기능을 주목했던 것이다.

이러한 상대적 차이를 앞서 논의했던 예 문화체계의 환류작용으로 논의하자면, 주희가 외면화의 실천과 동시에 이루어지는 예 규범의 내면화 과정을 주목한 반면, 상대적으로 정약용은 내면화의 제도적 기반을 마련하기 위한 제도화의 측면을 강조했다. 물론 내면화와 외면화에 대한 양자의 강조는 배타적인 모순이 아니라 상대적 차이에 불과하다.

---

113) 『論語古今註』 卷5, 「先進」(『與全』 2集, 11卷, 19b). "文雖待質以成章, 質亦待文以存本. 何則質也者, 孝弟忠信也, 文之旣亡, 三綱淪而九法斁, 質安得獨存乎? 今之急務, 在乎修文, 文修而後質可復也." 『論語古今註』 卷3, 「雍也下」(『與全』 2集, 9卷, 11b~12a). "周旣有文, 驗其有質. 惟殷亦然, 特其文采不能盡美. 故孔子每取周文, 非謂殷人以不尙文自命也. 文盛則爲文·武·成·康, 文衰則爲幽·厲·平·赧. 今之陋儒每云 '周末文勝', 不亦謬乎? 誠若周末文勝, 周其再昌矣. 文之爲物, 盛於西周, 衰於東周, 滅於秦, 熄於漢, 冷於唐, 惟其文滅也, 故德敎禮樂·典章法度, 不可復興, 而君不君, 臣不臣, 父不父, 子不子, 郊不郊, 禘不禘, 祖不祖, 宗不宗, 陵夷晦盲, 不可復尋. 是則文亡之, 故質亦亡也. 古者欲成其文者, 宜先務其質. 今也則不然, 欲反其質者, 宜先修其文. 何者? 先王之道不明, 卒無以反乎質也. 其勢之相乘相滅如此, 而儒者一開口, 輒以抑文爲主, 豈所謂識時務者乎? 凡言殷尙質·周尙文者, 皆蒙蔀之不撥者也."

114) 금장태, 『仁과 禮—다산의 『논어』 해석』(서울: 서울대학교출판부, 2006), 164~165쪽 참조.

'질'과 '문'에 대한 상대적인 강조점의 차이는 예론의 차이에서 비롯된 것이다. 정이가 예를 '천성(天性)'에서 나온 것으로 보고 주희가 '천리(天理)의 절문(節文)'으로 보는 것과는 달리, 정약용은 예를 '천지(天地)의 정(情)'과 '인정(人情)'의 차원에서 정의하였는데, 이는 예를 천인상응적 관계에 따라 이해한다는 점에서는 공통적이면서도, 리(理) 혹은 성(性)이 아니라 정(情)의 차원에서 설명한다는 점에서 분명한 차이점을 보이는 것이다.

먼저 양자의 공통점에 대해 주목할 필요가 있다. 양자는 모두 예가 천인상응적 구도에 따라 궁극적 실재인 하늘(혹은 천지)이 구현하고 있는 모범적 질서를 인간이 모범으로 삼아 사회적 질서로 실현하는 것이라고 보았다. 유교 전통에서 예는 유교적 신념을 문화적 가치[德]로 실현하는 적절한 몸의 행위이자, 누구나 따라야 할 규범적 행위의 모범과 사회적 질서 체계를 드러내는 것이다. 모범적 행위 규범인 예는 천지(天地)라는 대우주가 드러내는 우주적 질서를 원형(archetype)으로 삼아 소우주인 인간이 그 원형을 본받도록 성인(聖人)이 정형화한 것이다.

이런 맥락에서 『춘추좌씨전(春秋左氏傳)』 소공(昭公) 25년조에 "무릇 예는 하늘의 경(經)이고 땅의 의(義)이며 백성의 행(行)이다. 천지의 상도(常道: 天地之經)이므로 백성들이 참으로 본받는[則] 것이다."라고 하였고, 『예기(禮記)』 「악기(樂記)」편에는 '천지의 질서'[天地之序] 혹은 '천지의 구별'[天地之別]이라고 한 것이다.

특히 주목할 만한 것은 『예기』 「악기」편의 구절, 즉 "예악(禮樂)은 천지의 정[天地之情]을 본받아 신명(神明)의 덕(德)에 다다르는 것"[115]이란 규정이다. 예는 행위의 단순한 동작이 아니라 천지가 드러내는 원형적 모범을 '본받는'[則, 偩] 것으로서, 그 천지의 질서를 주재하는 신명의 덕을

115) 『禮記』, 「樂記」. "窮本知變, 樂之情也. 著誠去僞, 禮之經也. 禮樂偩天地之情, 達神明之德, 降興上下之神, 而凝是精粗之體, 領父子君臣之節."

인간의 차원에서 달성하는 행위이다.

정약용의 예론은 이러한 전통적 예론을 계승하는 데서 출발한다. 정약용이 『국조전례고』에서 예를 '천경지의'(天經地義) 또는 '천지의 대경'[天地之大經]으로 표현하는 것도 그렇지만, 『상례사전』의 서문에서는 명확하게 정식화한 표현이 등장한다.

> 예는 천지의 정[天地之情]이니, 하늘에 근본을 두고 땅에서 본받은 것인데, 예는 그 사이에서 행해진다. 예는 천지의 정이니, 성인(聖人)은 다만 여기에 그것을 적절하게 정형화[節文]했을 뿐이다.[116]

정약용에 의하면, 예는 천지가 드러내는 실정[情]을 본받은 것으로, 성인이 그것을 정형화(formalization)한 것이다. 여기서 정약용은 '천지의 정'과 '성인의 절문'이라는 두 가지 측면을 강조하고 있다. 이러한 정의는 기본적으로 맹자(孟子)를 계승한 송대 성리학자들의 예론을 계승하고 있는 것이다. 정약용은 분명히 정주학(程朱學)에서 강조하는 맹자(孟子)류의 천인합일(天人合一)과 심성수양중시론을 일정하게 계승하고 있다. 이는 순자(荀子)의 예론이 천인분리(天人分離)사상에 입각하여 유신론적 천관과 천인감응 우주론을 비판하면서 성인(聖人)의 작위적 제정과 제도 변혁중시론을 주장하는 것과는 대조적이다.

물론 '성인의 절문'이라는 측면과 연관하여 정약용이 주례(周禮)를 이상으로 삼는 제도개혁을 중요시한 것은 사실이다. 그러나 그것은 천인분리에 입각한 유신론적 천관 비판에 입각한 것이 아니라 오히려 유신론적 천관과 새로운 천인합일사상에 입각하여 이루어지고 있으며, 정치적 효율성을 위해 법(法)의 타율적 강제력을 내세우는 법치(法治)가 아니라 서

116) 『喪禮四箋』 卷1, 「喪禮四箋序」(『與全』 3集, 12卷, 1a). "禮者, 天地之情, 本於天, 殽於地, 而禮行於其間. 禮者, 天地之情, 聖人特於是, 爲之節文焉已."

(恕)와 신독(愼獨)을 중심으로 한 사인-사천학(事人-事天學)의 수양론 기반 위에서 도덕적 모범의 구현을 통해 백성들의 자발적 동의를 유도하는 예치(禮治)와 왕도정치(王道政治)를 구현하기 위한 통로임을 유념해야 한다.[117)]

정약용은 '천지의 정'이라는 개념을 통해 전통적인 천인합일의 이상을 계승하면서도, 예론의 측면에서 대립적인 경향을 보이는 순자와 성리학이 공유하고 있는 자연천(自然天)이 아니라 순자와 성리학에 의해서 약화된 상제천(上帝天)에 근거하여 왕도정치의 적극적인 경세론으로 연결될 수 있는 실천적 수양론과 『주례』를 강조하는 제도개혁론을 구상했다. 이러한 사실은 정약용이 우주론적 측면에서 송대 도학이 한대 유교에서 계승한 음양오행론 중심의 '상관론적 사유'(correlative thinking)와 '우주-인간동성동형론적 세계관' 및 수양론적 측면에서 도학이 노·불(老·佛)로부터 흡수한 미발함양(未發涵養)의 신비주의(mysticism)를 철저하게 해체하려고 했다는 점과도 연관된다.[118)]

정약용은 자연으로서의 천(天)과 궁극적 주재자로서의 상제(上帝)를 명확하게 구분하고 있으므로, '천즉리'(天則理)의 논리 위에서 예론을 펼치는 정주학(程朱學)과는 분명한 차별성을 보이게 된다. 따라서 '천지의 정'이 천리(天理)와 달리 상제와 연관하여 어떻게 실천적 함의를 부여받는지를 살펴 볼 필요가 있다.

117) 정약용의 수양론에 대해서는 임부연, 『정약용의 수양론 연구』 참조. 예치와 왕도정치적 지향에 대해서는 『經世遺表』 卷1, 「引」(『與全』 5集, 1卷, 1a). "玆所論者, 法也. 法而名之曰禮, 何也? 先王以禮而爲國, 以禮而道民, 至禮之衰而法之名起焉. 法非所以爲國, 非所以道民也. 揆諸天理而合, 錯諸人情而協者, 謂之禮. 威之以所恐, 迫之以所悲, 使斯民兢兢然莫之敢干者, 謂之法. 先王以禮而爲法, 後王以法而爲法, 斯其所不同也. 周公營周, 居于洛邑, 制法六篇, 名之曰禮, 豈其非禮而周公謂之禮哉?" 참조.

118) 상관론적 사유에 대한 정약용의 비판에 대해서는 김영식, 『정약용 사상 속의 과학기술』; 정순우, 「다산에 있어서의 천과 상제」 등 참조.

먼저, 송대 도학(道學)에서는 예를 성인이 인위적으로 제정한 것이 아니라 하늘의 초월성이 인간의 마음 속에 내재한 자연적 본성을 발견하고 표현하는 방식이라고 규정한다.[119] 정이에 의하면, 제사[祭]는 성인(聖人)이 인위적으로 만든[制作] 교화수단이 아니라 다른 동물들이 그렇듯이 인간이 선천적으로 타고난 자연적 본성[天性]에서 비롯된 것이며, 성인은 그저 천성에 근거해서 예법(禮法)으로 다듬어 완성했을 뿐이다.[120]

> 경례(經禮) 삼백가지와 위의(威儀) 삼천가지는 모두 성(性)에서 나오는 것이지, 겉모습[貌]을 가장하고 정(情)을 꾸미는 것이 아니다. … 사람은 천지(天地)의 사이에서 자리잡고 만물(萬物)의 위에서 서니, 천지와 우리는 동체(同體)요, 만물과 우리는 동기(同氣)이니, 존비(尊卑)와 분류(分類)는 베풀지 않아도 뚜렷이 드러난다. 성인(聖人)이 이에 따라 관혼상제(冠婚喪祭)·조빙연향(朝聘燕享)의 예(禮)를 제정하여 군신·부자·형제·부부·붕우(君臣·父子·兄弟·夫婦·朋友)의 의(義)를 행하였다. 그 형이하(形而下)적인 것은 음식(飮食)과 기복(器服)을 쓰는 데서 갖추어졌고, 그 형이상(形而上)적인 것은 소리도 없고 냄새도 없는 은미한 데서 지극하였으니, 중인(衆人)은 그것을 힘쓰고, 현인(賢人)이 그것을 행하며, 성인(聖人)은 그것으로 말미암는다. 그러므로 그 몸과 그 가(家)와 그 국(國)과 그 천하(天下)에 행하는 방법은 예(禮)로 다스리면 질서가 잡히고, 예가 어지러워지면 혼란하게

119) 宋代 도학자들의 예설에 대해서는 山根三芳, 『宋代禮說硏究』(東京: 溪水社, 1996); 都民宰, 「儒教 禮論의 展開樣相과 그 特性—性理學의 禮論을 중심으로—」, 『東洋哲學硏究』 19(동양철학연구회, 1998) 참조.

120) 『河南程氏遺書』 卷22上, 「伊川語錄」(『二程集』, 第1册, 臺北: 漢京文化事業有限公司, 民國72, 285~286). "又問, '祭起於聖人之制作以敎人否?' 曰, '非也. 祭先本天性, 如豺有祭, 獺有祭, 鷹有祭, 皆是天性, 豈有人而不如物乎? 聖人因而裁成禮法以敎人耳.'"

되며, 예가 있으면 유지되고, 예가 없으면 망하게 된다는 것이다."[121)]

이러한 관점에서 모든 예는 겉모습이나 정(情)을 꾸미는 차원이 아니라 성(性)에서 직접 나오는 것으로서, 작위적인 노력이 아니라 자연질서를 그대로 따르는 것이며, '만물일체'(萬物一體)는 천성을 통해 예가 나오게 되는, 자연과 인간의 존재론적 연속성의 논리적 기반이 된다.

주희 역시 예를 '천리(天理)의 절문(節文)이자 인사(人事)의 의칙(儀則)'[122)]으로 정의하고, 인(仁)을 선험적 이치[理]가 본심(本心)의 온전한 덕(德)으로 내재한 것으로 보면서, 사적 욕망을 극복하면 일상적인 몸의 움직임이 모두 예에 맞게 되어 삶 자체가 하늘 이치, 곧 보편적인 가치의 움직임[天理之流行]이 된다고 설명했다.[123)] 여기서 당위적으로 구현해야 할 가치[德]는 인간 내면에 반영된 천리(天理)가 되므로, 예는 보편적 가치를 내면에서 발견하여 그대로 행위로 옮기면 되는 것으로 해석할 수 있다. 다만 기질의 편차와 방심에 따라 보편적 가치 질서에서 벗어나려는 사적 욕망만 극복되면 보편적 가치 질서 안에서 좌표를 잡은 일상적 움직임은 모두 예로 승화된다. 이에 따라 예는 선험적으로 내재한 보편적 이치를 발견하고 구체적으로 표현함으로써 세계에 본래부터 부여된 당위의 가

121) 『河南程氏文集』, 「遺文」, 〈禮序〉(『二程集』, 1冊, 668). "經禮三百, 威儀三千, 皆出於性, 非僞貌飾情也. 鄙夫·野人卒然加敬, 逡巡遜却而不敢受, 三尺童子拱而趨市, 暴夫·悍卒莫敢狎焉. 彼非素有於教與邀譽於人而然也. 蓋其所有於性, 物感而出者如此. 故天尊地卑, 禮固立矣, 類聚羣分, 禮固行矣. 人者, 位乎天地之間, 立乎萬物之上, 天地與吾同體, 萬物與吾同氣, 尊卑·分類, 不設而彰. 聖人循此, 制爲冠婚喪祭·朝聘燕享之禮, 以行君臣·父子·兄弟·夫婦·朋友之義. 其形而下者, 具於飮食·器·服之用, 其形而上者, 極於無聲·無臭之喪, 衆人勉之, 賢人行之, 聖人由之. 故所以行其身與其家與其國與其天下, 禮治則治, 禮亂則亂, 禮存則存, 禮亡則亡."

122) 朱熹, 『論語集註』, 「學而」 1:12. "禮者, 天理之節文, 人事之儀則也."

123) 朱熹, 『論語集註』, 「顔淵」 12:1. "仁者, 本心之全德也. 己, 謂身之私慾也. 禮者, 天理之節文也. 爲仁者, 所以全其心之德也. … 私勝則動容周旋, 無不中禮, 而日用之間, 莫非天理之流行矣."

치질서 가운데 자신의 좌표를 확인하고, 실천을 통해 천인합일(天人合一)의 단계로 나아가는 이념적 가치의 표현 매체가 된다.

이에 비해 정약용의 관점에서 인(仁)이라는 가치는 구체적 인륜[人倫, 二人之際]에서 당위적 역할[分]을 다할 때 비로소 성취되는 가치[德]이므로, 가치는 내면에 온전하게 내재하는 보편적 이치가 아니라 구체적인 관계 맥락/상황에 걸맞는 주체적이고 경험적인 실천[事爲]의 결과로 비로소 창출되는 것이다.[124] 여기서 가치는 이미 완성된 채 발견되고 표현되어야 할 것이 아니라 실천을 통해 새롭게 창출되어야 할 것이다.

이러한 실천적 함의를 강조하기 위해, 정약용은 '천지의 정'을 '인'(仁)으로 규정했다.[125] 그는 대장(大壯, ䷡)괘에 대하여, 먼저 내괘에 있는 건(乾, ☰)과 외괘에 있는 진(震, ☳)의 관계를 하늘로 상징되는 군자가 먼저 자신을 바르게 하여 우뢰로 상징되는 그 도(道)를 써서 땅으로 상징되는 백성을 바르게 하는 것으로 설명하였다. 이는 '수기치인'(修己治人)의 구도에 따라 수양론에서 경세론으로 이어지면서 '인'의 덕이 '왕도정치'로 구현된다는 내용을 설명하는 것인데, 여기에서 '천지의 정'은

---

124) 『論語古今註』 卷6, 「顔淵第12」(『與全』 2集, 12卷, 1b~3b). "己者, 我也. 我有二體, 亦有二心, 道心克人心, 則大體克小體也. … 仁生於二人之間. … 仁者, 人也. 二人爲仁, 父子而盡其分則仁也, 父與子二人, 君臣而盡其分則仁也, 君與臣二人, 夫婦而盡其分則仁也, 夫與婦二人. 仁之名, 必生於二人之間, 只一己則仁之名無所立. … 凡人與人盡其分, 斯謂之仁. 卽所云仁民, 故有子曰, '孝弟也者, 其爲仁之本.' 孝弟爲仁民之本. … 若有一顆仁德原在心竅之內, 爲惻隱之本源, 則一日克復禮以下二十字, 都泊然無味也. 從來仁字, 宜從事爲上看.【非在內之理.】" 『中庸自箴』 卷1(『與全』 2集, 3卷, 2b~3a). "仁者, 人倫之成德也. 天之所以察人善惡, 恒在人倫. 故人之所以修身·事天, 亦以人倫致力."

125) 『周易四箋』 卷4, 「大壯」(『與全』 2集, 40卷, 37a). "此大壯之不變者也. 乾剛自强, 先正其身,【乾在內.】 乃以其道,【震爲道.】 正彼坤民,【上本坤】 利正貞事也. 彖曰, '大壯, 大者, 壯也, 剛以動故壯, 大壯利貞. 大者, 正也, 正大而天地之情, 可見矣.' 乾德既正,【乾·坤·坎·离爲四正.】 大者, 正也. ○天地之情, 仁也.【震爲仁.】 故復見天地之心,【震在下.】 大壯見天地之情,【震在上.】 心存乎內,【在內卦.】 情見乎外也.【在外卦.】 卦以泰進,【三而四.】 有天地也."

태(泰, ䷊)괘에서 내괘의 3효가 외괘의 4효로 나아감으로써 인(仁)을 상징하는 진(震, ☳)이 외괘에 나타나는 것을 일컫는 개념이다. 정약용은 '인'을 표시하는 진괘가 내괘에 있는 복(復, ䷗)괘에서 '천지(天地)의 마음[心]'을 보고, 대장(大壯)괘에서는 '천지의 정'을 보았다. 여기서 마음이 속에 간직된 것이라면, 정은 밖으로 드러난 것이다.[126)]

이에 비해 주희는 '인'을 '천지생물지심'(天地生物之心)이자 그것이 만물에 내재한 본성으로 설명하는 한편,[127)] 천지가 본래 지니고 있는 무심한 마음[無心之心]을 통해 만물을 낳는 것을 천지의 주재(主宰)적 기능으로 이해하면서, 정(情)을 천지의 의사(意思)로 보았다.[128)] 그 제자인 진순(陳淳, 1483~1544)은 '천지의 정'을 '천지의 성(性)'이자 심체(心體)인 태극(太極)이 음양(陰陽)의 양상을 통해 드러내는 성(性)의 유행(流行)이자 심용(心用)으로 보았다.[129)] 이러한 사상을 이어서 주자학자인 건안(建安) 구부국(丘富國)과 중계(中溪) 장청자(張淸子)도 천지의 정을 "천지생물

---

126) 같은 곳.

127) 『晦庵先生朱文公文集』 卷67, 「仁說」(『朱子全書』 第23冊, 3279). "天地以生物爲心者也. 而人物之生, 又各得夫天地之心以爲心者也." 『晦庵先生朱文公文集』 卷40, 「答何叔京」(『朱子全書』 第22冊, 1829). 『晦庵先生朱文公文集』 卷77, 「克齋記」(『朱子全書』 第24冊, 3709). 『晦庵先生朱文公文集』 卷57, 「答陳安卿[淳]」(『朱子全書』 第23冊, 2707). 『晦庵先生朱文公文集』 卷32, 「答張欽夫[論仁說]」(『朱子全書』 第21冊, 1409). 『朱子語類』 95:33. 『朱子語類』 95:95. 『朱子語類』 95:98 등 참조.

128) 『朱子語類』 4:24 "天下之物, 至微至細者, 亦皆有心, 只是有無知覺處爾. 且如一草一木, 向陽處便生, 向陰處便憔悴, 他有箇好惡在裏. 至大而天地, 生出許多萬物, 運轉流通, 不停一息, 四時晝夜, 恰似有箇物事積踏恁地去. 天地自有箇無心之心. 復卦一陽生於下, 這便是生物之心. 又如所謂 '惟皇上帝降衷於下民', '天道福善禍淫', 這便自分明有箇人在裏主宰相似. 心是他本領,情是他箇意思. 又問: '如何見天地之情?' 曰: '人正大, 便也見得天地之情正大. 天地只是正大, 未嘗有些子邪處, 一嘗有些子小處.'" 『朱子語類』 98:78 或問: "'天地之帥吾其性', 先生解以 '乾健 · 坤順爲天地之志'. 天地安得有志?" 曰: "'復其見天地之心', '天地之情可見', 安得謂天地無心 · 情乎?" 或曰: "福善禍淫, 天之志否?" 曰: "程先生說 '天地以生物爲心', 最好, 此乃是無心之心也."

129) 『晦庵先生朱文公文集』 卷57, 「答陳安卿」(『朱子全書』 第23冊, 2744). "太極者, 天地之性而心之體也. 一元者, 天地之心而性情之會也. 陰陽慘舒者, 天地之情, 卽性之流行而心之用也. 不審是否?"

지심이 움직여서 밖으로 드러난 것"으로 설명했다.[130] 이러한 사고는 이기심성론적 구도에 따라 예를 우주론적 차원에서 정립하는 주희의 '천리의 절문'이란 명제로 완성된다.

이에 비해 정약용의 '인' 개념은 상관론적 사유와 연관된 선천적인 '천지생물지심'이 아니라 구체적 인륜관계 가운데 적극적으로 창출해야 할 경험적인 덕목이다. 이러한 개념을 영(靈)과 정(情)이 있는 영명(靈明)한 실체만이 주재(主宰)가 가능하므로 자연적인 하늘은 주재의 주체가 될 수 없다는 설명[131]과 연계하면, '천지의 정'은 이법적 자연천 혹은 천리(天理)의 자연스런 표출이 아니라 상제와 상제를 보좌하는 천신(天神) 혹은 명신(明神)들이 영명(靈明)을 발휘하여 주재(主宰)한 노력의 산물로서 이룩된 천덕(天德)의 결과로 재해석할 수 있게 된다.

한편, 정약용이 그의 저술 곳곳에서 성인이 예를 제정한 본의로 천리(天理)와 인정(人情)의 기준을 제시하는 것도 '천지지정'과 '인정'의 다른 표현인 것이다.[132] 여기서 '천리'란 이기론적 구도에서 말하는 '리(理)'

130) [明] 胡廣 等 撰,『周易傳義大全』卷13,「大壯」.〈小註〉"建安丘氏曰, '心, 動物也. 情則心之動而見於外者也. 復, 震下坤上, 靜中有動, 故曰見天地之心. 大壯, 乾下震上, 動已發於外, 故曰見天地之情. 此以動有內·外而爲心·情之別也.' ○中溪張氏曰, '復, 雷在地中, 則天地生物之機伏而未露, 聖人有以見其心. 大壯, 雷在天上, 則天地生物之心已達於外, 聖人有以見其情也.'"

131)『孟子要義』卷2,「盡心」,〈盡其心者知其性章〉(『與全』2集, 6卷, 38b). "鏞案, 天之主宰爲上帝, 其謂之天者, 猶國君之稱國, 不敢斥言之意也. 彼蒼蒼有形之天, 在吾人不過爲屋宇帡幪, 其品級不過與土地水火, 平爲一等, 豈吾人性道之本乎? 太極圖上一圓圈, 不見六經, 是有靈之物乎? 抑無知之物乎? 將空空蕩蕩, 不可思議乎? 凡天下無靈之物, 不能爲主宰. 故一家之長, 昏愚不慧, 則家中萬事不理, 一縣之長, 昏愚不慧, 則縣中萬事不理. 況以空蕩蕩之太虛一理, 爲天地萬物主宰根本, 天地間事, 其有濟乎?"『春秋考徵』卷4,「先儒論辨之異」(『與全』2集, 36卷, 24a). "古今大病, 全在乎認天爲帝, 而堯·舜·周·孔, 不如是錯認. 故以今眼釋古經, 一往多誤, 凡以是也. 上帝者, 何? 是於天地·神人之外, 造化天地·神人·萬物之類, 而宰制安養之者也. 謂帝爲天, 猶謂王爲國, 非以彼蒼蒼有形之天, 指之爲上帝也."

132)『喪禮四箋』卷11,「喪期別5」,〈出後1【爲人後者, 斬衰三年.】〉(『與全』3集, 11卷, 22b). "聖人制禮, 皆順天理而合人情"『喪禮外編』卷3,「正體傳重辨2」(『與全』3集, 19卷, 32b).

라는 형이상학적 본체[自立者]가 아니라 하늘이 주재하여 드러난 질서의 보편적 양상이나 속성[依附之品]을 표현하는 것으로 실질적으로 천지지정과 같은 함의를 지닌다.[133] 또한 정약용에 의하면, 천리는 수양론적 차원에서 도심(道心)에서 발하는 행위의 규범으로서, 인심(人心)에서 발하는 사욕(私欲)을 제어하여 '극기복례'(克己復禮)하는 준거가 된다.[134] 따라서, 예는 도심의 천리에 따라 인심의 사욕을 절제하는 것이고, '천리'와 '천지지정'은 모두 통합적인 자연적 질서라기보다는 그러한 질서를 본받아 실현하는 인륜의 실천적 기준으로 해석되는 것이다.

이렇듯 정약용의 예론에서 상제천과 인간, 천지지정/천리와 인정은 각각 초월적 영역과 일상적 영역에서 실천의 주체와 실천의 결과로 호응한다. 전체적으로 보면, 정약용의 예론은 의례를 초월적 권위와 보편적 질서의 표상으로 설정하기 위해 천리 혹은 천지지정을 도입한다는 점에서 전통적인 천인상응의 구도를 계승하고 있지만, 도학적 예론이 주체와 실천을 자연적 연속성에 의해 통합하는 데 비해, 정약용은 주체와 실천의 구분을 통해 주체와 실천의 간격을 의식한 주체의 적극적 실천을 요청하

"聖人制禮, 實本乎天理 · 人情, 則上自帝王, 下至委巷, 宜無異同."『經世遺表』卷1, 「引」(『與全』 5集, 1卷, 1a). "揆諸天理而合, 錯諸人情而協者, 謂之禮."

133) 정약용은 리(理)를 존재론적으로 독립적인 것으로 보지 않고 기(氣)에 의존하는 부속물 또는 사물의 속성[依附之品], 즉 조리(條理)로 취급하였다. 추상적 조리는 구체적 경험세계에 대한 반성적 인식을 통해 구성되는 것이며, 구체적인 경험이 요구하는 현실적 적합성을 반영하는 개념이다. 또한 정약용은 리(理)의 원의(原義) 또는 일상적 의미를 자연물에 포함된 결 · 줄 · 무늬 및 그것들 사이의 비교나 구분에서 드러나는 순서 · 등급 · 층 · 관계구조 등을 가리키는 '맥리(脈理)'로 설명하였는데, 이러한 '맥리'는 '치리의 리(治理之理)'나 '천리(天理)' 등 당위적 법칙과 자연 법칙을 포괄하는 개념으로 확장된다. 정약용의 리(理) 이해에 대한 자세한 고찰로는 유초하, 『한국사상사의 인식』(서울: 한길사, 1994), 322~326쪽 참조.

134) 『孟子要義』 卷2, 「盡心」(『與全』 2集, 6卷, 41b~42a). "人恒有二志, 相反而一時竝發者. 此乃人鬼之關, 善惡之幾, 人心道心之交戰, 義勝欲勝之判決, 人能於是乎猛省而力克之, 則近道矣. 所不爲所不欲, 是發於道心, 是天理也. 爲之欲之, 是發於人心, 是私欲也. 無爲無欲, 是克制人心, 而聽命於道心, 是所謂克己而復禮也."

게 된다. 그리하여 초월적 영역에서 자연을 주재하고 다스리는 상제의 공과 덕이 천지지정으로 구체화되는 것처럼, 인간은 일상적 영역에서 적극적인 실천을 통해 공과 덕을 인정으로 구현해야 하는 것이다.

이렇듯 정약용이 정의하는 예는 성리학적 예론에서 주장하는 것처럼 이미 완성된 채 인간 내면에서 발견할 수 있는 형이상학적 본체인 천리(天理)의 표현양식이 아니다. 하늘이 공·덕을 창출했듯이, 하늘을 본받아야 할 인간 또한 예를 통해 공·덕을 창출해야 하는 것이다. 덕은 하늘이 부여한 영명한 대체(大體)가 발한 바 도심(道心)이 형기(形氣)를 지닌 몸뚱이의 욕구체인 소체(小體)가 발한 바 인심(人心)을 이길 때, 즉 주재의 능력이 제대로 발휘될 때, 구체적/경험적인 상황에서 주체적 행위[行事]의 결과로 창출되는 것이다. 이에 따라 구체적인 관계 상황[行事] 속에서 보편적 가치를 창출할 개체적 가능성[嗜好]과 주체적 책임[權衡]을 자각하는 실존적 긴장의 수양방법이 강조되고, 의례는 당위의 가치질서를 구체적인 상황 속에서 주체적 실천에 의해 창출되어 의미/가치의 질서를 구현하는 통로가 된다. 따라서 정약용의 예론에서 예는 선험적 가치의 표현 매체가 아니라 경험적 가치의 창출 매체가 된다. 이런 맥락에서 정약용의 예론은 적극적인 실천을 위해 도학적 예론을 새롭게 재구성한 것이라고 할 수 있다.

정약용은 이러한 예론에 입각하여, 의례의 대상이 되는 천(天)과 귀신(鬼神)에 대해서는 형(形)과 질(質)은 없으나 정(情)과 영(靈)이 있는 영명한 실체로 설명하고, 국가론적 유비에 따라 초월적 위계질서를 정립했으며, 의례의 주체인 인간에 대해서는 공·덕을 창출하는 영명한 실체로 정의하고, 구체적이고 현상적인 차원에서 능동적이고 적극적인 실천이 가능한 수양론을 전개하였다. 또한 천인상응론적 구도에 따라 의례는 '영명한 실체들의 교류'가 되고, 사천(事天)의 종교문화적 목표와 사인(事人)의 실천적 효과는 제사의 구조에서도 주향(主享)과 배향(配享)으로 조응하게 된다. 경세론에서도 초월적 영역에서 하늘의 상제와 그를 보좌하는 명신들이 적극적으로 자연의 질서를 운행하듯이, 일상의 영역에서 군주와 신하가 함께 적극적으로 왕도정치를 구현함으로써 하늘과 인간이 조응하는 체계를 갖추게 된다.

제4장 종교적 의식의 체화와 심신의 수양

1. 종교적 의식의 체화와 배천(配天)에 이르는 덕행
2. 심신의 수양과 완성의 경지

1

종교적 의식의 체화와 배천(配天)에 이르는 덕행

(1) 신독(愼獨)과 성(誠): 종교적 의식의 체화

정약용은 초월적 근원에 대한 보답인 제사의 궁극적 근원성을 부각시키면서 일상적 인륜의 영역에서도 '사천'(事天)의 논리를 강조했다. 그는 모든 실천이 진실한 마음으로 하늘을 섬기고 신을 섬기는 것이어야 함을 여러번 강조했는데, 이는 하늘을 섬기고 신을 섬기는 제사에서 형성되는 종교적 의식이 '실심'(實心)의 형태로 인륜의 실천과 의례적 실천의 두 가지 맥락에서도 지속되도록 주문하는 것이다.

먼저 초월적 근원인 하늘 앞에서 자신을 수양하고 인륜의 관계 속에서 도덕적 실천을 열심히 함으로써, 도심(道心)을 통해 지속적으로 전달되는 천명(天命)에 순종하는 것이 바로 사천(事天)이다. 이는 인간 안에 기호(嗜好)라는 선천적 가능성[性]으로 잠재해 있는 예의(禮義)의 인지체계와 합례적 행위 능력을 활성화시키는 것이기도 하다. 그러나 이것은 사회적 제도나 규범 질서가 아니라 인간 내면에 임재한 초월적 상제 앞에서 개체적 한계를 넘어서서 가치를 실현시킨다는 점에서 종교적 의식의 각성이라고 부를 수 있는 것이다.

정약용은 이러한 각성을 위해 상제 앞에 서서 자신을 경계하는 신독(愼獨)의 실존적 긴장감을 마련한다. 그에 의하면, 인간들이 삶 속에서 구현하는 모든 행위의 결과물은 무형(無形)의 덕(德) 혹은 사특함[慝]으로서 하늘의 상제(上帝)에게 전달되어 상제가 흠향하거나 거부하는 무형의 제물이 되고, 상제는 인간들이 삶 속에서 구현하는 행위의 결과물이 덕(德)인가 아니면 사특함[慝]인가에 따라 각각 복(福)과 화(禍)를 보상 혹은 처벌로 응답한다.[1)] 이러한 차이는 하늘과 하늘의 활동에 대한 믿음을 지녔기 때문에 계신공구(戒愼恐懼)의 자세를 견지하는 군자(君子)와 그러한 믿음이 없기 때문에 거리낌 없이 살아가는 소인(小人)의 차이와 논리적으로 조응한다.[2)]

이런 맥락을 의식하면서, 정약용은 하늘과 하늘의 일에 대한 믿음이 일상적 삶 속에서 종교적 의식의 각성을 지속시킨다는 점을 강조했다. 그리하여 일상적 삶 속에서 관계 맥락에 맞게 중용(中庸)의 덕을 성취할 수 있도록 귀신 앞에 선 두려움[畏]이라는 정서적 방식을 통해 신의 임재를 각성하는 논리를 제시한다. "중용(中庸)의 덕은 신독(愼獨)이 아니면 이룰 수 없고, 신독의 공은 귀신(鬼神)이 아니면 두려운 것이 없으므로, 귀신의 덕이 곧 우리 도[吾道]가 근본으로 삼는 것이다."[3)] 또한 하늘의 영명(靈明)은 사람의 마음에 직접 통하므로, 날마다 지켜보는 상제가 있음을 알게 되면 감히 대담한 자라도 삼가고 두려워하지 않을 수 없

1) 『尙書古訓』 卷7, 「呂刑」(『與全』 2集, 28卷, 21b). "德與慝, 皆無形之物, 豈有馨香, 亦豈有腥穢之臭哉? 人有形軀, 故得聞有形之馨腥, 爇桂而后知馨, 臭鮑而后知腥. 上帝無形體, 故得聞無形之馨腥, 明德之芬, 烈於沈檀, 穢惡之臭, 毒於腐屍, 而人之馨腥, 滃滃然日升于帝座, 君子之所以戒愼恐懼, 信此故也. 小人之所以無忌憚, 不信此故也. 『尙書』屢著此義."

2) 같은 곳.

3) 『中庸講義補』 卷1, 「鬼神之爲德節」(『與全』 2集, 4卷, 23b). "中庸之德, 非愼獨不能成, 愼獨之功, 非鬼神無所畏, 則鬼神之德, 卽吾道之所本也."

다.[4] 이렇듯 귀신과 상제의 임재를 자각하고 그에 대한 두려움을 신독의 심리적 근거로 삼으면 종교적 의식이 각성되고, 일상에서 이루는 중용(中庸)의 덕은 그러한 종교적 의식의 지속 가운데 이루어진다.

한편, 정약용은 신독(愼獨)을 성(誠)으로 규정하기도 했는데, 성(誠)은 조심스럽게 상제를 섬기는 계신공구(戒愼恐懼)의 마음자세를 기반으로 삼아[5] 마음 속에 숨겨진 생각[意]부터 마음과 몸을 거쳐 가(家), 국(國), 천하(天下)에 이르기까지 광범한 일관성으로 '성기성물'(成己成物)하는 개념이다.[6] 따라서 성(誠)은 신 앞에서 갖추는 진실하고 경건한 자세로서, 의식과 행위, 마음과 몸, 안과 밖, 나와 사회를 연결하는 교호작용을 통해 내면의 종교적 의식을 체화(embodiment)하여 외면의 행동으로 드러냄으로써 덕행을 가능하게 하는 원천이다.[7] 성(誠)은 제사에서 신(神)을 감격(感格) 혹은 감통(感通)하게 하는 힘을 지니고 있다.[8] 이와 관련하여 『상서(尙書)』「요전(堯典)」의 '격우상하'(格于上下)를 위로 천심(天心)을 감화(感化)하고 아래로 민심(民心)을 감화하는 것으로 풀이하고, 성(誠)을 하늘과 백성을 감화하고 감통하는

---

4) 『中庸自箴』 卷1, 「是故, 君子戒愼乎其所不睹, 恐懼乎其所不聞」(『與全』 2集, 3卷, 5b). "天之靈明,直通人心, 無隱不察, 無微不燭, 照臨此室, 日監在此. 人苟知此, 雖有大膽者, 不能不戒愼恐懼矣."

5) 『中庸講義補』 卷1, 「鬼神之爲德節」(『與全』 2集, 4卷, 21a). "文王小心翼翼, 昭事上帝, 『中庸』之戒愼恐懼, 豈非昭事之學乎?"

6) 『中庸自箴』 卷3, 「誠者自成也節」(『與全』 2集, 3卷, 23b). "誠, 成者, 六書之諧聲也. 以其成己成物, 非誠不能, 故字從成也. … 結之以盛德至善, 民不能忘, 親賢樂利, 沒世不忘, 則成己成物, 皆在誠意中矣. 『中庸』所謂物之終始, 亦不外乎成己成物, 曷嘗與『大學』所言有毫髮之殊乎? 不誠則無以誠意, 不誠則無以正心, 不誠則無以修身, 不誠則無以齊家治國平天下, 此之謂不誠無物, 內者己也, 外者物也, 意心身爲內, 國家天下爲外."

7) 정약용의 誠 개념에 대한 심층적인 연구로는 유권종, 「茶山 禮學의 철학적 기반—禮學의 관점으로 본 茶山의 『中庸』 註解—」, 『東洋哲學』 5(한국동양철학회, 1994), 117쪽 참조.

8) 『詩經講義』 卷3, 「小雅 · 北山之什 · 甫田」(『與全』 2集, 19卷, 2a). "祭之格神, 誠與物而已."

'부격'(孚格)으로 해석한 것도 유의할 필요가 있다.[9] 따라서 성(誠)은 내면적 진실성으로 하늘과 백성을 감화하는 것이며, 거기에는 하늘과 백성을 두려워하는[畏] 마음이 전제되어 있다.[10] 그리하여 종교적 의식은 하늘 뿐만 아니라 백성을 대하여 경세론을 펼 때도 두려움에 기반한 진실성으로 확장된다.

하늘을 경건하게 대하는 두려움[畏]은 종교적 의식의 각성에 국한되는 것이 아니라 개인의 수양(修養)은 물론, 공동체의 경세(經世)에도 적용된다. 정약용은 정치를 담당한 주체[牧民者]가 지녀야 할 심리적 태도로서 백성, 대간(臺諫), 조정(朝廷), 하늘을 경외하는 '사외'(四畏)를 주목하고, 군주와 목민관은 그러한 두려움을 지녀서 각성된 의식으로 하늘을 대하듯 백성을 대하는 정치를 실현해야 한다고 주장했다.[11] 요컨대, 군주와 목민관들이 하늘의 두려워하는 마음[畏天之心]을 갖추는 것이야말로 백성들에게 선정(善政)을 베푸는 핵심적 관건이라는 것이다.[12]

이런 의식 아래 정약용은 위정자들과 목민관들이 대간과 조정이라는 현실적 권력은 두려워 할 줄 알면서도 백성과 하늘을 두려워 할 줄 모르는 당시의 정치 현실을 날카롭게 비판했다.[13] 아울러 그러한 위정자들과

9) 『論語古今注』 卷1, 「爲政第二」(『與全』 2集, 7卷, 22b~23a). "格通作假, 謂感化也. 『書』曰, '格于上下', 又曰, '格則承之庸之', 『詩』曰, '神之格思, 不可度思', 皆感通之意也. … 格之爲字, 首見于「堯典」. 格于上下者, 謂上感天心, 下感民心也."

10) 『尙書古訓』 卷6, 「君奭」, 〈予惟用閔【句】于天越民〉(『與全』 2集, 27卷, 31b). "予之所閔然憂畏者, 上天及下民也. 先聖・先王之義, 畏天畏民而已. 帝堯格于上下, 嗣此以降, 皆此義也."

11) 『詩文集』 卷12, 「送富寧都護李鍾【英赴】任序」(『與全』 1集, 12卷, 45b~46a). "牧民者有四畏. 下畏民, 上畏臺省, 又上而畏朝廷, 又上而畏天. … 然惟畏民・畏天之說, 請爲子申之, 可乎?"

12) 『欽欽新書』 卷1, 「經史要義一」, 〈獄貨降殃之義〉(『與全』 5集, 30卷, 11a). "若使天罰, 不如是之至極, 則凡此庶民, 必不得一條善政之播于天下矣. 言君牧畏天之罰, 猶行善政於天下. 若無畏天之心, 庶民無由見此善政也."

13) 『詩文集』 卷12, 「送富寧都護李鍾【英赴】任序」(『與全』 1集, 12卷, 45b). "然牧之所畏, 恒在乎臺省・朝廷, 而民與天, 有時乎勿畏."

목민관들을 향해 백성의 탄식과 원망이 곧 하늘의 탄식과 원망이요, 하늘의 탄식과 원망은 하늘의 복(福)이 단절되고 지상의 벼슬에 문제가 생기는 것으로 자기에게 구현되니, 백성과 하늘을 두려워해야 한다고 현실적으로 설득했다.[14] 따라서 두려움을 통하여 하늘을 향한 종교적 의식의 각성은 백성을 향한 경세적 의식의 각성이 매개된다고 할 수 있다.

그렇다면 수양과 경세의 기반이 되는 두려움, 즉 상제와 귀신을 경외하는 종교적 의식을 각성시키는 심리적 근거인 두려움은 어떤 성격을 지니는가? 정약용에 의하면, 백성들이 삶에 필수불가결한 욕심[慾]을 충족시키는 과정에서 지나치지 않도록 조절하는 것은 법을 집행하는 관리와 형벌권을 지닌 임금을 의식하여 삼가고 두려워하는 계신공구(戒愼恐懼)의 의식 때문이듯이,[15] 계신(戒愼)과 공구(恐懼)는 스승이 가르치거나 임금이 명령해서 두려워하는 거짓 두려움[僞詐恐懼]이 아니라, 자연스럽게 저절로 생기는 것으로서 뵈지도 않고 들리지도 않는 가운데 상제와 그를 보좌하는 명신(明神)들이 임재함을 느끼는 것이다.[16]

이러한 각성은 내면적 진실함[誠]으로써 하늘과 신을 섬기는 자세, 곧

---

14) 『詩文集』 卷12, 「送富寧都護李鍾【英赴】任序」(『與全』 1集, 12卷, 46a). “凡民所曰咨, 天亦曰咨. 凡天之所咨, 胡福弗降, 官用不達, 可不畏哉?”

15) 『中庸自箴』 卷1, 「是故, 君子戒愼乎其所不睹, 恐懼乎其所不聞」(『與全』 2集, 3卷, 4b). “民之生也, 不能無慾, 循其慾而充之, 放辟邪侈, 無不爲已. 然民不敢顯然犯之者, 以戒愼也以恐懼也. 孰戒愼也? 上有官執法也. 孰恐懼也? 上有君能誅殛之也. 苟知其上無君長, 其誰不爲放辟邪侈者乎?”

16) 『中庸自箴』 卷1, 「是故, 君子戒愼乎其所不睹, 恐懼乎其所不聞」(『與全』 2集, 3卷, 4b~5a). “夫暗室欺心, 爲邪思妄念, 爲奸淫爲竊盜, 厥明日正其衣冠, 端坐修容, 粹然無瑕君子也. 官長莫之知, 君王莫之察, 終身行詐而不失當世之美名, 索性造惡而能受後世之宗仰者, 天下蓋比比矣. 聖人以空言垂法, 使天下之人, 無故戒愼, 無故恐懼, 豈迂且闇哉? 人性原自樂善, 使之戒愼, 猶之可也. 夫恐懼爲物, 非無故而可得者也. 師敎之而恐懼, 是僞恐懼也. 君令之而恐懼, 是詐恐懼也. 恐懼而可以詐僞得之乎? 暮行墟墓者, 不期恐而自恐, 知其有魅豹也. 夜行山林者, 不期懼而自懼, 知其有虎豹也. 君子處暗室之中, 戰戰栗栗, 不敢爲惡, 知其有上帝臨女也. 今以命性道敎, 悉歸之於一理, 則理本無知, 亦無威能, 何所戒而愼之, 何所恐而懼之乎? 聖人所言, 皆至眞至實, 必不作矯僞體面之話, 以自欺而欺人矣.”

제사에 임할 때 느끼는 진실함과 경건함[敬]을 활성화하는 것이며, 인륜의 실천을 통해 천덕(天德)에 버금가는 명덕(明德)을 실현하도록 하는 의식적 자원이 된다.

> 옛 사람은 진실한 마음으로 하늘을 섬기고 진실한 마음으로 신(神)을 섬겨서 한번 움직이고 한번 고요할 때나 한 생각이 싹틀 때에 혹은 성실하고 혹은 거짓되며, 혹은 선하고 혹은 악하므로, 그것을 '날마다 감찰하시며 여기에 계시네' 라고 경계했기 때문에 그 조심하고 두려워하며[戒愼恐懼] 홀로 있는 생각을 삼가는[愼獨] 진실함과 돈독함이 참으로 천덕(天德)에 도달했다.[17]

한편, "성(誠)·경(敬)의 근본은 사천(事天)에 있다"[18]고 역설한 다산의 설명[19]에서 알 수 있듯이, 대상에 대해 정성을 다하는 내면적 진실성[誠]과 대상을 공경하는 지향적 경건성[敬]은 근본적으로 하늘을 섬기는 의례적 자세에서 비롯되며, 의식하지 못하는 사이에 마음과 몸에 새겨져서 개체적 욕망의 한계를 극복하고 합례적 실천(ritual practice)을 할 수 있도록 인륜의 실천주체가 지녀야 할 의례적 역량(ritual capacity)을 고양시킨다.

> 경례(經禮) 삼백 가지와 곡례(曲禮) 삼천 가지가 서(恕)로써 일관하

---

17) 『中庸講義補』 卷1, 「鬼神之爲德節」(『與全』 2集, 4卷, 21a). "古人實心事天, 實心事神, 一動一靜, 一念之萌, 或誠或僞, 或善或惡, 戒之曰日監在玆, 故其戒愼恐懼·愼獨之切眞切篤, 實以達天德."

18) 『詩經講義』 3卷, 「大雅·文王之什」, 〈文王〉(『與全』 2集, 卷19, 15a). "誠·敬之本, 在於事天."

19) 다산의 誠·敬 개념에 대한 연구로는 金泰泳, 「茶山의 誠敬思想 硏究」, 『湖西文化硏究』 7(충북대학교 중원문화연구소, 1988)이 대표적이다.

고, 인(仁)을 행하는데 자기로부터 말미암으며, 자기를 극복하여 예(禮)로 돌아가니, 이것이 공문(孔門)의 올바른 종지(宗旨)이다. 성(誠)이라는 것은 서(恕)에 정성을 다하는 것이요, 경(敬)이라는 것은 예(禮)로 돌아가는 것이니, 이로써 인(仁)이 되는 것이 성과 경이다. 그러나 두려워하고 조심하면서 상제(上帝)를 밝게 섬기면 인이 되고, 태극(太極)을 헛되이 높이고 이(理)를 하늘로 삼으면 인이 될 수 없으니, 하늘 섬김[事天]으로 돌아갈 뿐이다.[20]

성(誠) · 경(敬)은 인륜 질서의 체계에서 분리될 수 있는 개체[己]의 욕망을 극복하고 인(仁)의 덕(德)을 성취하여 인륜 질서를 유지하게 하는 정성과 경건이다. 정약용은 미발(未發)시 상제 앞에서 계신공구(戒愼恐懼)하는 긴장 상태를 유지하고 이발(已發)시 구체적인 인륜의 관계에서 극기복례(克己復禮)하여 도심(道心)으로 인심(人心)을 제어할 것을 제안하였다.[21]

예가 아닌 것을 보고자 하기 때문에 '예가 아니면 보지 말라'고 하는 것이고, 예가 아닌 것을 듣고자 하기 때문에 '예가 아니면 듣지 말라'고 하는 것이며, 예가 아닌 것을 말하고자 하기 때문에 '예가 아니면 말하지 말라'고 하는 것이고, 예가 아닌 것을 행동하고자 하기 때문에 '예가 아니면 행동하지 말라'고 하는 것이다. 처음부터 하고자 하지 않는다면 어찌 '하지 말라'고 말하겠는가? '하고자 하는' 것[欲]

20) 『詩文集』 卷16, 「自撰墓誌銘【集中本】」(『與全』 1集, 16卷, 17b). "經禮三百·曲禮三千, 貫之以恕, 爲仁由己, 克己復禮. 此孔門之正旨也. 誠也者, 誠乎恕也. 敬也者, 復乎禮也. 以之爲仁者, 誠與敬也. 然恐懼戒愼, 昭事上帝, 則可以爲仁. 虛尊太極, 以理爲天, 則不可以爲仁, 歸事天而已."

21) '미발'과 '이발'에 대한 논의에서 다산과 주자를 비교한 최근의 연구로는 강신주, 「주자와 다산의 미발未發론: '존재론적 감수성'과 '신학적 감수성'의 차이」 참조.

은 인심(人心)이 그것을 하고자 하는 것이요, '하지 말라'는 것은 도심(道心)이 그것을 하지 말라고 하는 것이다. 전자는 하고자 하고 후자는 하지 말라고 하는데, 양자가 서로 싸움에 하지 말라는 것이 이기면 이를 '극기'(克己)라고 하는 것이다.[22]

한편, 성(誠)은 내면의 마음에 쌓인 덕(德)이 외면의 육체로 나타나는 효험을 지니고 있다. 정약용에 의하면, 부(富)가 집을 윤택하게 하는 것처럼, 덕은 몸을 윤택하게 하고, 실심(實心)으로 악을 제거하고 선을 행하는 행사(行事)에 따라 몸을 윤택하게 하는 덕이 쌓여서 마음이 넉넉해지고 몸의 기운도 좋아지는 공효가 있으므로, 성(誠)은 미세한 의식[意], 마음[心], 몸[身]을 아우르는 효과를 지니게 된다.[23] 지극한 성(誠)이 마음에 쌓이면 위의(威儀)가 밖으로 드러나고, 마음에 성을 쌓는 수양이 백성을 교화하는 조건이 되므로, 성은 나를 완성시켜서 남을 완성시키는 것으로서 지극한 선(善)을 이루는 토대가 된다.[24] 내면에서 외면으로, 나에서 남으로 향한 성(誠)의 운동은 위의 공부와 함께 일종의 환류체계를 형성하는데, 이 환류작용이 원활할수록 수양의 효과가 높아진다.

---

22) 『論語古今註』 卷6, 「顔淵第12」(『與全』 2集, 12卷, 2b). "非禮欲視, 故曰非禮勿視, 非禮欲聽, 故曰非禮勿聽, 非禮欲言, 故曰非禮勿言, 非禮欲動, 故曰非禮勿動. 初若不欲, 何謂之勿? 欲也者, 人心欲之也. 勿也者, 道心勿之也. 彼欲此勿, 兩相交戰, 勿者克之, 則謂之克己."

23) 『大學公議』 卷1(『與全』 2集, 1卷, 22a). "富潤屋德潤身者, 誠於中而形於外也. 然實心去惡, 實心爲善, 以其去惡爲善之故, 得有潤身之德. 若馳心於空寂之地, 則無緣有德, 行事而后, 德之名立焉. ○心界寬平, 旣正心矣. 體氣舒泰, 旣修身矣. 誠之爲物, 包括意心身三字, 豈可以他章例之哉?"

24) 『大學公議』 卷1(『與全』 2集, 1卷, 22b~23a). "至誠積於中, 而威儀著於外. 積中, 所以自修也. 著外, 所以化民也. 誠之能成己成物, 其至理在此, 何得曰簡策有錯乎? 至善者, 至誠之所成也."

(2) 경(敬): 미발함양을 부정하는 지향적 경건주의

경(敬)은 성(誠)과 아울러 종교적 의식의 체화를 위해 중요한 역할을 한다. 『예기(禮記)』「곡례(曲禮)」편에서는 예(禮)는 '무불경(毋不敬)'이라고 하여 경건성을 의례적 태도의 핵심으로 언급하였다. 그러나 '경'의 함의에 대해서는 주희와 정약용은 분명한 차이를 보여주고 있는데, 그러한 차이는 수양론과 예론의 차이와 연관된다.

정약용은 주희의 '경'(敬) 개념에서 선불교적인 '정'(靜)에서 보이는 신비주의(mysticism)적 가능성[25]을 읽어내었고, 그 가능성을 없애기 위해 '경'(敬)을 '지향'[嚮]으로 정의함으로써 지향적 경건주의를 주장하였다. 이는 선불교의 '정' 개념을 극복하기 위해 '경' 개념을 다듬었던 주희에 대한 오독(誤讀)에서 비롯된 것이기는 하지만, 주희의 학설이 미발함양(未發涵養)의 수양론을 주장한다는 점에서 주희의 경 개념이 일부 포함하고 있는 신비주의적 가능성을 불식하고, 주희가 선불교의 정 개념을 극복하고 인륜의 실천을 위해 경 개념을 제안했던 취지를 실천적 관점에서 계승한 것으로 평가할 수 있다.

> 경(敬)이라는 덕(德)은 반드시 응사접물(應事接物)한 뒤라야 시행할 수 있다. 그러므로 『예기(禮記)』「곡례(曲禮)」 첫머리에 '무불경(毋不敬: 불경하지 말라)'는 세 글자를 말하였고, 그 아래 '무(毋)'자 수십 개

25) 여기서 '신비주의'란 '궁극적 실재와 직접적이고 내면적인 일치의 체험'을 하는 것을 말한다. 중국 유교의 신비주의적 성격과 흐름에 대해서는 陳來, 「神秘主義與儒學傳統」, 『文化: 中國與世界』 5(三聯書店, 1988); Julia Ching, "The Mirror Symbol Revisited: Confucian and Taoist Mysticism," in *Mysticism and Religious Traditions* (Oxford: Oxford University Press, 1983)과 같은 저자의 "What is Confucian Spirituality?" in Tu Weiming and Mary Evelyn Tucker (eds.), *Confucian Spirituality*, vol. 1(New York: The Crossroad Publishing Company, 2003) 참조.

> 는 모두 응사접물하는 데 경계[戒]를 두었다. … 정좌(靜坐)는 일도 없고 향하는 바도 없으니 어찌 경을 쓰겠는가? 다만 하늘을 공경하고 신을 공경하는 것[敬天·敬神]은 정좌의 공부라 할 수 있다. 그러나 반드시 묵묵히 마음의 사려[心思]를 운용하여 천도(天道)를 생각하기도 하고 신리(神理)를 궁구하기도 하며 옛날 허물을 살피기도 하고 새로운 뜻을 추구하기도 해야, 비로소 진실한 마음으로 하늘을 공경하는 것이다. 만약 사려(思慮)를 끊고 삼가거나 두려워하지 않으며 오로지 연못처럼 담담히 물결치지 않기만을 힘쓴다면 이것은 정(靜)이지 경(敬)이 아니다.[26]

먼저 정약용은 경을 '향(嚮)하는 대상에 대해 삼가는 것'[27]으로 정의하고, 정과 경을 결정적인 차이를 응사접물(應事接物)에서 찾았다.[28] 내향적인 침잠과 집중을 통해 고도의 각성상태를 이루는 정과는 달리, 경은 반드시 사물을 응접한 뒤에 성립한다. 경은 사물을 응접하여 그 사물을 지향하는 경건한 상태 혹은 태도를 가리킨다. 따라서 경은 외부 사물에 대한 지각과 사려를 멈추고 마음을 비워서 지향하는 대상 자체가 없게 되면 성립할 수 없으며, 문자를 보면서 자획에 마음을 집중하거나 언어를 들으

---

26) 『心經密驗』, 「心性總義」(『與全』 2集, 2卷, 30b~31a). "敬之爲德, 必應事接物而後, 乃得施行. 故「曲禮」首言 '毋不敬' 三字, 其下毋字數十, 皆於應事接物上存戒. 毋質·毋訑·毋固·毋回·毋作·毋撥·毋蹶·毋据·毋跛·毋箕·毋伏·毋髢·毋免·毋袒及前所列二字, 類皆應事接物, 致其敬也. 靜坐無事無所嚮往, 何以用敬? 惟敬天·敬神, 可爲靜坐之工. 然亦必默運心思, 或想天道, 或窮神理, 或省舊愆, 或紬新義, 方爲實心敬天. 若絶思絶慮, 不戒不懼, 惟務方塘一面, 湛然不波, 則此靜也, 非敬也."

27) 『論語古今注』 卷2, 「公冶長第5」(『與全』 2集, 8卷, 32a). "所嚮警謹曰敬.【無所嚮, 無所用敬.】" 『論語古今注』 卷2, 「雍也第6」(『與全』 2集, 8卷, 44b). "敬, 謂謹於所嚮.【無所嚮, 則無所敬.】 簡, 謂略於細節.【省約, 則不亂.】 居敬則慮事周密, 其所行雖簡, 無攸闕矣. 居簡則慮事疎略, 其所行雖簡, 終必亂矣."

28) 『大學公議』 卷1, 「在明明德」(『與全』 2集, 1卷, 9b). "但古人所謂正心, 在於應事接物, 不在乎主靜凝默. 『易』曰 '敬以直內, 義以方外', 接物而後敬之名生焉, 應事而後義之名立焉. 不接不應, 無以爲敬義也."

면서 언어적 맥락에 마음을 집중하듯이 사물에 마음을 집중하는 상태로 경천(敬天) · 경군(敬君) · 경형(敬兄) · 경장(敬長) · 경빈(敬賓) · 경사(敬事) 등 지향하는 대상에 대해 삼가고 정성을 다하는 태도를 가리킨다.[29]

이러한 지향적 경 개념은 주자학의 경 개념이 지니고 있는 선불교적 정(靜)의 협의에 대한 전면적인 비판이다. 선불교적 정 개념이 외물의 자극에 따라 형성되는 사려와 감정이 작동을 멈추고 마음을 비운 무념적(apophatic) 상태인 반면, 정약용의 경 개념은 지각과 사려를 집중해서 구체적인 대상을 지향하는 마음의 상념적(kataphatic) 상태라고 할 수 있다.[30] 이러한 정과 경은 각각 내향적인 수렴(convergence)과 외향적인 지향(intentionality)의 차이를 보이게 되는데, 이런 경향이 극대화되면 각각 '신비주의'와 '행동주의'(activism)로 발전하게 된다.

한편, 정약용의 경 개념이 내향적 수렴에 치우친 선불교적 정 개념으로는 적극적이고 능동적인 인륜 실천을 이끌어낼 수 없음을 신랄하게 비판하면서 외향적 지향을 철저하게 견지하는 반면, 주자의 경 개념은 인륜 실천을 위한 예(禮)로 이어지지 않는 선불교적 정 개념을 비판하면서도 미발(未發)과 이발(已發), 무사(無事)와 유사(有事), 정(靜)과 동(動), 내(內)와 외(外)를 통합적으로 아우르는 경향을 보이고 있다. 실제로 주자

---

29) 『大學公議』 卷1(『與全』 2集, 1卷, 31b). "『易』曰, '敬以直內.' 然敬者, 有所向之名. 無所向, 亦無所敬矣. 視文字而專心於字畫則敬也. 聽言語而專心於語脈則敬也. 推之萬事, 莫不皆然. 若收視息聽, 瞑目凝神, 棲心於空寂之地, 而命之曰' 敬以直內', 則所差遠矣." 『孟子要義』 卷2, 「告子第6」, 〈公都子曰告子曰性無善無不善章〉(『與全』 2集, 6卷, 23b). "恭字從心, 猶近心德. 敬者, 有所向之名, 敬天 · 敬君 · 敬兄 · 敬長 · 敬賓 · 敬事, 皆有所嚮而後敬之名立焉."

30) Urban T. Holmes III, A *History of Christian Spirituality: An Analytical Introduction*(New York: Seabury, 1980) 참조. 무념적apophatic 상태와 상념적kataphatic 상태의 구분은 본래 그리스도교 신학에서 신을 대하는 두 가지 방식, 즉 부정과 자기비움을 통해 신과 직접적 관계를 맺는 부정신학(via negativa)적 영성과 긍정과 이미지 따위의 간접적 수단을 통해 신과 관계를 맺는 긍정신학(via affirmativa)적 영성을 나누는 기준으로 활용되어 왔다.

는 미발/무사/정/내/주일(主一)과 이발/유사/동/외/주사(主事)를 모두 하나의 경으로 통합하였으나,[31] 정약용의 비판적 관점에서 보면 주자가 제시하는 주일과 주사는 각각 미발시 대상의 자극에서 벗어나 주의를 내면으로 집중하는 명상(meditation)과 이발시 구체적인 한 가지 일에 전일하게 주의를 집중하는 몰입(flow)[32]으로 그 성격을 달리 한다. 후자와는 달리 전자는 구체적인 대상을 지향하지 않는다.

결국 주자의 경 개념은 마음의 전일한 집중에 의해 외물(外物)에 의한 의식의 분산을 막는다는 차원에서 주일과 주사를 통합하고 있으며, 이에 따라 미발함양(未發涵養)과 이발성찰(已發省察), 내(內)와 외(外), 동(動)과 정(靜)을 아우르는 마음의 주재(主宰)를 유지하는 거경(居敬)의 수양 공부로 수렴되고 있다.[33] 이렇듯 주자의 거경은 마음의 전일한 집중을 뜻하는 주일무적(主一無適), 항상 또랑또랑하게 각성되어 있어서 내면적 주체성을 유지하는 상성성(常惺惺), 외면적인 행동이나 언행, 용모 등을 가지런하고 단정하며 엄숙히 하여 마음을 수양하는 정제엄숙(整齊嚴肅)을 아우르는 실천적 수양법이다.[34]

그러나 주자가 미발시 주경함양(主敬涵養)에 대해 사려와 감정이 아직

31) 『晦庵先生朱文公文集』 卷47, 「答呂子約」, 2175(『朱子全書』 第22冊, 上海: 上海古籍出版社, 2002). "所論主一・主事之不同, 恐亦未然. 主一只是專一, 蓋無事則湛然安靜而不騖於動, 有事則隨事應變而不及乎他. 是所謂主事者, 乃所以爲主一者也."

32) 『朱子語類』 卷12, 「學6・持守」, 92조목. "敬, 只是此心自做主宰處." 106조목. "持敬之說, 不必多言. 但熟味整齊嚴肅, 嚴威儼恪, 動容貌, 整思慮, 正衣冠, 尊瞻視, 此等數語, 而實加工焉, 則所謂直內, 所謂主一, 自然不費安排, 而身心肅然, 表裏如一矣." 『朱子語類』 卷62, 「中庸1」, 129조목. "大抵未發・已發, 只是一項工夫, 未發固要存養, 已發亦要審察. 遇事時時復提起, 不可自怠, 生放過底心. 無時不存養, 無事不省察."

33) 몰입(flow)의 일반적인 특성에 대해서는 M. Csikzentmihalyi, *Flow: The Psychology of Optimal Experience* (New York: Harper & Row, 1990) 참조.

34) 주자의 경 개념에 대해서는 陳來, 『宋明理學』(沈陽: 遼寧教育出版社, 1991), 178~179쪽. 김우형, 『주희철학의 인식론—지각론의 형성과정과 체계』(심산, 2005), 177~181쪽 참조. 陳來는 주자의 주경설이 지닌 의미를 收斂, 謹畏, 惺惺, 主一, 整齊嚴肅의 네 가지로 분석하기도 했다.

발생하지 않았을 때에도 주의력을 내부로 집중시켜 수렴하고 외물에 이끌리지 않도록 삼가면서 일종의 지각 상태를 유지하려고 노력하는 것으로 본 반면, 정약용은 미발시에도 하늘 혹은 상제를 지향하면서 사려와 계신공구를 한다고 본 점에서 분명한 차이를 보인다.[35] 극단적으로 말하자면, 주자의 경은 미발시 지향하는 대상이 없이 성립할 수 있지만, 정약용의 경은 미발시에도 지향하는 대상이 없이는 불가능한 개념이다. 이런 맥락에서 볼 때, 정약용의 경 개념은 인지적 대상에 대해 적극적이고 능동적으로 사려하는 인지적 지향작용인 동시에, 의례적 대상에 대한 계신공구의 성(誠)을 다하는 의례적 지향작용이라고 할 수 있다.

> 옛 사람은 제사에서 힘껏 그 진실함[誠]을 다했고, 조심스레 그 신중함[愼]을 다했으며, 신(神)이 흠향하는 것이 무엇인지를 알지 못하므로 그 제물을 두루 갖추어서 차렸고, 신이 계시는 곳이 어딘지를 알지 못하므로 여러 곳에서 신을 찾았다.[36]

---

35) 『心經密驗』, 「心性總義」(『與全』 2集, 2卷, 31ab). "程子曰, '主一之謂敬. 無適之謂一.' ○案孔子謂 '曾子曰一以貫之', 一者恕也. 『中庸』曰 '所以行之者一也', 一者誠也. 古經言一, 皆有指謂. 惟伊川主一之一, 當時未有明說, 後來遂無的論, 一之爲何物, 旣不可認, 將如何主一耶? 若如朱子說, 或問主一無適, 朱子曰只是莫走作, 如今人一事未了, 又要做一事, 心下千頭萬緖, 是不拘何事, 硬執一事, 推究到底, 不以他事交亂此事也. 然伊川主敬之工, 每要心中都無一事, 不應以專想一事爲主一. 且無適者, 謂都無所適. 若專想一事, 則豈可曰無適? 此意極不可曉. ○高峯和尙禪語云, '萬法歸一, 一歸何處?' 一者, 心也. 以心主心, 都不發用, 所以爲禪也. 主一之一, 必與此不同, 惜無明解. … 不容一物, 何謂主一? 敬天時容得一天, 敬兄時容得一兄, 敬圭璧時容得一圭璧, 若都無一物, 恐近坐禪."

36) 『喪禮外編』 卷1, 「檀弓箴誤4」, 〈銘, 明旌也〉(『與全』 3集, 17卷, 41b~42a). "古人之於祭祀, 勿勿然致其誠, 兢兢然致其愼, 不知神之所饗, 故備設其物. 【如焫蕭 · 膋類.】 不知神之所在, 故求之多方. 【不一處.】 「禮器」曰, '納牲詔於庭, 血毛詔於室, 羹定詔於堂. 三詔皆不同位, 蓋道求而未之得也.' 【又云, '設祭於堂, 爲祊乎外, 故曰〈於彼乎? 於此乎?〉' 】 「郊特牲」曰, '詔祝於室, 坐尸於堂, 用牲於庭, 升首於室, 直祭祝于主, 索祭祝於祊, 不知神之所在, 於彼乎? 於此乎?' 【又云, '主人自致其敬.' 】 祭之法如是也, 銘於肂, 重於庭, 而奠之於室中, 不亦宜乎?"

정약용에 의하면, 본심(本心)을 함양(涵養)하는 '경이직내(敬以直內)'는 상제(上帝)를 마주 대하는 주경(主敬) 공부로서, 몸짓으로 구현되는 구체적인 의절보다 어렵고 구체적인 의절로 표현되는 마음의 의례적 지향작용의 근원이 되는 것이다.[37] 상제를 대하는 경건함은 자신을 수양하는 수신(修身)으로, 인륜의 실천을 뒷받침하는 바탕이 되고,[38] 인간은 서(恕)에 정성을 다하는 성(誠)과 예(禮)로 돌아가는 경(敬)을 통해서 개체적 고립에서 벗어나 인간이 살아가는 세계의 질서인 인륜을 구현함으로써 인(仁)의 덕(德)을 성취하게 된다.[39]

경의 의례적 지향작용은 경건한 태도로 의례의 대상을 지향할 뿐만 아니라 적극적이고 능동적으로 불경(不敬)을 제거한다.[40] 이는 제사에서 요청되는 정성[誠]과 정결[潔]의 적극적 표현으로 볼 수 있다.[41] 여기서 불경을 제거한다는 것은 구체적으로 몸과 마음을 한결같이 경건하게 가다듬고 더러운 것을 제거하는 재계(齋戒)를 가리킨다.[42] 결국 마음의 지향

---

37) 『論語古今註』 卷9, 「陽貨」(『與全』 2集, 15卷, 38b~39a). "敬者, 有所嚮之名. 若無所嚮, 亦無所用敬. 惟本心涵養, 莫如 '敬以直內', 故君子有對越主敬之工. 然此工夫比之手口動作之功, 倍難倍高, 豈可曰 '無所用心' 乎? 若無故靜坐, 亦何異於坐禪也?"

38) 『論語古今註』 卷7, 「憲問」(『與全』 2集, 13卷, 38a). "敬者, 有所嚮之名. 無所向, 則無所敬矣. 君子之敬其身, 亦所以敬天而敬親." 『孟子要義』 卷2, 「告子第6」, 〈公都子曰告子曰性無善無不善章〉(『與全』 2集, 6卷, 23b). "恭字從心, 猶近心德. 敬者, 有所向之名, 敬天·敬君·敬兄·敬長·敬賓·敬事, 皆有所嚮而後敬之名立焉."

39) 『詩文集』 卷16, 「自撰墓誌銘【集中本】」(『與全』 1集, 16卷, 17b). "經禮三百·曲禮三千, 貫之以恕, 爲仁由己, 克己復禮. 此孔門之正旨也. 誠也者, 誠乎恕也. 敬也者, 復乎禮也. 以之爲仁者, 誠與敬也. 然恐懼戒愼, 昭事上帝, 則可以爲仁. 虛尊太極, 以理爲天, 則不可以爲仁, 歸事天而已."

40) 『心經密驗』, 「心性總義」(『與全』 2集, 3卷, 29b~30a). "程子曰, '毋不敬, 可以對越上帝.' ○案, 毋不敬者, 非謂無事不敬也, 謂凡不敬之事, 禁之勿爲也. 「曲禮」篇中毋字數十, 凡毋字之下, 皆不敬也. 苟得苟免, 求勝求多, 踐屨 踖席, 勦說雷同, 側聽噭應, 淫視怠荒, 皆不敬也. 故其上各戴一毋字, 袒衣褰裳, 摶飯放飯, 嚃羹絮羹, 齧骨投骨, 反肉刺齒, 歠醢嚃炙, 流歠固獲, 皆不敬也. 故其上各戴一毋字."

41) 『周易四箋』 卷4, 「易例比釋下」, 〈祭祀例〉(『與全』 2集, 40卷, 22b). "祭祀之義, 唯誠唯潔, 故離以孚格."

작용 중 인지적 측면이 제사 대상인 신을 적극적이고 능동적으로 사려하는 것이라면, 그 의례적 측면은 신을 향한 진실함[誠]과 경건함[敬]을 통해 심신의 경건과 재계를 수반하게 되는 것이다. 특히 경건과 재계가 이루어져야 제대로 상제를 마주 대할 수 있다는 점에서, 인지적 측면은 의례적 측면의 전제가 되고, 의례적 측면은 실천을 통해 인지적 측면을 강화시킨다.

따라서 정약용의 제사관은 제사의 인지적 과정에 근거한 지향적 경건주의로 요약할 수 있다. 이러한 지향적 경건주의는 의례적으로 열광하여 의례 수행 주체의 의식이 사라져 버리는 민간종교의 열광주의(enthusiasm)를 비판하고 전일한 상태로 의례 수행 주체의 주의를 집중하여 유지하는 경건주의(pietism)를 표방한다는 점에서는 주희의 경건주의와 더불어 유교 전통의 흐름을 공유하면서도, 미발함양의 내향적 수렴을 통해 경을 이루는 수렴적 경건주의의 일면을 지닌 주희의 포괄적 경건주의와는 달리 구체적 대상이 없는 내면적 수렴을 배제하고 구체적인 대상을 향한 외향적 지향만을 인정한다. 그리하여 정약용은 주희의 경 개념에서 내면적 수렴에 근거한 선불교적 정 개념의 혐의, 즉 대상을 향한 주사의 상념이 아닌 대상이 없는 명상의 무념적 측면을 읽어내고 그것이 지닌 신비주의적 가능성을 비판하면서, 주희가 내면적 수렴의 영역으로 삼았던 미발함양을 신을 향한 주체의 신독과 계신공구로 재해석함으로써 지향적 경건주의를 통해 인륜 실천에 적극적인 행동주의적 가능성을 이끌어 냈던 것이다.

---

42) 『周易四箋』 卷8, 「說卦傳」(『與全』 2集, 44卷, 30b). "齊也者, 言萬物之潔齊也. … 齊者, 齋戒也. … 【齊者, 整也, 又壹也.】" 『喪禮四箋』 卷8, 「喪服商1」, 〈名義〉(『與全』 3集, 8卷, 2a). "齊者, 整也. 『論語』 云 '齊之以刑' 是也."

2

심신의 수양과 완성의 경지

(1) 위의(威儀) 공부와 호연지기(浩然之氣) 양성

정약용은 위의(威儀) 공부를 대단히 중요하게 여겼다. 위의 공부는 마음 공부와 달리 평소에 예(禮)에 맞게 몸가짐을 단속하는 것을 말한다. 그는 당시 성리학이 정좌 공부의 내면적 수양에만 골몰하면서 위의 공부에 대해 소홀히 한 문제점을 심각하게 느끼고 있었다. 특히 주경존심(主敬存心)의 수양 공부도 몸의 구체적인 동작과 자세를 나타내는 위의가 뒷받침되지 않으면 제대로 할 수 없다는 점을 다음과 같이 분명하게 밝혔다.

> 요즈음 일종의 학술은 오로지 반관(反觀)으로 명목(名目)을 삼아 외모(外貌) 수식하는 것을 가식이라 지목하여 약삭빠르고 방탕하여 속박을 싫어하는 젊은이들이 이 말을 듣고 뛸 듯이 기뻐하여 드디어 기거동작(起居動作)의 예절까지 멋대로 한다. 나도 지난날에 이 병에 깊이 걸렸기 때문에 늙어서도 뼈마디가 익숙지 못하여 후회하여도 고치

기 어려우니, 몹시 후회스러울 뿐이다. 지난번에 너를 보니, 전혀 옷깃을 여미고 무릎꿇고 앉으려 하지 않아, 단정하고 엄숙한 빛이 전혀 보이지 않았다. 이는 나의 병통이 한번 옮겨가서 너의 이 못된 병통이 된 것이니, 이는 성인이 사람을 가르칠 때에 '먼저 외모로부터 수습해 나가야 바야흐로 마음을 안정시킬 수 있다'는 가르침을 모르는 것이다. 세상에 비스듬히 눕고 삐딱하게 서서 큰 소리로 지껄이고 어지러이 보면서 주경존심(主敬存心)할 수 있는 자는 없다.[43]

두 아들에게 보내는 편지에서, 정약용은 용모를 움직임[動容貌], 말을 함[出辭氣], 안색을 바로 함[正顔色]을 주제로 해서 〈삼사잠(三斯箴)〉을 만들어 서재에 붙이고 그에 따라 위의 공부에 힘쓸 것을 권면하였다.[44] 이러한 내용의 편지[45]를 또 보낼 정도로, 그는 위의 공부의 중요성을 강조하였다. 또한 『경세유표』에서도 제사, 빈객, 조정, 향당, 군려, 상기 등의 위의의 세세한 내용을 몸으로 익혀야 비로소 몸을 제어함으로써 마음을 편안하게 하는 위의지학(威儀之學)에 의해서 몸과 마음이 온전하게

43) 『詩文集』 卷21, 「寄兩兒【癸亥元日】」(『與全』 1集, 21卷, 13b). "近世一種學術, 專以反觀立名, 而修飾外貌者, 指之爲假僞, 年少儇蕩心厭拘束者, 聞此皆躍然大喜, 遂於起居動作之節, 任情眞率. 吾亦向來深中此病, 到老筋骸不習, 雖悔難改, 甚可悔恨耳. 向見汝都不肯整襟危坐, 端莊凝肅之色, 未或一見. 此吾一轉而爲汝也, 殊不知聖人教人, 先從外貌收將去, 方纔得安頓此心. 世未有偃臥側立, 胡言亂視, 而可以主敬存心者也."

44) 『詩文集』 卷21, 「寄兩兒【癸亥元日】」(『與全』 1集, 21卷, 13b~14a). "故曰動容貌曰出辭氣曰正顔色, 爲學問最初入頭處. 苟不能於此三者乎用力, 則雖有通天之才絶人之識, 終無以著得跟立得脚, 其　也爲悖口爲戾行爲盜賊爲大惡爲異端雜術, 無所止泊. 吾欲以三斯名齋, 謂斯遠暴慢斯遠鄙倍斯近信也. 今爲汝進德, 以此贈汝, 汝以名汝齋, 仍自記文, 付之後便也. 吾亦當爲汝作記耳. 汝又以此作三箴, 名之曰三斯箴, 可以繼美於程夫子四勿【缺】矣. 何福如之? 深望深望."

45) 『詩文集』 卷18, 「示二子家誡」(『與全』 1集, 18卷, 8b). "君子正其衣冠, 尊其瞻視, 凝默端坐, 儼然若泥塑人, 而其言論篤厚嚴正如是. 然後能威服衆人, 風聲所覃, 遂至久遠. 若惰慢佻儇, 雜以諧詼, 雖其所言深中理窾, 人亦莫之肯信, 生前不能樹立根基, 死後自然日就泯滅, 此事理當然耳. 天下鹵莽者多, 通透者少, 孰肯捨其易見之威儀, 別求難識之義理哉?"

수양이 될 수 있음을 역설하기도 했다.[46] 특히 정자(程子)의 〈사물잠(四勿箴)〉을 인용하는 대목에서는 위의를 통해 내면을 수양하는 방식에 대해 적극적으로 호감을 표한 바 있다.[47]

정약용이 위의의 공부를 강조하는 것은 도학자들이 정(靜) 위주의 정좌를 중심으로 지나치게 경도됨으로써 상대적으로 약화된 외면적 행위의 절제를 되살린 것으로 평가할 수 있다. 이러한 경향은 앞서 살펴본 바 있듯이, 미발함양을 부정하는 그의 경(敬) 개념에도 반영된다. 더구나 그는 〈경기재잠(敬己齋箴)〉을 통해 주희의 〈경재잠(敬齋箴)〉의 전통을 이어서 동정불위(動靜弗違)와 표리교수(表裏交修)의 깊은 뜻을 밝히고자 했다.[48] 이 잠(箴)을 살펴 보면, 경(敬)이 자신에게 베풀어졌을 때는 예에 맞는 위의의 실행으로 신체화되고, 인간관계에서 베풀어지면 효제충신(孝弟忠信)의 덕(德)으로 구현된다.[49] 특히 그는 '주일'(主一)을 마음이 아니라 몸[身]을 주재하는 경(敬)공부로 보면서 위의와 연결지어 논하고 있으며, 그러한 경신(敬身) 공부에서 시작하여 신독(愼獨)을 통해 경천(敬天)

---

46) 『經世遺表』 卷13, 「地官修制」, 〈敎民之法〉(『與全』 5集, 13卷, 20b~21a). "不知古人爲學, 原以威儀爲工夫, 祭祀之容·賓客之容·朝廷之容·鄕黨之容·軍旅之容·喪紀之容, 各各不同, 詳觀「玉藻」·「少儀」·「鄕黨」篇所記, 可知古人所務. 深於威儀, 不可但以一跪字了當也. 程子曰, 制之於外, 以安其內, 威儀之學, 卽所以交正表裏也. 乃其道術之本, 唯在乎率性以事天, 推恕以求仁而已."

47) 『心經密驗』, 「心性總義」(『與全』 2集, 2卷, 31b). "「四勿箴」曰, '發禁躁妄, 內斯靜專.' 所謂 '制之於外, 以安其內' 者, 此也. 愚甚喜此語. 大抵表裏交修, 其德不孤, 不可作一偏說."

48) 『詩文集』 卷12, 「敬己齋箴【竝引】」(『與全』 1集, 12卷, 25ab). "昔朱夫子作「敬齋箴」, 敬之時義, 無餘蘊矣. 小子何敢贅焉? 謹詳其節目, 令蒙士易曉. 苟其學問有進, 能知夫動靜弗違·表裏交正之奧義, 則是篇廢之可也."

49) 『詩文集』 卷12, 「敬己齋箴【竝引】」(『與全』 1集, 12卷, 25b). "此言禮視·禮聽·禮言·禮動, 敬之施於己者也. 親親·長長·尊尊·賢賢, 【卽孝·弟·忠·信.】 敬之施於人者也. 始言敬身之要在乎主一, 終言敬天之實在乎愼獨, 庶於紫陽之箴, 不倍大義也.【古者親親·長長·尊尊·賢賢, 爲王道之大綱. 仁·義·禮·智, 卽此四者也. 孝·弟·忠·信, 亦此四者也. ○親親, 仁也. 尊尊, 義也. 長長, 禮也. 賢賢, 智也. 故孟子曰, '智之於賢者也.' ○親親, 孝也. 長長, 弟也. 尊尊, 忠也. 賢賢, 信也. 信者, 信其道也, 亦與之有信也.】"

으로 완성되는 경공부의 새로운 지평을 선보였다.

이러한 사유는 잠(箴)을 통해 수양을 심화시키는 도학적 전통을 깊이 계승하면서도, 몸뚱이와 대비되는 마음이 아니라 몸뚱이와 마음을 포괄하는 총체적 몸에 대한 관심을 수양론적으로 주제화하는 것이며, 그러한 몸에서 시작한 경의 수양이 최종적으로 하늘을 경건하게 섬기는 신독에서 완성된다는 점을 강조함으로써 종교문화체계로서의 예의 초월적 축을 굳건히 한 것으로 평가할 수 있다.

이렇듯 종교적 의식의 체화와 몸짓의 적절한 제어는 예의 실천과정에서 마음과 몸의 긴밀한 상호작용을 유발한다. 정약용은 그것을 안과 밖, 속과 겉의 상호 제어 혹은 상호 수양이라는 명제로 명확하게 한 것이다. 그리하여 종교적 의식과 위의의 실천은 상호 규제하는 환류체계를 구성하게 된다. 하늘을 섬기는 신독(愼獨)에 근거하여 마음의 내면에서 이루는 성(誠)은 자연스럽게 적절한 몸의 움직임으로 드러나고, 구체적인 동작이나 몸의 외면적 움직임에 대한 적절한 제어는 내면의 마음에 종교적 의식을 보존하고 공과 덕을 활성화하는 것이다.

이와 관련하여 흥미로운 것은 다산이 하루 일과를 준비하고 하루 일과를 마치는 과정에서 위의를 가다듬으면서 신독(愼獨)의 자세를 의례화하여 제시하고 있다는 점이다. 정약용은 지방의 목민관이 스스로 하루를 준비하는 '몸가짐을 가다듬는 일'[飭躬]을 다음과 같이 서술하였다.

> 기거에 절도가 있고, 관대는 단정하게 가다듬으며, 백성들에게 임할 때에는 장중하게 하는 것이 옛날의 도(道)다. 새벽에 일어나서 촛불을 밝히고 세수하며 옷을 단정히 입고 띠를 두른 후 묵연히 단정하게 앉아서 정신을 함양한다. 얼마쯤 있다가 생각을 풀어내어 오늘 응당 해야 할 일들을 놓고 먼저 선후의 차례를 정한다. 제일 먼저 무슨 공문(公文)을 처리하며 다음에는 무슨 명령을 내릴 것인가를 마음 속에 역력히 해야

> 한다. … 동이 트면 촛불을 끄고 그대로 앉아 있다가, 하늘이 이미 밝아 시노(侍奴)가 시간이 되었다고 아뢰거든, 이에 창문을 열고 관속들의 참알을 받는다. … 조변이 성도를 맡아 다스릴 때, 매일 한 일을 밤마다 반드시 의관을 갖추고 향을 피워서 하늘에 고하며, 고할 수 없는 일은 감히 하지 않았다. 이는 군자가 삼가며 두려워하는 공부의 진정한 길이다.[50)]

한편, 이러한 위의의 공부는 그의 인간관과 심신수양론에 토대를 둔 것이다. 정약용에 의하면, "인간의 정신은 몸뚱이와 오묘하게 결합된 것이며," 생명체계로서 몸[身]은 본래 몸뚱이[形]와 유기적으로 정신[神] 혹은 마음[心]이 유기적으로 결합된 것이다.[51)] 예는 뼈와 힘줄을 구속함으로써 몸이 방일(放逸)하지 않도록 몸을 움직이는 혈(血)과 기(氣)를 제어하고, 그와 연관되어 '감동(感動)'과 '사려(思慮)'가 나타나는 마음을 단속하는 것이다. 이러한 내용을 「도산사숙록(陶山私淑錄)」에서는 다음과 같이 설명하고 있다.

> 그러나 옛날 선왕(先王)이 백성을 기를 때, 그 기(氣)를 기르는 법은 예(禮)·악(樂) 두 글자에서 벗어나지 않았다. 예(禮)는 힘줄과 뼈를 구

50) 『牧民心書』 卷1, 「律己」, 〈飭躬〉(『與全』 5集, 16卷, 27b～28b). "興居有節, 冠帶整飭, 莅民以莊, 古之道也. 未明而起, 明燭盥洗, 整衣束帶, 默然危坐, 涵養神氣. 少頃, 乃繹思慮, 取今日當行之務, 先定先後次第. 首治某牒, 次發某令, 皆歷然在心. 乃取第一件, 思其善處, 次取第二件, 思其善處, 務絶私欲, 一循天理. 昧爽滅燭, 一直危坐, 天旣明, 侍奴告時至, 乃啓窓, 受參謁. … ○或見樂疎放厭拘束者, 單著騣巾夾袖衣, 或不網不韈, 以臨吏民, 大不可也. 『詩』云, '抑抑威儀, 唯德之隅', 『詩』云, '敬愼威儀, 惟民之則', 古之道也. 威儀旣爽, 民罔攸則, 何以濟矣? … 趙抃任成都, 日所爲事, 夜必衣冠, 拈香告天, 不可告者, 不敢爲也. ○此君子戒愼恐懼之工, 眞正門脈."

51) 『心經密驗』, 「心性總義」(『與全』 2集, 2卷, 25ab). "神形妙合, 乃成爲人. 故其在古經, 總名曰身, 亦名曰己. … 惟其含蓄在內, 運用向外者謂之心. 誠以五臟之中, 其主管血氣者, 心也. 神形妙合, 其發用處, 皆與血氣相須. 於是假借血氣之所主, 以爲內衷之通稱. … 其有喜者曰歡心. 【見『孝經』.】"

속해서 힘줄과 뼈가 방일(放逸)하여 병(病)이 나는 것을 금하는 것이고, 악(樂)은 혈맥(血脈)을 움직이게 하여 혈맥이 막히어 병이 드는 것을 소통하는 것이다. 한번 늦추고 한번 죄며, 잡기도 하고 놓아주기도 하며, 아울러 행하되 어그러지지 않고, 겸하여 나아가되 치우치지 아니하여, 이(理)가 능히 기(氣)를 거느리고 기(氣)가 능히 이(理)를 기르도록 하였다. 그러므로 옛사람이 다 수고강녕(壽考康寧)하고 휴양생식(休養生息)하며, 풍속이 순박하고 화합하여 백성들이 화락하게 사는 지경에 들어갔으나, 스스로 깨닫지 못했던 것이다. 후세(後世)에는 예악(禮樂)이 이미 무너져서 정욕(情慾)이 제멋대로 구니, 혹은 제멋대로 즐기다가 재앙을 부르기도 했고, 혹은 걱정하고 괴로워하다가 화(和)를 상하게도 했으며, 요사(夭死)하는 자가 잇달고 기상(氣像)이 처참하게 되었으므로, 이에 묵은 것을 토해 내고 새 기운을 들이마시는 술법과 '웅경 · 조신'의 도인법[熊經鳥伸之方]이 그 사이에 횡행하게 되고, 음사(淫邪)하고 괴이한 설이 그 양심(良心)을 무너뜨리며, 금석(金石)으로 제조한 약제(藥劑)가 그 타고난 원기를 해치어, 수명(壽命)의 근원에는 도움이 없는데도 그저 사람으로 하여금 미혹되어도 돌이킬 줄 모르게 하니, 슬프도다![52]

정약용에 의하면, 양기(養氣)는 도가의 도인법 등과는 전혀 무관하며 예악(禮樂)을 벗어나지 않는다. 예악은 정욕이 사정(私情)으로 치닫지 않고 공정(公情)의 범위에 머무르도록 육체를 구속하는 힘이 있다. 중절(中

52) 『詩文集』 卷22, 「陶山私淑錄」(『與全』 1集, 22卷, 9a). "然古者先王之養民也, 其養氣之法, 不出於禮樂二字. 禮者, 所以拘束筋骸, 禁其縱逸而生疾也. 樂者, 所以動盪血脈, 疏其壅遏而致病也. 一弛一張, 或操或縱, 竝行而不悖, 兼進而不偏, 使理能馭氣, 而氣能養理. 故古之人皆壽考康寧, 休養生息, 風淳俗和, 入於熙皥之域而不自覺也. 後世禮樂旣壞, 情慾自縱, 或逸樂而招災, 或愁苦而傷和, 夭札相續, 氣像凄慘, 則於是乎噓陽吸氣之術, 熊經鳥申之方, 馳騖於其間, 淫邪幽怪之說, 陷溺其良心, 金石煩燥之劑, 戕賊其天和, 無補於壽命之原, 而徒使人迷惑而不知反, 哀哉!"

節)을 이룬 '공정'의 발현은 천명(天命)에서 근본한 것이므로 마음의 병이 되지도 않고 몸을 해치지도 않지만, 재색(財色)과 화복(禍福)의 사사로움에서 발현되는 '사정'은 외물(外物)에 따라 난동하여 몸이 그 바름을 잃게 만든다.[53] 그는 이러한 '신형묘합'의 인간관에 의거하여 마음과 몸의 공부가 별도로 있는 것이 아니라고 보았으며,[54] 그에 따라 상대적으로 육체적 계기와 연관하여 다양하게 나타나는 현상적인 마음, 곧 총체적인 몸[大體]에 대한 수양론적 관심을 보였던 것이다.

> 『설문(說文)』에 "심(心)은 한 몸의 주재(主宰)다"라고 하였으니, 이는 거의 그릇됨이 없으나, 동일한 심자에도 원래 세 등급이 있다. 그 첫째는 영지(靈知)의 전체(全體)를 심이라 하는 것이니, 이른 바 "마음의 작용은 생각[思]이다", "먼저 그 마음을 바르게 한다"는 따위가 이것이다. 그 둘째는 감동과 사려가 발하는 것을 심이라 하는 것이니, 이른 바 '측은지심'(惻隱之心), '비벽지심'(非辟之心) 따위가 이것이다. 그 셋째는 오장(五臟) 가운데 혈(血)과 기(氣)를 주관하는 것을 심이라 하는 것이니, 이른 바 "심에는 일곱 구멍이 있다"고 하는 따위가 이것이다.【간(肝), 폐(肺), 비(脾), 신(腎)은 그 글자가 육(肉)으로 이루어져 있으니, 심(心)과는 다르다. 대개 오장의 심이 꼭 심자의 근본인 것은 아니며, 신명(神明)의 심이 꼭 심자의 가차(假借)인 것은 아니다.】첫째와 셋째는 하나만 있고 둘이 없으나, 둘째 심의 경우에는 넷도 되고 일곱도 되며 백도 되고

---

53) 『大學公議』 卷1(『與全』 2集, 1卷, 30ab). "喜怒哀樂, 原有二種, 其中節者爲一種, 其不中節者爲一種. 凡公喜·公怒·公憂·公懼, 其發本乎天命, 故不爲心病, 亦不陷身. 彌喜彌怒而不損其赤子之心, 彌憂彌懼而不挫其浩然之氣, 唯其喜怒憂懼之發於財色·禍福之私者, 一波纔動而全泓鼎沸, 尺霧初起而長天漆黑, 遂不免隨物亂動而身失其正, 斯豈一種一類之物乎?"

54) 『大學公議』 卷1(『與全』 2集, 1卷, 30ab). "身心妙合, 不可分言, 正心卽所以正身, 無二層工夫也."

> 천도 되니, 운부(韻府)에서 열거된 것이 어찌 한정이 있겠는가? 다만 이 백 가지 천 가지 마음은 조용히 그 분류를 살펴보면, 인심(人心)과 도심(道心)에서 벗어나지 아니하여, 인심이 아니면 도심이요, 도심이 아니면 인심이니, 공(公)과 사(私)로 나뉘고 선(善)과 악(惡)으로 갈리는 것이다.[55]

이 때문에 위의(威儀)의 공부와 윤리적/사회적 실천은 정좌(靜坐)를 중심으로 한 내향적 명상 대신에 호연지기(浩然之氣)를 기르는 양기(養氣)를 통해 의례적/실천적 능력을 확충시켜 나가는 기반으로 설정된다. 여기서 흥미로운 부분은 호연지기가 도의(道義)를 얻지 못하면 굶주린다는 대목이다.[56] “내 일찍이 생각해 보건대, 몸뚱이[體]가 굶주리는 것은 군자가 걱정할 바가 아니다. 오직 의(義)를 모으고 선(善)을 쌓는 공(功)이 지극하지 않은 바가 있으면, 안으로 병들고 밖으로 부끄러워 고달프게 저절로 막혀서 기(氣)가 그 때문에 굶주리니, 이것이 바로 군자가 부끄러워하는 것이다.”[57] 그리하여 도의를 욕구하는 호연지기(浩然之氣)를 채움으로써 대체(大體)인 몸[身]을 기르는 수양론을 제기했으며, 마음이

---

55) 『梅氏書平』 十, 「閻氏古文疏證抄一」, 〈南雷黃宗羲序【錄全文】〉(『與全』 2集, 32卷, 23ab). “『說文』曰, ‘心者, 一身之主宰’, 則庶幾無誤, 而同一心字, 原有三等. 其一, 以靈知之全體爲心, 若所謂心之官思及先正其心之類, 是也. 其二, 以感動思慮之所發爲心, 若所謂惻隱之心 · 非僻之心, 是也. 其三, 以五藏之中主血與氣者爲心, 若所謂心有七竅, 是也.【肝 · 肺 · 脾 · 腎, 其字從肉, 心字特殊, 蓋五臟之心, 未必爲心字之本, 神明之心, 未必爲心字之假借也.】第一第三, 有一無二, 若其第二之心, 可四可七可百可千, 韻府所列, 豈有限制? 但此百千之心, 靜察其分, 不出乎人心 · 道心, 非人心則道心, 非道心則人心, 公私之攸分, 善惡之攸判.”

56) 이에 대해 성태용은 “몸을 닦는다는 것은 곧 마음을 닦는 것이라는 마음 위주의 수양론이면서도, 그 닦는 방식은 우리가 일상적으로 몸이라고 하는 소체를 기르는 방식을 본딴 대체의 수양론”이라고 평가했다. 성태용, 「다산학에 있어서 몸 기름養과 마음 기름養」, 78쪽.

57) 『孟子要義』 卷1, 「公孫丑第二」, 〈公孫丑問不動心章〉(『與全』 2集, 5卷, 18b). “竊嘗思之, 體餒, 非君子之攸憂也. 唯是集義積善之功, 有所不至, 則內疚外怍, 苶然自沮, 氣爲之餒, 是乃君子之所恥也.”

넉넉해짐에 따라 몸이 살찌게 되는 효과까지 나타나게 된다.[58]

이러한 심신(心身)의 수양은 도심(道心)이 인심(人心)을 주재하도록 만드는데, 도심은 천명(天命)으로서의 도의(道義)를 좋아하고 추구하는 기호(嗜好)로서의 성(性)을 따르는 것이다. 이러한 수양과 실천의 과정을 반복하게 되면, 몸과 마음, 사고와 행동, 바탕과 형식이 자연스럽게 부합되어, 마침내 군자(君子) 또는 덕을 완성한 사람[全德之人] 혹은 하늘을 감통하는 사람[格天之人]이 된다. 나아가 그런 사람들이 많아지게 되면 사회는 효제충신의 덕이 풍속을 변화시키고 사회질서를 안정되게 만드는 경세론적 효과까지 있게 된다.

> 효제충신(孝悌忠信)이 예악의 근본이고, 윗사람을 편안케 하고 백성을 다스리는 것[安上治民]과 풍속(風俗)을 좋은 방향으로 변화시키는 것[移風易俗]은 예악의 공용(功用)이다.[59]

(2) 전덕지인(全德之人)과 격천지인(格天之人)

'극기복례'를 통해 종교문화체계로서의 예를 긍정적 환류작용으로 선순환시키는 데 성공한 사람들은 어떤 인격이 되는가? 덕(德)의 바탕[質]과 예(禮)의 형식[文]이 조화를 이룬 군자(君子)로서 덕(德)을 완성한 사람[全

58) 『中庸講義補』 卷1, 「天命之謂性節」(『與全』 2集, 4卷, 3a). "神形妙合, 性不離氣." 『孟子要義』, 「盡心第十六」, 〈自范之齊, 見齊宣王之子, 居移氣養移體章〉(『與全』 2集, 6卷, 45b). "孟子說浩然之氣, 說夜氣, 說睟子, 說睟面盎背, 說居移氣養移體, 皆心廣體胖之意. 誠以神形妙合, 故養其身以旺其形也. 君子盍於是致意焉?"

59) 『論語古今註』 卷9, 「陽貨」(『與全』 2集, 15卷, 30b). "『孝經』云, '移風易俗, 莫善於樂. 安上治民, 莫善於禮.' 馬・鄭取之以解此章. 然安上治民, 移風易俗, 皆禮之功用, 豈禮樂之本哉? 禮樂本於孝悌忠信, 故子曰 '人而不仁, 如禮樂何?'"

德之人]이거나,[60] 선(善)을 쌓고 의(義)를 모은 사람으로서 내면에 부끄러움이 없고 호연지기(浩然之氣)가 가득 차서 몸과 마음이 넉넉하여 부귀(富貴), 빈천(貧賤), 위무(威武)로도 굴복시키지 못할 만큼 천지(天地)와 덕(德)을 합하는 전덕지인(全德之人)이다.[61]

또한 대개 덕행(德行)이 순수해서 위로 하늘에 이를 수 있어서 하늘의 유계(牖啓)를 받들어 미리 알 수 있는 '성인'(聖人)들,[62] 예컨대 오제(五帝)의 경우에는 신성대덕(神聖大德)으로 불리면서, 상제에 짝할 만한 덕을 실현한 덕분에 교단(郊壇)에서 체(禘)제사의 대상이 되었고, 하늘에 짝한 덕분에 조묘(祖廟)에서 체제사의 대상이 되었다.[63] 교단과 조묘는 각기 천(天)과 인귀(人鬼)를 모시는 제사공간인데, 이 두 공간에서 체제사의 대상이 된다는 것은 몸은 죽어 없어져도 의례적으로 끊임없이 그 공(功)과 덕(德)이 기억되고 다른 사람들의 일상적 실천에서 모범으로 영향을 미친다는 것을 뜻한다.

제사는 공과 덕이 재생되어 기억되는 신성한 의례인 것이다. 이런 점을 의식한 정약용은 제사의 이치를 논하면서, 『상서』「여오(旅獒)」편에서 '오직 덕만이 제물이 된다' [惟德緊物]는 논리에 대하여, 사물 자체가

60) 『論語古今註』 卷5, 「先進第十一」(『與全』 2集, 11卷, 19a). "孔子亟稱曰, 文質彬彬然後君子, 則君子者, 全德之人也." 『論語古今注』 卷2, 「公冶長第五」(『與全』 2集, 8卷, 32a). "小心供奉曰恭.【「釋名」云.】所嚮警謹曰敬.【無所嚮, 無所用敬.】慈順好施曰惠. 有順心裁制得宜曰義.【「釋名」云.】能此四者, 全德之人也."

61) 『心經密驗』, 「心性總義」(『與全』 2集, 2卷, 26a). "積善集義之人, 其始也俯仰無怍, 內省不疚, 積之彌久, 則心廣體胖, 睟然見乎面而盎乎背, 積之彌久, 則充充然有浩然之氣, 至大至剛, 塞乎天地之間. 於是富貴不能淫, 貧賤不能移, 威武不能屈. 於是神而化之, 與天地合其德, 與日月合其明, 遂成全德之人."

62) 『尙書古訓』 卷4, 「洪範」(『與全』 2集, 25卷, 34a). "德行純粹, 上能格天, 則承天之牖啓, 可以先識, 名之爲聖, 以是也."

63) 『論語古今注』 卷1, 「八佾中」(『與全』 2集, 7卷, 50a). "五帝皆神聖大德, 克配上帝, 故禘之於郊壇,【『周禮』祭五帝譽.】亦以配天之故, 禘之於祖廟.【「大傳」曰, '王者禘其祖之所自出.'】『易』曰, '聖人神道設教, 而天下服.'【觀之象】知禘之說者, 能神道設教, 故天下易治也."

곧바로 제물로 쓰일 수 있는 것이 아니라 오직 덕 있는 자가 바친 것이라야만 서직(黍稷)과 생폐(牲幣) 따위가 제물의 역할을 할 수 있다고 설명했다. 이는 제사를 흠향하는 귀신이 무형(無形)한 영명적 실체이기 때문에 영명한 실체가 실현한 덕만을 흠향할 수 있음을 지적하는 대목이다. 그렇다면 공과 덕은 귀신이 흠향하는 무형의 제물이요, 제사 대상으로서 인귀(人鬼)가 하늘에 배향될 수 있는 전제조건일 뿐만 아니라 온전한 제사 주체가 되기 위한 기준이 되기도 하는 것이다.[64]

이렇듯 하늘을 닮아 하늘의 덕에 도달할 정도로 덕행이 순수하고 정신이 전일한 자는 상제와 감통하여 천명을 밝게 아는데, 이런 경지에 이르면 '하늘에 이른 자', 곧 격인(格人)이 되는 것이다.

> 내가 생각건대, '격인'(格人)은 하늘에 이른 사람[格天之人]이다. 주공(周公)의 말씀에 "옛날 성탕(成湯)의 때에는 이윤(伊尹) 같은 이가 있어서 황천(皇天)에 이르렀다. 태무(太戊)의 때에는 이척(伊陟)과 신호(臣扈) 같은 이가 있어서 상제(上帝)에 이르렀고, 무함(巫咸)이 왕가(王家)를 다스렸다. 조을(祖乙)의 때에는 무현(巫賢) 같은 이가 있었고, 무정(武丁)의 때에는 감반(甘盤) 같은 이가 있었다."고 했는데, 무릇 그 덕행(德行)이 순수하고 정신(精神)이 전일(專一)한 자는 상제(上帝)와 감통(感通)하여 가르침을 우러러 받들어서 천명(天命)을 밝게 알 수 있으니, 이를 '격인'이라 일컫는다. 또 생각건대, 『국어(國語)』「초어(楚語)」의 관사보(觀射父)의 말에, 옛날에 무(巫)가 되는 사람은 본래 그로 하여금 명신(明神)을 받들어 섬기도록 하였기 때문에, 무함과 무현이

64) 『梅氏書平』 卷7, 「旅獒」(『與全』 2集, 31卷, 31a). "'惟德緊物'者, 謂物不能自物, 唯爲有德者之所薦, 然後物能爲物. 如黍稷 · 牲幣之等, 唯貴乎德將也. 此亦論祭祀之理." 『춘추좌전』 僖公5年條에 나오는 기사에도 유사한 발언이 실려 있다. "지극한 정치는 향기로워 신명(神明)을 감동시키니, 서직(黍稷)이 향기로운 것이 아니라 명덕(明德)이 향기로운 것이다."(至治馨香, 感于神明. 黍稷非馨, 明德惟馨.)

> 줄지어 격인이 될 수 있었고, 축사(祝史)와 복서(卜筮)의 관직에 이르러서도 격인이 있었다. 춘추(春秋)시대에는 오히려 문인(聞人)은 많았으나, 세교(世敎)가 망하여 없어지고, 귀도(鬼道)가 빨리 퍼져서, 무축(巫祝)과 복사(卜史) 등은 모두 사술(邪術)로 전락하였다. 비록 어느 모로나 딱 들어맞는다고 하더라도, 옛날의 이른 바 격인은 아니다.[65]

이러한 격인들은 일종의 신화적 문화영웅으로 인간의 문화체계 정립에 큰 공헌을 한 인물들이다. 이렇게 공과 덕이 하늘에 이르고 백성들에게 그 은택을 끼친 이들은 교제사와 체제사를 통해 상제(上帝)에 배향(配享)하는데, 체제사에서 오제를 상제에 배향하고 교제사에서 후직을 상제에 배향하는 것이 그 대표적인 사례다.[66] 이뿐 아니라 조(祖)·종(宗)의 제사까지도 모두 일상적 영역에서 배천(配天)한 공로로 제사 의례에서 배향(配享)되는 방식이다. 따라서 '배천'의 제사 방식은 일상적 영역에서 '사천'의 실천을 잘 한 결과물이라고 할 수 있다.

나아가 제사의 대상이 되는 천지(天地)의 온갖 명신(明神)들은 주재적 지고신인 상제를 보좌하는 신들이므로, 상제를 보좌하는 이들에 대한 제사는 결국 상제를 섬기는 의례적 방식이 된다고 설명하기도 한다.[67] 그

---

65) 『尙書古訓』 卷4, 「西伯戡黎」(『與全』 2集, 25卷, 17b). "鏞案, 格人者, 格天之人. 周公之言曰, '在昔成湯時, 有若伊尹, 格于皇天. 在太戊時, 則有若伊陟·臣扈, 格于上帝, 巫咸乂王家. 在祖乙時, 則有若巫賢. 在武丁時, 則有若甘盤.' 凡其德行純粹, 精神專一者, 能感通于上帝, 仰承啓牖, 昭知天命, 斯之謂格人. 又按, 「楚語」觀射父之言, 古之爲巫者, 本使之承事明神, 故巫咸·巫賢, 得列爲格人, 至於祝史·卜筮之職, 亦有格人. 春秋之時, 尙多聞人, 世敎淪喪, 鬼道馳騁, 而巫祝·卜史之等, 悉化爲邪術. 雖有奇中而偶合, 非古之所謂格人也."

66) 『尙書古訓』 卷2, 「堯典」, 〈月正元日, 舜格于文祖.〉(『與全』 2集, 23卷, 14b). "古之祭法, 以德以功, 德配上帝, 功被下民, 然後配食於郊·禘. 此百祭之源本也." 『喪禮外編』 卷1, 「檀弓箴誤3」, 〈禮問〉, '十八'(『與全』 3集, 17卷, 38b). "禘以五帝配上帝, 郊以后稷配上帝, 皆極隆之祭也."

67) 『易學緖言』 卷4, 「卜筮通義」, 〈表記卜筮之義〉(『與全』 2集, 48卷, 17a). "古人事天地

러므로 제사의 기원은 제천이 되고, 다른 제사들은 배천의 제사방식이 되거나 상제를 보좌하는 신들에 대한 제사가 되어, 마침내 모든 제사가 사천으로 수렴되는 것이다. 이러한 논리가 사인과 사천의 관계에 적용되면, 신과 인간의 관계를 의례적으로 다루는 제사뿐만 아니라 인간들 간의 관계를 다루는 기타 인륜의 실천까지도 모두 사천의 구현이라고 할 수 있다. 그러므로 사천과 배천의 구조는 하늘의 천덕과 인간의 명덕이 이루는 천인상응적 구도의 반영을 통해 종교적 의식의 각성을 일상적 인륜의 영역에 불러온다고 할 수 있다.

요컨대, 정약용의 심신수양론은 종교적 의식의 각성과 체화를 기반으로 속의 마음과 겉의 몸을 함께 수양함으로써 인륜적 가치의 실천과 왕도정치 구현의 경세론적 효과까지 빚어내는 통로의 역할을 한다. 특히 정약용은 상대적으로 주일(主一)의 내향적 수렴을 중시하는 주자학의 신비주의적 경향을 제거하고, 주사(主事)의 외향적 지향을 추구하는 '지향적 경건주의'를 유교적 수양의 본령으로 강조했다. 그가 '정적 수양론[靜存靜養, 住存]'을 극복할 대안으로 '동적 수양론[動存動養, 保存]'을 제안한 것도 같은 맥락에서 이해할 수 있다.[68] 이는 유교전통에서 수기(修己)가

神明, 以事上帝."『春秋考徵』卷1,「吉禮」,〈郊4〉(『與全』2集, 33卷, 18a). "祭天·祭地, 無往而非昭事之典, 故『中庸』曰 '郊·社之禮, 所以事上帝也.'"『春秋考徵』卷2,「吉禮」,〈社1〉(『與全』2集, 34卷, 2b). "天地百靈, 皆是上帝之臣佐, 祭此明神, 亦以事天也. 故『中庸』曰 '郊·社之禮, 所以事上帝也.'"『中庸講義補』卷1,「郊·社之禮, 所以事上帝節」(『與全』2集, 4卷, 33a). "上下神示, 皆受帝命, 保佑萬物, 而王者祭而報之, 無非所以事天. 故曰 '郊·社之禮, 所以事上帝.'"

68) 『孟子要義』卷1,「盡心第七」,〈盡其心者知其性章〉(『與全』2集, 6卷, 37ab). "孟子操存之法, 保存其將亡, 後世操存之法, 住存其將去. 其差雖若毫釐, 其違乃至尋丈. 孟子所謂存心者, 每於行事之時, 去私而循命, 棄惡而從善, 以存此幾希將亡之一點道心. 此所謂保存也. 後世之所謂存心者, 每於靜坐之時, 收視而主敬, 凝神而息慮, 以存此躁擾不定之人心. 此所謂住存也. 住存之工, 固亦甚好, 但與孟子所言者不同耳. 養性亦然. 孟子之所謂養性者, 今日行一善事, 明日行一善事, 集義積善, 以養其樂善恥惡之性, 使浩然之氣, 充然不餒也. 後世之所謂養性者, 瞑目塑形, 專觀未發前氣象, 以求活潑潑地. 此所謂涵養也. 涵養自亦甚好, 但非孟子之意. 故朱子論存心, 曰存得父子之心,

언제나 치인(治人)을 지향하듯이, 수양은 반드시 경세를 지향한다는 점을 명확하게 부각시킨 것으로 평가할 수 있다.

이러한 맥락에서 정약용은 기존에는 상대적으로 간과되었던 구체적인 위의 공부를 분명하게 부각시켰으며, 이에 따라 마음에서 몸으로 나아가는 수양의 흐름과 더불어 몸에서 마음으로 진행되는 수양의 흐름이 균형을 취하게 되었다. 이처럼 균형잡힌 마음과 몸의 수양은 동시에 하늘을 대하는 종교적 의식의 각성과 체화에서 비롯되는 진실하고 경건한 두려움의 구현인 동시에, 경세론적으로도 공·덕의 성취를 가능하게 만드는 기반이 된다.

> 의(義)로써 겉으로 드러나는 몸짓을 반듯하게 하는 것은 뭇 사람들이 누구나 두려워 하는 대상을 스스로도 두려워하는 것이지만, 경(敬)으로써 속에 간직한 마음을 곧게 하는 것은 뭇 사람들이 두려워하지 않는 대상도 스스로 두려워하는 것이다. (이러한) 네 가지 두려움이 모두 갖추어졌을 때 (목민관의) 경세론적 성취가 이루어질 수 있는 것이다.[69]

대간(언론과 사정기관)이나 조정(국가 권력기관)처럼 눈에 보이는 현실적 권력에는 누구나 겉으로 두려워하는 태도를 보인다. 그것에 어긋나는 몸짓을 하는 것은 사회적 규범질서를 통해 법적 강제와 도덕적 비난의 대상이 되기 때문이다. 따라서 사회는 사회적 질서의 유지를 위해 의(義)의 규범으로 개인의 몸을 사회화시키고, 개인은 몸의 수양을 통해 사회적 질서와 조화를 이루어 간다. 이에 비해 힘 없는 백성이나 눈에 보이

存得君臣之心. 後儒以古之存養, 爲動存動養, 以今之存養, 爲靜存靜養. 余謂二者皆善, 但古無主靜之說, 惟有學而思, 思而學諸語."

69) 『詩文集』 卷12, 「送富寧都護李鍾【英赴】任序」(『與全』 1集, 12卷, 46a). "義以方外, 則凡衆人之所畏者, 我亦畏之. 敬以直內, 則凡衆人之所弗畏者, 我亦畏之. 四畏具而能事畢矣."

지 않는 하늘에 대해서는 평소 두려움을 지니기가 쉽지 않다. 그에 대한 두려움을 지니지 않더라도 현실적으로 손해를 보거나 직접적으로 제재를 받지 않기 때문이다. 이 때문에 누구나 공유하는 사회적인 규범인 의(義)로 연결되는 두려움보다는 내면 속에 지향적 관계를 유지하는 경(敬)으로 매개되는 두려움을 각성하기가 훨씬 힘들고 중대한 것이다.

정약용이 '격천지인' 혹은 '전덕지인'으로 제시하는 이상적 인간형은 모두 공·덕을 성취한 성인(聖人)인데, 그러한 공·덕의 성취는 하늘을 대하는 두려움을 경과 의의 기준에 따라 마음과 몸을 균형있게 수양했을 때 온전하게 이룩할 수 있다. 그리고 이러한 수양론적 성취는 예제(禮制)의 제도를 통해서 매개되어 인륜질서의 실현과 왕도정치의 구현이라는 경세론적 목표를 이루는 데 중요한 견인차 역할을 하게 된다.

제5장 제도로서의 예제(禮制)와 왕도정치의 실현

1. 의례의 경세론적 기능

2. 예치(禮治)와 왕도정치의 실현

1

의례의 경세론적 기능

1. 천인상응론에 따르는 사인-사천의 통합적 사유

정약용의 의례이론에서 영명성은 제사의 대상 뿐만 아니라 제사의 주체 및 모든 의례적 관계의 필수조건이 된다. 의례의 주체인 인간이 의례를 드릴 수 있는 까닭은 그가 영명한 실체이기 때문이다. 의례는 영명한 실체들간의 관계이고, 영명한 실체의 가장 큰 속성은 주재(主宰)성이며, 주재성이 제대로 발휘되면 공 · 덕(功 · 德)의 가치가 창출된다. 특히 공 · 덕은 유교 의례의 핵심인 제사의 대상이 되는 충분조건이다.[1] 그러나 영명성을 갖고 있다고 해도 어떠한 형식이나 내용으로

1) 공 · 덕은 엄밀하게 구분하면, 혈연적/사적 은혜가 아니라 사회문화적/공적 가치에 국한되지만, 『주역』에서 건도(乾道)와 곤도(坤道)를 각각 자녀를 낳고 길러주는 부모님의 은혜에 비유하듯이, 정약용도 하늘과 땅이 각기 만물에 대해서 부시지공(俯施之功)과 앙수지덕(仰受之德)이 있다고 표현한 바 있다. 따라서 포괄적으로 보면 혈연적 은덕 혹은 은공까지 포함하는 개념으로 사용할 수도 있다. 『春秋考徵』 卷1, 「吉禮」, 〈郊4〉(『與全』 2集, 33卷, 15b~16a). "『易』曰, '乾爲天, 爲父, 坤爲地, 爲母.' 誠以穹然而蒼者, 有俯施之功, 隤然而黃者, 有仰受之德. 其於萬物, 實有父母之象. 故聖

도 공·덕을 창출하지 못하면 제사의 주체는 될 수 있어도 제사의 대상은 되지 못한다.

그런데 3장에서 살펴본 바 있듯이, 정약용의 길례(吉禮)관은 초월적 인격신관을 구성하면서 상제 혹은 천신의 '주향'과 인귀의 '배향' 구조를 강조하는 의례적 구조를 지니게 되었고, 아울러 각각 초월적 영역과 일상적 영역에서 상제의 명을 실천한 천신과 인귀에 대한 제사는 상제의 명을 따른 공과 덕에 대한 기억과 보답이 되므로, 모든 제사는 최종적으로 초월적 위계질서의 정점에 있는 상제를 지향하게 된다.

의례가 영명한 실체들의 교류라는 생각과 이러한 제사의 구조가 어울리게 되면, 제사는 공·덕의 창출을 의미기억으로 환기시킴으로써 새로운 공·덕의 창출을 자극하는 천인상응(天人相應)의 구도로 해석할 수 있다. 이런 맥락에서 정약용은 옛날 성인이 만들었던 제사의 대원칙으로 덕과 공을 강조하면서 "덕은 상제에 짝하고 공은 하민에게 미친다"는 조건을 충족시킬 때 교(郊)·체(禘)의 의례에서 배식(配食)할 자격이 된다고 설명하고, 이것이 모든 제사의 근원이라고 강조했다.[2)]

그런데 이것은 제사라는 의례적 형식에만 국한되는 것이 아니다. 정약용은 하늘의 영명한 지혜에 따르기 위해서 행하는 복서(卜筮)의 도(道)가 이러한 천인상응(天人相應)의 도리와 연관된다는 점을 주목하였다.[3)]

예컨대, 정약용은 수뢰 준(屯, ䷂)괘를 풀이하면서, "'형(亨)'은 감통(感通)의 뜻이다. 2효와 5효가 상응하는 것은 복서(卜筮)의 도(道)가 천명(天明)을 이어받기 때문이다. 상괘는 하늘이요 5효는 천심(天心)이며, 하

人立象, 如是也. 夫穹蒼者, 氣也. 隤黃者, 土也. 一粒之黍, 從空落下, 非氣施乎? 兩葉之苗, 於焉含孕, 非土受乎? 氣施者, 父道也. 土生者, 母道也."

2) 『尙書古訓』 卷2, 「堯典」, 〈月正元日, 舜格于文祖〉(『與全』 2集, 23卷, 14b). "古之祭法, 以德以功, 德配上帝, 功被下民, 然後配食於郊·禘. 此百祭之源本也."

3) '天地之情'과 '人情'을 기준으로 구성된 정약용의 禮論과 卜筮의 道는 모두 天人相應의 구조를 취하고 있다는 점에서 상통한다.

괘는 사람이요 2효는 인심(人心)이니, 2효와 5효가 각각 강(剛)과 유(柔) 혹은 유(柔)와 강(剛)이 되면, 천인상응(天人相應)을 알게 된다."[4]고 하여, 천심과 인심의 상응을 주역의 상괘와 하괘의 강유상응(剛柔相應)을 통해서 설명했다.

특히 정약용은 역학(易學)에서도 상제천(上帝天)과 주례(周禮)의 원형을 발견하고 적극 추구함으로써 종교문화적 동기와 경세론적 효과를 연결시키려고 했다.[5] 그리고 이러한 구상은 천시(天時)로 나타나는 천명(天命)을 받아서 인사(人事)의 민용(民用)을 이끌어가는 천인상응의 형태로 구현되었다.

> 복서(卜筮)의 법(法)은 그 시초에 천명(天命)을 받아서 백성의 실용[用]을 이끌어가는 것이다.[6]

> 형(亨)은 천시(天時)이고, 정(貞)은 인사(人事)다. 역(易)의 도(道)는 백성의 실용[用]을 이끌어 가는 것이니, 일[事]에 임하여 점을 쳐서[筮] 천명(天明)을 이어받고자 하는 것이다. 천심(天心)을 형통(亨通)하지 않으면 시운(時運)이 통하지 않고, 인력(人力)을 다하지 않으면 사공(事功)이 이루어지지 않는다. 그러므로 '형'(亨)이라 하고 '정'(貞)이라 하는 것은 점법(占法)의 대관(大觀)이 된다. 점(占)쳤는데 '형'(亨)

4) 『周易四箋』 卷2, 「屯卦」(『與全』 2集, 38卷, 1b~2a). "案, 亨者, 感通之意. 或以离誠之孚格, 或以二五之相應, 其例不一. 凡所謂二五相應者, 卜筮之道, 紹天明也. 上卦爲天, 五者天心也.【心居中.】下卦爲人, 二者人心也.【下之中】或二剛而五柔, 或五剛而二柔, 則知天人相應, 此之謂二五應也."

5) 정약용의 易學이 上帝天을 섬기는 종교문화적 동기와 정치사회적 질서 개혁을 위한 경세론적 이해와 밀접하게 연관되었다는 점을 논증한 연구로는 김영우, 「丁若鏞의 易學 思想 硏究」(서울대학교 박사학위논문, 2000), 특히 2장 1절과 4장 2절 참조.

6) 『易學緖言』 卷4, 「卜筮通義」(『與全』 2集, 48卷, 19ab). "卜筮之法, 其始也, 稟天命以前民用也."

> 이라 하면, 천명이 이미 통했음을 알고, 점쳤는데 '정'(貞)이라 하면, 인사에 공적[功]이 있음을 안다. 역(易)의 대의(大義)는 바로 형(亨)·정(貞) 두 글자에 있으니, 천시와 인사를 이것을 통해서 점칠 수 있는 것이다. 원형이정(元亨利貞)은 비록 사덕(四德)인 듯하지만, 그것들 중 점법에서는 오직 '형'(亨)자만이 결단하는 말[斷詞]이 될 수 있다.[7]

결국 '형'(亨)과 '정'(貞)은 각각 '천시'와 '인사'에 대응하는 것이요, 점치는 의식을 통해 "사람이 그 마음을 비워서 성(誠)하고 신(信)하면 감통(感通)하여 지성(至誠)으로 천심(天心)을 누리고 천시(天時)를 만나므로 형통[亨]하게 되고, 그 마음을 굳게 하여 경(敬)하고 직(直)하면 일을 처리함에 부정(不正)이 없어서 사공(事功)이 굳게 성취되므로 바르게[貞] 된다"는 점에서, 정약용은 하늘을 대하는 성실한 의례적 자세와 일에 임하는 경(敬)의 태도를 통해 '사공'(事功)의 경세론적 효과를 창출할 수 있음을 강조했다.[8]

이와 같은 복서도 넓게 보면 그 정형성과 반복성 및 초월적 근원과의 만남이라는 차원에서 의례에 포함시킬 수 있다. 그러나 정약용은 여기에서 한 걸음 더 나아가 하늘과 인간의 관계뿐만 아니라 인간과 인간의 관

---

7) 『周易四箋』 卷1, 「易例比釋」, 〈元亨利貞例〉(『與全』 2集, 37卷, 19b). "亨者, 天時也.【嘉之會】貞者, 人事也.【事之幹】易之爲道, 前民用也, 臨事而筮, 紹天明也. 不享天心, 則時運不通, 不致人力, 則事功不集. 故曰亨曰貞, 爲占法之大觀也. 占而曰亨, 則知命之旣通也. 占而曰貞, 則知事之有功也. 易之大義, 正在乎亨·貞二字, 天時·人事, 於此乎占之也. 元亨利貞, 雖若四德, 然其在占法, 唯亨字可爲斷詞."

8) 『周易四箋』 卷1, 「乾」(『與全』 2集, 37卷, 35ab). "亨者, 通也, 感而遂通也. 离虛其心, 爲誠爲信,【見〈中孚〉.】則至誠所格, 天心克享,【亨, 享古字通.】時與命會,【嘉之會】運乃通焉, 此所謂嘉之會也. 其在乾卦, 雖無离形, 卦無斷於离之位,【一二三】三陽自强. 此至誠無息也. 至誠無息, 則感而遂通, 必享天心, 故其占亨也. ○貞者, 正也, 居正以幹事也.【貞正, 諧聲也.】坎堅其心,【「說卦」文】爲敬爲直,【坤六二「文言」】則動罔不正, 事功以凝,【坎爲功.】如幹築墻, 乃堅乃固,【事之固】此所謂勞乎坎也. 謂事爲貞者, 卜筮之義, 事必以正, 不正不筮也.【又詳屯九五】其在乾卦, 雖無坎形,【六陽純.】於坎之位,【四五六】三剛堅固, 此勞勩不息也. 勞勩不息, 則事功必成, 故其占利貞也."

계인 사인(事人)까지도 사천(事天)과 통합적으로 연계해서 이해하는 설명을 전개하였다.[9)]

정약용의 사인-사천학(事人-事天學)은 두 가지 측면에서 이해할 수 있다. 정약용은 '사인'(事人)에서 시작하여 '사천'(事天)에서 완성되는 흐름과 하늘의 모습을 배우는 '학천'(學天)의 과정을 거쳐서 하늘을 닮는 '초천'(肖天)의 경지를 구현하는 성인(聖人)의 공과 덕에 의해 백성들이 자발적으로 교화(敎化)되는 천인감응(天人感應)의 효과를 함께 보여주고 있다.[10)]

먼저, 정약용의 '사천'은 일상적인 인륜(人倫)의 영역에서 분리된 종교적 실천을 뜻하지 않는다. '하늘을 섬긴다'는 표현은 하늘이 주체가 된다는 말이 아니다. 그것은 인간이 섬김의 실천 주체라는 말이다. 더구나 '사천'의 구체적인 실천이 인륜의 영역인 '사인'을 통해 이루어진다는 점에서 섬김의 일차적인 대상은 하늘이 아니라 인간이다.

정약용에 의하면, "군자의 학문은 사친(事親)에서 비롯하여 사천(事天)에서 끝나며,"[11)] 선왕의 도(道)는 모두 '사인'(事人)에서 시작되는데, 사인은 바로 오교(五敎)·오륜(五倫)이며, 어버이를 섬기듯 하늘을 섬기고 하늘을 섬기듯 어버이를 섬기는 것이 '사친'(事親)으로 대표되는 '사인'의 방식이자 '사천'의 방법이다.[12)]

이는 하늘을 섬기는 방법이 인륜의 영역에서 분리된 종교적 실천으로

---

9) 정약용의 사천학은 서학(西學)의 자극을 받으면서도 고대 유학의 사천학을 새롭게 재정립한 것이다. 그러나 서학은 자극제에 불과하고, 퇴계 이황, 백호 윤휴, 성호 이익, 녹암 권철신, 다산 정약용으로 이어지는 학문적 계보 속에서 사천(事天)의 경외감을 근거로 삼아 사친(事親)의 인륜적 실천을 강조하는 흐름에서 나온 것이다. 금장태, 「茶山의 事天學과 西學 受容」 참조.

10) 『中庸自箴』 卷3, 「故至誠無息節」(『與全』 2集, 3卷, 24b). "至誠無息者, 天也. 聖人學天旣久, 其德至於肖天, 則其功化亦肖天, 故能不見而章, 不動而變, 無爲而成也."

11) 『中庸講義補』 卷1, 「鬼神之爲德節」(『與全』 2集, 4卷, 23a). "君子之學, 始於事親, 終於事天."

12) 『論語古今註』 卷5, 「先進」(『與全』 2集, 11卷, 27b). "先王之道, 始於事人.【五敎·五倫皆事人.】… 孔子曰, '仁人之事親也, 如事天, 事天如事親',【「哀公問」】 朱子亦此義也."

독립해 있는 것이 아니라 인륜의 실천 자체가 종교적 실천이 된다는 뜻이자, 인륜의 실천 자체가 초월적 실재를 섬기는 궁극적이고 종교적인 차원을 지닌다는 뜻이다. 이런 맥락에서 정약용의 사인사천학은, 종교적 차원이 인륜의 차원보다 근본적이며 구분된다고 보는 그리스도교 전통과 분명한 차이가 나는 한편, 인륜의 실천에서 초월적 지평이 드러난다는 점에서 인륜의 실천을 종교적 차원으로 승화시키고 있는 것이다.

> 오전(五典)과 십륜(十倫)의 가르침, 경례(經禮) 삼백 가지와 곡례(曲禮) 삼천 가지는 그것을 행하는 방법이 서(恕)다. … 경례 삼백 가지와 곡례 삼천 가지는 … '관계[際]를 잘 하는 것' 에 지나지 않는다. … 하늘이 사람의 선악을 살피는 것도 오직 두 사람이 서로 관계를 맺을 때 그 선함과 사특함을 살피는 것이다. 또한 먹는 욕구, 성적 욕구, 안일의 욕구를 부여하여 두 사람의 관계에서 그들이 다투는지 사양하는지를 증험하고, 그들이 부지런한지 게으른지를 상고하는 것이다. 이로부터 말한다면, 옛 성인이 하늘을 섬기는 학문은 인륜을 벗어나지 않으니, 곧 이 서(恕)라는 한 글자에 나아가 사람을 섬길 수 있고 하늘을 섬길 수 있으니, 어찌 서를 하찮게 여기겠는가?[13]

정약용에 의하면, 오전과 십륜의 인륜(人倫)과 각종 예(禮)는 모두 '관계를 잘 하는 것'인데, 그 관계의 준칙은 '서'(恕)의 보편적인 황금률(golden rule)로 일관(一貫)하는 것이다.[14] 이러한 황금률에 따라 인륜적 가치

13) 『論語古今註』 卷7, 「衛靈公」(『與全』 2集, 13卷, 43a~44a). "一者, 恕也. 五典·十倫之教, 經禮三百·曲禮三千, 其所以行之者, 恕也. 斯之謂一以貫之. … 而經禮三百·曲禮三千, 枝枝葉葉, 段段片片, 浩浩漫漫, 不可究學, 要其歸, 不過曰善於際也. … 天之所以察人之善惡, 亦惟是二人相與之際, 監其淑慝, 而又予之以食色·安逸之慾, 使於二人之際, 驗其爭讓, 考其勤怠. 由是言之, 古聖人事天之學, 不外乎人倫, 卽此一恕字, 可以事人, 可以事天. 何故而小之也? 一者, 恕也."

를 실천하는 것을 하늘이 지켜보고 있으며, '서'의 실천에 의한 인륜의 실현이 바로 사람을 섬기고 하늘을 섬기는 방법이다.

그런데 여기서 인륜의 실천은 수신(修身)과 치인(治人), 윤리적 측면과 정치적 측면을 함께 포함한다. 하늘은 늘 인간의 선악을 살피기 위해 인륜적 가치인 덕(德)을 실현하는가 여부를 지켜보기 때문에 인간이 수신하여 사천(事天)하는 것도 인륜의 실천에 힘을 다함으로써 가능하게 된다.[15] 하늘이 도심(道心)을 통해 전하는 천명(天命)[16]에 따라 인륜적 가치를 실천할 때 창출되는 덕(德)과 그렇지 못할 때 드러나는 사특함[慝]은 하늘에 전달되어 그에 따른 복(福)과 화(禍)를 초래하게 되기 때문에, 군자(君子)는 계신공구(戒愼恐懼)의 자세를 갖추게 된다.[17] 정약용의 천명 개념은 '부성지명'(賦性之命)과 '득위지명'(得位之命)을 모두 포함하고 있기 때문에,[18] 하늘이 지켜보는 것은 수신과 치인, 윤리적 측면과 정치적 측면을 모두 포괄하게 된다.

---

14) 『論語古今注』 卷2, 「里仁」(『與全』 2集, 8卷, 19b). "吾道不外乎人倫. 凡所以處人倫者, 若五教·九經, 以至經禮三百·曲禮三千, 皆行之以一恕字, 如以一緡貫千百之錢, 此之謂一貫也." 『論語古今註』 卷8, 「衛靈公」(『與全』 2集, 14卷, 15b). "人道不外乎求仁, 求仁不外乎人倫. 經禮三百·曲禮三千, 以至天下萬事·萬物, 皆自人倫起. 恕者, 所以處人倫, 卽絜矩之道, 一以貫之, 故一字而可終身行之."

15) 『中庸自箴』 卷3, 「天命之謂性節」(『與全』 2集, 3卷, 2b~3a). "仁者, 人倫之成德也. 天之所以察人善惡, 恒在人倫. 故人之所以修身事天, 亦以人倫致力."

16) 『中庸自箴』 卷3, 「天命之謂性節」(『與全』 2集, 3卷, 3b). "天於賦生之初, 有此命, 又於生居之日, 時時刻刻, 續有此命. 天不能諄諄然命之, 非不能也. 天之喉舌, 寄在道心, 道心之所儆告, 皇天之所命戒也. 人所不聞, 而己獨諦聽, 莫詳莫嚴, 如詔如誨, 奚但諄諄已乎?"

17) 『尙書古訓』, 卷7, 「呂刑」(『與全』 2集, 28卷, 21b). "德與慝, 皆無形之物, 豈有馨香, 亦豈有腥穢之臭哉? 人有形軀, 故得聞有形之馨腥, 爇桂而后知馨, 臭鮑而后知腥. 上帝無形體, 故得聞無形之馨腥, 明德之芬, 烈於沈檀, 穢惡之臭, 毒於腐屍, 而人之馨腥, 滃滃然日升于帝座, 君子之所以戒愼恐懼, 信此故也. 小人之所以無忌憚, 不信此故也. 『尙書』屢著此義."

18) 『詩經講義』 卷3, 「大雅·文王之什」, 〈文王〉(『與全』 2集, 19卷, 15b). "天命有賦性之命, 有得位之命. 永言配命, 是永配得位之命也, 恐與性理有間."

> 중용(中庸)의 학(學)은 천명(天命)에 근본을 두고, 계신공구(戒愼恐懼)로 지키고 항구불식(恒久不息)으로 이루니, 옛날의 이른 바 '지용의 가르침[祗庸之敎]'이다. 고요(皐陶)의 학은 순수하여 잡박함이 없고, 9덕(德)이 변함없었다. 이미 중용의 설을 진술하고서 "조심하고 두려워하면서 하늘 일[天工]을 대신하소서"라고 말했는데, 가르침을 말할 때는 '천서'(天敍)라고 하고 예를 말할 때는 '천질'(天秩)이라 하며 상은 '천명'(天命)이라 하고 벌은 '천토'(天討)라고 한다. 이에 이르러서는 곧바로 "하늘이 보고 듣는 바는 우리 하민(下民)의 보고 듣는 바를 따릅니다"라고 하고, 다시 "하늘이 상 주고 벌 주는 것은 귀천(貴賤)에 차등을 두지 않습니다"라고 말함으로써, 인주(人主)가 공경하는 마음을 일으키도록 한다. 이는 지금의 이른바 계신공구요, 옛날의 이른바 지용(祗庸)의 덕이다.[19]

정약용은, 하늘의 명신(明神)들이 상제(上帝)의 명을 받아 만물을 보우하듯이,[20] 군주는 하늘의 일[天工]을 대신하는 막중한 책임을 지고 있기 때문에, 계신공구(戒愼恐懼)와 지용(祗庸)의 덕으로 수신(修身)을 열심히 할 뿐만 아니라 백성의 눈과 귀를 하늘의 눈과 귀로 삼고 하늘의 상벌을 의식하며 치인(治人)의 경세론적 업적도 이룰 의무에 충실해야 한다고 보았다. 그리하여 인륜의 실천과 왕도정치의 실현은 '사인'을 통해

---

19) 『尙書古訓』 卷2, 「皐陶謨」(『與全』 2集, 23卷, 37a). "中庸之學, 本之於天命. 持之以戒愼恐懼, 成之以恒久不息, 古所謂祗庸之敎也. 皐陶之學, 純粹無雜, 九德有常. 旣陳中庸之說, 乃曰兢兢業業, 以代天工. 言敎則曰天敍, 言禮則曰天秩, 賞曰天命, 罰曰天討. 至是直云天之視聽, 自我下民, 又云天之賞罰, 無間於貴賤, 以起人主之敬, 此今之所謂戒愼恐懼, 古之所謂祗庸之德, 源遠矣哉.【『知遠錄』】達于上下, 宜如注疏, 文理乃順, 謂天之賞罰, 無碍於上下 · 尊卑也.【謂天之賞罰, 無碍於上下尊卑也.】"

20) 『中庸講義補』 卷1, 「郊社之禮, 所以事上帝節」(『與全』 2集, 4卷, 33a). "上下神示, 皆受帝命, 保佑萬物, 而王者祭而報之, 無非所以事天."

'사천'에 이르게 되는 것이다.

따라서 '사인'에서 '사천'에 이르는 구도는 '하학상달'(下學上達)의 구조를 지니게 된다. 정약용은 유교의 전통적인 인도(人道)주의에 충실하면서도, 인륜적 가치를 창출하는 인사(人事)의 하학(下學)이 결국 천덕(天德)에 이를 정도로 공을 쌓는 상달(上達)의 경지로 나아가는 끊임없는 지속적 실천의 과정을 강조했다.[21]

이는 결국 군자가 하늘의 도를 본받음으로써 백성들의 자발적 복종을 이끌어내는 교화의 경세론적 효과로 이어진다. 이 때문에 정약용은 군주가 성(誠)으로써 하늘을 섬기면 백성들도 성으로써 군주를 섬기게 된다고 하는 점을 강조하고,[22] 통치자가 하늘을 잘 본받으면 백성들도 통치자를 잘 본받는 것이 천인감응(天人感應)의 오묘한 효과라고 설명했다.[23]

> 천도(天道)는 지극히 은미하지만 군자(君子)는 그것을 지극히 드러난 것[至顯]으로 섬기므로, 군자의 덕(德)은 지극히 어렴풋하지만 백성(百姓)들이 그것을 지극히 분명한 것[至明]으로 사모한다. 이것이

21) 『論語古今註』 卷7, 「憲問」(『與全』 2集, 13卷, 32b). "下學, 謂學道自人事而始, 卽孝弟 · 仁義. 上達, 謂積功至天德而止. 【卽所云 '始於事親, 終於事天.'】 下學, 人所知. 【見於行事者.】 上達, 非人之所知. … 君子之道, 終於事天."

22) 『中庸自箴』 卷3, 「詩曰予懷明德不大聲以色節」(『與全』 2集, 3卷, 30b). "箴曰, 文王不大聲以色, 惟小心昭事, 使民懷德. 此愼獨以化育也. ○天道不言, 而文王不大聲, 天道不動, 而文王不以色. 不動不言, 則不覩不聞也. 聖人事天以誠, 則民亦事君以誠, 皆一理也."

23) 『中庸講義補』 卷1, 「詩曰不顯惟德百辟其刑之節」(『與全』 2集, 4卷, 63a). "天道不言, 而君子信之. 天道不動, 而君子敬之. 故君子不言, 而百姓信之. 君子不顯, 而百姓敬之也." 『中庸自箴』 卷3, 「詩曰不顯惟德節」(『與全』 2集, 3卷, 30ab). "天道不顯, 而君子戒愼, 故君德不顯, 而百辟儀刑, 亦天人感應之妙." 『中庸自箴』 卷3, 「詩曰奏假無言時靡有爭節」(『與全』 2集, 3卷, 30a). "君子事天, 不動而敬, 不言而信. 故小民事君子, 亦不賞而勸, 不怒而威, 此天人感應之妙."

자연감응(自然感應)의 오묘함이니, 마치 서쪽 집안에 덕을 베풀면, 동족 이웃에서 보답을 받는 것과 같은 것이다.”[24]

지극히 성실하여 그침이 없는 것이 하늘이다. 성인(聖人)은 하늘을 배운 지 이미 오래 되어 그 덕이 하늘을 닮는 경지에 이르면, 그 공화(功化)도 하늘을 닮게 되므로 뵈지 않으나 드러나고, 움직이지 않으나 변하게 하며, 작위하지 않으나 이룬다.[25]

‘하려고 함’[欲]은 행사(行事)로써 보여주는 것이다. … 하늘은 행사는 있지만 말이 없다. … 말로써 백성을 교화하는 것은 말단[末]이다. 그들을 가르치고 깨우치느라 혀가 닳도록 입술을 놀려도 백성은 오히려 따르지 않지만, 묵묵히 몸소 행하여 행사에서 보여주면 백성은 오히려 보고 느끼는 점이 있는 것이다. 다만 천도(天道)로써 증험해 보면, 일월성신(日月星辰)이 운행하여 사계절이 어긋남 없고 바람 · 우레 · 비 · 이슬[風雷雨露]이 내려서 모든 생물이 번성하는 것도 (하늘이) 묵묵히 스스로 주재(主宰)하는 것일 뿐이다. 만약 다만 리(理)가 발현하는 것으로써 말한다면, 리는 본래 인지[知]가 없으니, 아무리 말하려고 한들 할 수 있겠는가?[26]

---

24) 『中庸講義補』 卷1, 「詩云予懷明德不大聲以色節」(『與全』 2集, 4卷, 63a). “天道至隱, 而君子事之以至顯, 故君子之德至闇, 而百姓懷之以至明也. 此是自然感應之妙, 如種德於西家, 受報於東隣.”

25) 『中庸自箴』 卷3, 「故至誠無息節」(『與全』 2集, 3卷, 24b). “至誠無息者, 天也. 聖人學天旣久, 其德至於肖天, 則其功化亦肖天, 故能不見而章, 不動而變, 無爲而成也.”

26) 『論語古今註』 卷9, 「陽貨」(『與全』 2集, 15卷, 35ab). “補曰, 欲, 以行事示之. … 天有行而無言. [質疑] 言語之於化民, 末也. 敎之誨之, 勞脣敝舌, 而民猶有不從者, 默然躬行, 見諸行事, 而民猶有觀感者. 但以天道驗之, 日月星辰之運而四時不錯, 風雷雨露之施而百物以蕃, 亦默自主宰而已. 若但以理之發見而言之, 則理本無知, 雖欲言語, 得乎?”

결국 정약용은 군주가 지극히 성실하여 그침이 없이 묵묵히 주재(主宰)의 행사(行事)를 실천하는 하늘을 본받아 덕이 하늘을 닮는 '초천'(肖天)의 경지에 이르기까지 끊임없이 공과 덕을 창출해야 한다고 역설하게 된다. 하늘은 영명(靈明)으로 사람의 마음을 지켜봄으로써 '계신공구'하는 수양론적 태도를 이끌어내고, 도심(道心)을 통해 지속적으로 경고하고 감찰할 뿐만 아니라,[27] 사람들이 따라야 할 모범을 묵묵히 보여주는 존재인 것이다.[28]

그러나 하늘을 닮아가는 과정은 적극적이고 능동적인 노력이 지속되어야 가능하다. 따라서 인륜적 가치를 지속적으로 실천함으로써 '중용'(中庸)의 덕을 창출하기 위해서는 영명으로 사람의 마음을 지켜보는 귀신(鬼神)을 의식함으로써 신독(愼獨)을 할 필요가 있다.[29] 신독의 자세를 통해 하늘 혹은 신명(神明)과 소통하는 능력인 명(明) 혹은 영명[30]을 제대로

---

27) 『中庸自箴』 卷3, 「是故君子戒愼乎其所不睹, 恐懼乎其所不聞.」(『與全』 2集, 3卷, 5b). "天命不但於賦生之初, 畀以此性, 原來無形之體, 妙用之神, 以類相入, 與之相感也. 故天之儆告, 亦不由有形之耳目, 而每從無形, 妙用之道心, 誘之誨之. 此所謂天誘其衷也. 順其誘而從之, 奉天命者也. 慢其誘而違之, 逆天命者也. 曷不戒愼? 曷不恐懼?" 『中庸自箴』 卷3, 「是故君子戒愼乎其所不睹, 恐懼乎其所不聞.」(『與全』 2集, 3卷, 5b). "天之靈明, 直通人心, 無隱不察, 無微不燭, 照臨此室, 日監在玆. 人苟知此, 雖有大膽者, 不能不戒愼恐懼矣." 『中庸自箴』 卷3, 「是故君子戒愼乎其所不睹, 恐懼乎其所不聞.」(『與全』 2集, 3卷, 5a). "道心與天命, 不可分作兩段看. 天之儆告我者, 不以雷不以風, 密密從自己心上丁寧告戒. 假如一刻驀有傷人害物之志, 萌動出來時, 覺得一邊有溫言以止之者, 曰咎皆由汝, 何可怨彼? 汝若釋然, 豈非汝德? 丁寧諦聽, 無所熹微, 須知此言, 乃是赫赫之天命, 循而順之, 則爲善爲祥, 慢而違之, 則爲惡爲殃. 君子之戒愼恐懼, 亶在此也."

28) 기존의 연구에서는 주로 감시하는 존재로서의 상제를 부각시켰으나, 정약용의 상제가, 군주가 백성들에게 모범을 보임으로써 교화를 하듯이, 인간들에게 모범을 보여주는 존재라는 점도 매우 중요하다. 감시적 존재로서 상제가 지닌 정치적 함의를 강조한 대표적인 연구로는 배병삼, 「다산 사상의 정치학적 해석」 참조.

29) 『中庸講義補』 卷1, 「鬼神之爲德節」(『與全』 2集, 4卷, 23b). "中庸之德, 非愼獨不能成, 愼獨之功, 非鬼神無所畏, 則鬼神之德, 卽吾道之所本也."

30) 이와 관련하여 명의(明衣)에 대한 정약용의 설명은 주목할 만하다. 일반적으로 제사를 지내기 전 준비단계로 재계[齊]를 할 때에는 신체를 정결하게 하는 목욕(沐浴)

발휘하면, 효제자(孝弟慈)의 명덕(明德)[31]이 비로소 실현되는데, 그러한 인륜의 덕을 실현함으로써 인간은 하늘에 통하는 '사천'에 이르게 된다.

무릇 덕행(德行)이 신명(神明)에게 통하는 것을 명덕(明德)이라고 일컫는다. 마치 신(神)께 제사하는 물을 명수(明水)라 하고, 하늘에 이르는 건물[格天之室]을 명당(明堂)이라 하듯이, 효제(孝弟)의 덕(德)이 신명에게 통하기 때문에 명덕(明德)이라 하는 것이니, 어찌 반드시 허령(虛靈)한 것이 명(明)이겠는가? 맹자(孟子)는 상서학교(庠序學校)의 제도를 말하면서 '모두 인륜(人倫)을 밝히는 것'이라고 했고, 오늘날 도성의 태학(太學)과 군현(郡縣)의 향교(鄉校)에서도 그 외당(外堂)이

의식을 마친 다음 명의(明衣)를 입는데, 당(唐)의 공영달(孔穎達, 574~648)은 명의를 욕의(浴衣)로 해석했으나, 정약용은 일상적으로 단순히 몸을 씻기 위한 목욕에서는 명의가 아니라 욕의를 착용하고, 본격적인 제사에 앞서 씻는 재계의 정결의식이나 상례(喪禮)의 의식에서 신명(神明)과 교제[交, communion]하기 위한 방도[道]로 명의를 입는다고 설명했다. 이러한 관점에 따르면, 명의는 일상적인 상태가 아니라 일상에서 벗어나 신명과 교제하기 위한 의례적 의복이며, 명의를 입은 인간은 일상의 더러움을 깨끗이 씻어내는 목욕의 재계[齊] 혹은 삶을 마감하는 죽음[死]이라는 분리(separation)의 계기를 거쳐 신명과 교제하는 의례적 전이기(transition)로 진입하게 된다. 여기서 특별히 주목할 만한 것은 정약용이 명의(明衣)의 '명'(明)을 신명(神明)과 교제하고 소통하는 비일상적 능력 혹은 상태로 규정하고 있다는 점이다. 『論語古今註』 卷5, 「鄕黨2」, 〈齊必有明衣, 布, 齊必變食, 居必遷坐.〉(『與全』 2集, 11卷, 4ab). "邢曰, '將祭而齊, 則必沐浴, 浴竟而著明衣, 所以明潔其體也.'【補云, '謂之明者, 所以交神明也.'】… ○鄭注曰, '所以親身, 爲圭潔也.' ○案「士喪禮」, 沐浴旣畢, 乃設明衣裳, 明生人沐浴, 亦先著明衣, 故疏文如是也. 時人廢之不用, 孔子於齊戒之時, 必用衣, 遵古禮也. 明也者, 明也, 所以交神明也. 非祭而浴, 則無明衣也. 死用明衣者, 亦有交神明之道也. 孔曰, '以布爲沐浴衣.' ○駁曰, 非也. 據「士喪禮」, 浴巾以拭體, 浴衣以晞體, 又於浴巾浴衣之外, 別有明衣."

31) 『大學公議』 卷1, 「在明明德」(『與全』 2集, 1卷, 6b, 10a). "明者, 昭顯之也. 明德也, 孝弟慈. … [答難] 或問曰, 心體虛明, 故謂之明德. 有時而昏, 人復明之, 故謂之明明德. 孝弟爲物, 本不虛明, 不可曰明德. 旣不時昏, 亦無復明, 不可曰明明德, 豈不然乎? 答曰, 『詩』云 '予懷明德', 『易』曰 '自昭明德', 「周書」曰 '明德惟馨', 【見『左傳』.】 『春秋傳』曰 '選建明德, 以藩屛周', 又曰 '分魯公以大路 · 大旂, 以昭周公之明德', 【定四年】 豈皆心體之謂乎?"

모두 명륜당(明倫堂) 세 글자를 걸고 있으니, 명륜(明倫)은 효제(孝弟)를 밝히는 것이 아니겠는가? 태학(太學)의 도(道)는 명륜(明倫)에 있으므로, '태학의 도는 명덕을 밝히는 데 있다'고 한 것이다.[32)]

이렇듯 정약용의 사상에서 상제와 귀신은 신성성에 의한 군주권의 강화라는 맥락이 아니라 '부성지명'과 '득위지명'의 천명에 따라 인륜적 가치 실천과 왕도정치의 구현을 위해 도심을 통해 권면하고 직접 모범을 보여주면서 인간의 선악에 따른 반응을 하는 존재로서 등장한다. 이러한 상제와 소통하는 능력인 영명을 잘 발휘하게 되면, 인륜적 가치 실천과 왕도정치의 구현을 위한 공과 덕이 창출된다. 그리하여 '사인'은 '사천'에 이르게 된다.

(2) 환심(歡心)을 통한 공동체의 통합

사인에서 사천에 이르는 구조는 제사에도 반영된다. 정약용에 의하면, 의례는 종교문화적 권위를 섬기는 가운데 사회통합적 기능을 수행하는 것이다. 그는 특히 유교 공동체의 근원인 조상과 상제에 대한 보답의 제사가 공동체의 정서적 공감을 얻어서 이루어지는 의례임을 분명하게 밝혔다. 혈연적 친속(親屬)공동체인 일가의 종족(宗族)은 조상을 섬기는 종묘(宗廟)의 예를 통해서 통합되고, 왕공을 결속하는 사회적 군통(君統)공동체인 천하는 상제를 섬기는 교사(郊 · 社)의 예를 통해서 통합된다.

32) 『大學公議』 卷1, 「在明明德」(『與全』 2集, 1卷, 10a). "凡德行之通乎神明者, 謂之明德, 如祭神之水, 謂之明水, 格天之室, 謂之明堂, 孝弟爲德, 通乎神明, 故謂之明德. 何必虛靈者爲明乎? 孟子歷言庠序學校之制曰, 皆所以明人倫. 今國之太學, 郡縣之鄕校, 其外堂, 皆揭明倫堂三字, 明倫非明孝弟乎? 太學之道, 在於明倫, 故曰 '太學之道, 在明明德.'"

> 성인(聖人)이 인류(人類)를 회합(會合)하는 데에는 두 가지 방도가 있으니, 일가(一家)의 환심(歡心)을 얻어서 조고(祖考)를 섬기고, 천하(天下)의 환심을 얻어서 상제(上帝)를 섬기는 것일 뿐이다. 그러므로 종묘(宗廟)의 예(禮)는 종족(宗族)을 모으는 방식이요, 교사(郊·社)의 예는 왕공(王公)을 모으는 방식이다. 이것이 성인의 미묘한 취지인 것이다.[33]

여기서 조상과 상제는 친속과 의합의 사회적 관계를 의례적 위계질서 속에서 단단하게 결속시키는 근원적 권위로 자리잡고 있으며, 예는 가와 국/천하에서 '환심(歡心)'이라는 정서적 공감대에 입각한 자발적 동의를 토대로 사회적 결속을 이끌어내는 통로가 된다.[34]

정약용에 의하면, 인간은 신형묘합(神形妙合) 혹은 신심묘합(身心妙合)의 측면에서 마음은 몸과 떼어낼 수 없을 만큼 밀접하게 서로 연결되어 있기 때문에, 마음과 몸이 서로 영향을 주고받아 그 움직임이 몸짓으로 드러날 때에는 혈·기(血·氣)를 매개로 삼게 마련인데, 그 가운데 기쁨이 드러나는 것이 '환심'이다.[35] 따라서 환심을 얻는다는 것은 마음을 얻는 데서 그치는 것이 아니라 혈·기를 매개로 한 몸의 움직임까지 사회적 명분의 틀 안에 정착시킴을 뜻한다고 추측할 수 있다.

이런 추측은 "예는 자기를 극복하고 몸을 단속하는 방법이므로 그것

---

33) 『周易四箋』 卷2, 「同人」(『與全』 2集, 38卷, 37b). "聖人之會合人類, 厥有二道, 得一家之歡心, 以事祖考, 得天下之歡心, 以事上帝, 如斯而已. 故宗廟之禮, 所以聚宗族也, 郊社之禮, 所以聚王公也. 此聖人之微旨也."

34) 『詩文集』 卷10, 「原」, 〈原德〉(『與全』 1集, 10卷, 2b). "得一家之歡心, 以事其祖先. 得一家之歡心者, 本之孝弟, 而親其九族也. 是之謂明德. 故曰, '黍稷非馨, 明德唯馨.' 言神之歆格, 在一家之歡心也."

35) 『心經密驗』, 「心性總義」(『與全』 2集, 2卷, 25ab). "神形妙合, 乃成爲人. 故其在古經, 總名曰身, 亦名曰己. … 惟其含蓄在內, 運用向外者謂之心. 誠以五臟之中, 其主管血氣者, 心也. 神形妙合, 其發用處, 皆與血氣相須. 於是假借血氣之所主, 以爲內衷之通稱. … 其有喜者曰歡心. 【見『孝經』】"

을 배우면 몸을 수립할 수 있다"[36]고 한 정약용의 설명에서 설득력을 얻게 된다. 여기서 사회적 자아로서 자아를 정립하는 것은 종교문화체계 내에서 내면화/사회화하는 과정이라고 볼 수 있다. 그런데 흥미로운 것은 내면화/사회화의 과정이 나와 남의 인륜적 관계에서 하늘로부터 마음에 부여받은 천명(天命)에 따르는 구체적인 실천을 통해 규범적 가치질서인 덕(德)[37]을 구현하는 동시에, 그러한 덕의 교화로 인해 공동체의 환심을 이끌어낸다는 점이다. 따라서 예의의 인지체계와 합례적 행위능력의 성장과 연관된 내면화과정은 규범적 가치질서의 정립과 연결된 외면화과정과 자연스럽게 환류체계를 형성하게 된다.

> 명(命)과 도(道)로 인해서 성(性)이란 명칭이 있고, 나[己]와 남[人]으로 인해서 행(行)이란 명칭이 있으며, 성과 행으로 인하여 덕(德)이란 명칭이 있으니, 그저 성만으로는 덕을 할 수 없는 것이다. 나와 남의 관계는 반드시 친친(親親)으로부터 비롯되는데, 친친은 효제(孝弟)다. 요(堯)의 높은 덕은 효제의 행이다. 효제하기 때문에 높은 덕이 밝아지면 구족(九族)이 그 때문에 친하게 되는 것이다. 일가(一家)의 환심(歡心)을 얻어서 그 조상을 섬기니, 일가의 환심을 얻는 것은 효제(孝弟)에 근본을 두고 그 구족(九族)을 친하게 하는 것이다. 이것을 명덕(明德)이라고 한다.[38]

특히 주목할 만한 것은 정약용이 공동체의 '환심'이라는 정서적 공감

36) 『論語古今註』 卷9, 「季氏」(『與全』 2集, 15卷, 4a). "禮, 所以克己約身, 故學之, 可以立身."

37) 『中庸自箴』 卷3, 「故君子尊德性而道問學節」(『與全』 2集, 3卷, 25a). "德者, 行吾之直心也. 不行, 無德也. 孝弟忠信, 仁義禮智, 斯爲之德. 未及躬行, 安有德乎?"

38) 『詩文集』 卷10, 「原」, 〈原德〉(『與全』 1集, 10卷, 2ab). "因命與道, 有性之名. 因己與人, 有行之名. 因性與行, 有德之名. 徒性不能爲德也. 己之與人, 必由親親. 親親者, 孝弟也. 堯之峻德, 孝弟之行也. 孝弟也, 故峻德克明而九族以親也. 得一家之歡心, 以事其祖先, 得一家之歡心者, 本之孝弟而親其九族也. 是之謂明德."

대의 근거를 공동체의 근원이 되는 의례 대상을 문화적 상징으로 삼아 자연스럽게 형성된 강한 혈연적 유대감에서 찾고 있다는 점이다. 그 유대감의 범위는 의례 대상이 상징하는 관계의 범위와 일치한다. 또한 조상에 대한 섬김과 공동체 구성원에 대한 사랑을 논하는 순서를 눈여겨 볼 필요가 있다.

> 효(孝)는 그 친(親)한 바를 사랑하는 것보다 더 큰 것이 없다. 그러므로 아버지에게 효도하는 자는 반드시 그 형제를 사랑하기 마련이고, 할아버지에게 효도하는 자는 반드시 그 종형제를 사랑하기 마련이며, 증조에게 효도하는 자는 반드시 그 종조형제를 사랑하기 마련이다. 그러므로 일가의 환심을 얻어서 조고를 섬기는 것은 사대부의 효이고, 일국의 환심을 얻어 선군을 섬기는 것은 제후의 효이며, 천하의 환심을 얻어 선왕을 섬기고 상제를 섬기는 것은 천자의 효다. 수묘(修廟)·진기(陳器)·설의(設衣)·천식(薦食)은 그 높일 대상을 공경하는 것이요, 소목(昭穆)·여수(旅酬)·서작(序爵)·서치(序齒)는 그 친할 대상을 사랑하는 것이다.[39]

예컨대, 천자의 효는 선왕이라는 상징을 정치적으로 내세워서 천하의 환심을 얻는 것이 아니라 오히려, 천하의 환심을 얻는 것을 통해서 선왕을 섬기고 상제를 섬기는 것이다. 이는 제사를 가(家), 국(國), 천하(天下)의 차원에서 사회정치적 권력을 강화하기 위해 공동체의 의례적 중심이었던 조상을 상징적으로 이용하는 것이 아니다. 오히려 제사를 통한 사인(事人)과 사천(事天)이 온전하게 실현되기 위해서는 의례 주체가 공동

39) 『中庸講義補』 卷1, 「踐其位行其禮節」(『與全』 2集, 4卷, 32ab). "孝莫大於愛其所親. 故孝於父者, 必愛其昆弟, 孝於祖父者, 必愛其從父昆弟, 孝於曾祖者, 必愛其從祖昆弟. 故得一家之歡心, 以事祖考者, 士大夫之孝也. 得一國之歡心, 以事先君者, 諸侯之孝也. 得天下之歡心, 以事先王, 以事上帝者, 天子之孝也. 修廟·陳器·設衣·薦食者, 敬其所尊也. 昭穆·旅酬·序爵·序齒者, 愛其所親也."

체의 의례적 중심이었던 조상에게 효도하는 마음으로 의례 공동체 구성원을 사랑해야 한다는 의무의 맥락을 보여주고 있는 것이다.

특히 제사 주체의 공·덕 실현은 공동체를 구성하는 제사 참여자들의 환심을 이끌어내어 공동체의 근원인 신적 존재에게 바치는 무형의 제물로 삼는 매개가 된다. 이렇듯 공·덕이 환심을 이끌어내는 구조가 '성기성물'(成己成物)로 표현되는 성(誠)[40]은 제사에서 신(神)을 감격(感格) 혹은 감통(感通)하게 하는 힘을 지니고 있으므로,[41] 그러한 임무를 담당하는 제사 주체의 상징적 지위에 대한 각성은 매우 중요하다.

(3) 공동체를 대표하는 의례 주체에 대한 각성

앞서 살펴본 것처럼, 제사란 공동체의 통합을 이끌어내는 정서적 유대감을 공동체의 시조로부터 전승되는 종법(宗法)질서에 따라 의례화한 것이다. 유교 공동체는 기본적으로 종법 질서에 의해 구조화된다. 종법질서는 혈연적 유대관계의 조직망 속에서 종자(宗子)를 중심으로 삼아 유교 공동체를 통합하는 것인데, 정약용은 종법조직을 기존의 『주자가례(朱子家禮)』보다 훨씬 더 촘촘하게 재구성했다.[42]

---

40) 『中庸自箴』 卷3, 「誠者自成也節」(『與全』 2集, 3卷, 23b). "誠, 成者, 六書之諧聲也. 以其成己成物, 非誠不能, 故字從成也. … 結之以盛德至善, 民不能忘, 親賢樂利, 沒世不忘, 則成己成物, 皆在誠意中矣. 『中庸』所謂物之終始, 亦不外乎成己成物, 曷嘗與『大學』所言有毫髮之殊乎? 不誠則無以誠意, 不誠則無以正心, 不誠則無以修身, 不誠則無以齊家治國平天下, 此之謂不誠無物, 內者己也, 外者物也, 意心身爲內, 國家天下爲外."

41) 『詩經講義』 卷3, 「小雅 · 北山之什 · 甫田」(『與全』 2集, 19卷, 2a). "祭之格神, 誠與物而已."

42) 정약용의 종법관에 대해서는 張東宇, 「『儀禮』 「喪服」편에 대한 다산의 해석—『喪禮四箋』 「喪期別」에 나타난 宗法과 立後에 대한 해석을 중심으로—」, 『茶山學』 창간호(다산학술문화재단, 2000)를 참조하라.

종자를 중심으로 종족(宗族)은 하나의 유교적 공동체로 결속력을 지닌다. 따라서 종자는 다른 공동체 구성원들과는 달리 종족의 상징적 중심으로 대접받는다. 달리 말하면, 공동체의 다른 구성원들과 성별(聖別)된다고 표현할 수 있다.[43] 유교 전통 속에서는 성별된 상징적 중심의 역할을 수행하는 적장자(嫡長子)만이 '공동체 전체를 통합시키는' [合宗收族] 존재가 될 수 있다.

특정 개인이 종자로 성별되는 것은 종자가 조상 또는 조상이 구현했던 공덕이나 가치를 현재 속에서 상징하는 존재이기 때문이다. 이런 점을 의식한 정약용은 종자를 조상의 종통을 계승하여 조상을 위해 제사를 드리는 권리와 책임[重]을 담지하는 존재로 표현했다.[44] 그에 의하면, 아버지가 장자(長子)에 대하여 최고의 상복인 참최복을 입는 것은 (죽은) 장자가 종통(宗統)을 계승할 사람이었기 때문이고,[45] 서자(庶子)(인 아버지)가 (자신의) 장자를 위해 참최복을 하지 않는 것은 (죽은 장자가) 계승할 종통이 없기 때문이다.[46] 따라서 종자는 조상의 종족 대표성 즉 중심 상징성을 계승한 존재이며, 종법적 질서에 반영된 종자의 성별은 통시적으

43) 특정 의례적 영역의 중심은 하나뿐이고, 중심은 주변과의 구별을 통해서 비로소 중심이 된다. 자연에 하늘이 하나뿐이고 국가에 왕이 하나뿐이듯, 집에는 아버지가 중심이 된다. 유교 전통에서 어머니보다 아버지에 대한 喪服과 喪期의 정도를 높이는 것이나 장자에 대한 상복을 다른 아들들보다 그 등급을 높이는 것은 공동체 내부에서 중심과 주변의 구별을 관철시키기 위한 것으로 이해할 수 있다. 『喪禮四箋』 卷10, 「喪期別」, 〈母子2〉(『與全』 3集, 10卷, 12b). 『禮記』曰: "資於事父以事母, 而愛同. 天無二日, 地無二君, 家無二尊, 以一治之也. 故父在爲母齊衰者, 見無二尊也." [「喪服四制」]

44) 『喪禮四箋』 卷10, 「喪期別」, 〈父子4〉(『與全』 3集, 10卷, 5b). "長子之所以爲長子, 以祖・子・孫三世成宗, 承其祭祀也."

45) 『喪禮四箋』 卷10, 「喪期別」, 〈父子3〉(『與全』 3集, 11卷, 5a). "父尊子卑, 有如天地, 本無斬理. 特緣傳重一事, 極嚴至重, 仰念祖禰, 俯而服斬, 以明宗統之所在也."

46) 『喪禮四箋』 卷10, 「喪期別」, 〈父子4〉(『與全』 3集, 10卷, 5b, 6b). "庶子不爲長子斬. 不繼祖與禰故也.[「喪服小記」]" "「大傳」曰: '庶子不祭, 明其宗也', 庶子不爲長子斬. 不繼祖也." 『儀禮』, 「喪服」, 〈父爲長子〉, 傳曰: "庶子不得爲長子三年. 不繼祖也." 『喪禮四箋』 卷10, 「喪期別」, 〈父子2〉(『與全』 3集, 10卷, 5b, 3a)도 참조하라.

로는 상징적 시원(始原) 현현(顯現)으로, 공시적으로는 공동체 전체를 묶는 상징적 중심(中心) 역할로 나타난다.

> 내가 생각하건대, 예가(禮家)에서는 '중(重)을 전한다'[傳重], '중을 잇는다'[承重], '중을 받는다'[受重], '중을 잡는다'[持重]고 말하는데, 중이 어떤 것인지는 아직 분명한 풀이가 없다. 그러므로 유 시중이 작위와 토지를 중으로 생각한 것은 잘못이다. 중이란 무엇인가? 조녜(祖禰)의 정통(正統)이다. 조녜란 무엇인가? 대부(大夫)는 3묘이고 적사(適士)는 2묘이며 관사(官師)는 1묘인 것이다. 묘(廟)가 있으면 제(祭)가 있고, 제가 있으면 주제자(主祭者)가 있으니, 제사를 주관하는 것[主祭]을 '통을 잇는다'[承統]고 하고 제사를 주관하는 것을 '중을 받는다'[受重]고 한다. 제사를 주관하는 사람이 죽으면 그 장자를 세우고, (장자가) 없으면 그 적손(適孫)을 세우며, (적손도 없으면) 그 차자(次子)를 세워서, 그가 제사를 주관하도록 한다. 이것을 '중을 잇는다'[承重]고 하고, 이것을 '중을 잡는다'[持重]고 한다. 작위나 토지가 있고 없는 것은 옛날과 지금이 다르긴 하지만 적서(適庶)의 경중(輕重)은 위아래가 같은 것이니, 적손승통(適孫承統)의 법을 어떻게 고칠 수 있겠는가? 보잘 것 없는 풀과 나무도 바른 줄기와 곁가지들이 죽 뻗기도 하고 비스듬히 뻗기도 하면서 서로 이어가는데, 더구나 사람이야 (말할 게 있겠는가)? 비록 벼슬 없는 백성들일지라도 이런 의리는 없앨 수 없는 것이다.[47]

47) 『喪禮四箋』 卷11, 「喪期別」, 〈承重2〉(『與全』 3集, 11卷, 2b). "鏞案, 禮家言傳重 · 承重 · 受重 · 持重, 而重之爲何物, 未有明解. 故庾侍中, 謬以爵土爲重也. 重者, 何? 祖禰之正統也. 祖禰者, 何? 大夫三廟, 適士二廟, 官師一廟. 有廟則有祭, 有祭則有主祭者, 主祭曰承統, 主祭曰受重. 主祭者死, 立其長子, 無則立其適孫, 無則立其次子, 使之主祭. 是之謂承重, 是之謂持重也. 爵土有無, 古今雖殊, 適庶輕重, 上下攸均, 適孫承統之法, 豈得有改? 草木之微, 而正幹旁支, 有直有斜, 以相承繼, 况於人乎? 雖匹庶之賤, 此義不可蔑也."

결국 정약용의 견해에 따르면, 중(重) 또는 통(統)은 제사권을 의미하고, 후사[後]가 된다는 것은 바로 제사 주체[主祭者]가 된다는 것을 뜻하며,[48] 제사를 주관하는 지위의 '계승'은 '통을 잇는다'[承統]거나 '중을 받는다'[受重]고 표현된다.[49] 그러므로 후사가 되는 것은 조상에 대한 제사의 주체가 되는 것이며, 그것을 통해 같은 조상을 모시는 의례 공동체인 종족을 거느리는 상징적 대표가 되는 것이다. 부자(父子)라는 혈연적 상하관계마저 넘어서서 장자를 특별하게 대우하는 것은 장자에게 전해지는 '중' 또는 '종통' 때문이다.

이 때 현재 중이나 종통을 담지하고 있는 종자는 공시적으로 종족의 구심점 역할을 하고, 통시적으로 과거의 조상을 현재 속에서 구현하는 '중심 상징'의 존재인 것이다. 조상과 제사를 통해 만날 수 있는 제사 주체의 권위는 바로 제사 대상인 조상의 권위와 연계된다. 그러므로 종자의 종족 대표성은 그 종족 공동체의 존재 근거인 조상에 대한 권위에서 비롯되며, 시원에 대한 경건한 태도는 곧 공동체의 존재론적 근거를 수용하는 종교적 태도라고 할 수 있다. 그런 맥락에서 정약용은 종법을 "조종(祖宗)을 높이고 공경하여 천하를 다스리는 큰 방법"[50]이라고 정의했다.

그런데 종자뿐만 아니라 국가의 군주나 지방의 목민관 역시 해당 공동체를 상징적으로 대표하는 의례적 주체가 된다. 그리하여 정약용은 천자(天子)를 '천지신인지주(天地神人之主)'라고 하여 초월적 영역과 일상적 영역을 포괄하는 거대한 규모의 공동체 의례를 집전하는 의례적 주체로

48) 『喪禮四箋』 卷11, 「喪期別」, 〈承重1〉(『與全』 3集, 11卷, 2a). "後者, 主祭之名."
49) 『喪禮四箋』 卷11, 「喪期別」, 〈承重2〉(『與全』 3集, 11卷, 2b). "重者, 何? 祖禰之正統也. 祖禰者, 何? 大夫三廟, 適士二廟, 官師一廟. 有廟則有祭, 有祭則有主祭者, 主祭曰承統, 主祭曰受重."
50) 『喪禮四箋』 卷11, 「喪期別」, 〈出後2〉(『與全』 3集, 11卷, 28b). "宗法者, 萬民之所共有也. 誠以尊祖敬宗, 治天下之大法也."

보았으며, 일단 대통(大統)을 후사로 계승했으면 천지 신인의 주인 것이니, 다른 사회적 지위는 모두 따지지 않는다고 지적하는 한편, 특히 "제왕의 대통 계승은 오직 정치적 지위[天位]를 서로 계승하는 것이니, 천지 신인의 주가 된 뒤라야 조(祖)나 종(宗)이 되어 종묘(宗廟)에서 제사를 받을 수 있다"고 하면서, 사적인 부자(父子)의 명분에 얽매이지 말고 공적 의례의 주체로서 의례적 실천을 해야 함을 강조했다.[51)]

또한, 그는 대군(大君) 여덟 명이 서로 이어서 대왕(大王)이 되었다가 죽을 경우에 대비(大妃)가 그들 모두에게 삼년상(三年喪)을 지내는 까닭을 그들이 조종(祖宗)의 중(重)을 이미 전(傳)해서 천지(天地) 신인(神人)의 주(主)가 되었기 때문이라고 설명했다.[52)] 지방의 목민관[牧] 역시 부임(赴任)하면서부터 '백신(百神)의 주(主)'로서 해당 관할지역 공동체를 대표하는 의례적 주체가 되는 것으로 보았으며, 이에 따라 해당 지방의 사직단(社稷壇)에 직접 조복(朝服)을 입고 봉심(奉審)하고 그보다 중요성이 조금 떨어지는 여단(厲壇)이나 황단(隍壇)에는 예감(禮監)을 파견해서 봉심토록 해야 함을 역설했다.[53)]

따라서 유교 공동체 내의 정치적 지위의 계승에는 항상 그 공동체와

---

51) 『喪禮四箋』 卷12, 「喪期別8」, 〈出後27: 本生父母稱謂〉(『與全』 3集, 12卷, 15b). "帝王宗統, 唯以天位相繼, 唯爲天地神人之主者而後, 方可以曰祖曰宗, 饗于宗廟. 凡爲天下國家者, 但當嚴守此法. 彼旁支入承而私全父子之名者, 又何故禁之哉?" 『喪禮外編』 卷3, 「正體傳重辨1」(『與全』 3集, 19卷, 16b~17a). "大妃期年之服, 所以不合於人心者, 爲孝廟入承大統, 爲天地神人之主也, 非以其所生爲正嫡也. … 孝宗大王旣承統襲位, 爲天地神人之主, 尙欲以太子世子之禮處之, 亦可謂疏於類矣." 『國朝典禮考』 卷2, 「嘉靖大禮議」(『與全』 3集, 19卷, 19b). "天子者, 百神之主."

52) 『詩文集』 卷12, 「八大君辨」(『與全』 1集, 12卷, 23a). "若八大君相繼爲大王而薨, 則大妃於八王之喪, 皆爲之三年也, 何以故? 祖宗之重旣傳, 而爲天地神人之主矣."

53) 『牧民心書』 卷1, 「赴任」, 〈上官〉(『與全』 5集, 16卷, 21a). "遂適社稷壇, 以朝服奉審, 分遣禮監 【卽官廳別監】于厲壇 · 隍壇, 奉審以來. ○一邑之鬼, 社稷最大, 近世守令, 全不致謹, 甚不可也. 厲壇 · 隍壇, 雖不躬往, 牧者, 百神之主也, 新到之初, 宜有禮意, 遣人奉審, 可也. ○遂還, 受參謁."

연관된 의례의 주체로서 공적 의무를 다해야 하는 책임[重]이 따르게 된다. 더 나아가 정치적 지위의 계승은 초월적 근원에 대한 의례적 지위를 계승했기 때문에 정당화되는 것이기도 하다. 정약용은 그러한 사실을 "'왕(王)이 천자(天子)가 된다'고 말한 것은 왕이 백신(百神)의 주(主)로서 상제(上帝)와 귀신(鬼神)을 섬길 수 있기 때문"[54]이라는 인식을 통해 구체화했다. 그러나 이러한 의례적 권위는 왕권의 강화라는 맥락이 아니라 공적인 의례 주체로서의 의무를 강조하는 맥락에서 제기되는 것이다.

54) 『尙書古訓』 卷4, 「金縢」(『與全』 2集, 25卷, 50b). "凡謂王爲天子者, 以王爲百神之主, 能事上帝鬼神也."

2

예치(禮治)와 왕도정치의 실현

(1) 과도한 인정의 절제와 위계적 사회질서의 확립

정약용의 의례이론은 사회적 질서의 정립을 위한 예의 경세론적 효과를 강조한다. 물론 이런 측면은 정약용만의 고유한 특징이라기보다는 유교 전통의 공통적인 경향이다. 예컨대, 『예기』「제통(祭統)」편에 의하면, 제사는 예(禮)의 전형으로서 가장 중요한 유교 의례이며, 법적 강제력에 의한 억압적 통치가 아니라 내면적 자발성에 입각한 정서적 공감대를 토대로 사회적 동의를 이끌어 내는 예치(禮治)의 '치인지도'(治人之道)로서 중요하다.

> 무릇 사람을 다스리는 방법[治人之道]으로 예(禮)보다 급한 것은 없다. 예에는 다섯 가지 큰 갈래[五經: 吉·凶·賓·軍·嘉禮]가 있는데, 제사보다 중요한 것은 없다. 제사는 바깥으로부터 이르는 것이 아니라 안으로부터 비롯되어 마음에 우러나는 것이다. 마음에 느낌이 있으면 예로써 그것을 봉행하는 것이니, 이런 까닭에 오직 어진 사람만

이 제사의 의미를 온전히 구현할 수 있다.[55)]

예에는 관혼상제(冠婚喪祭)의 평생의례에 해당하는 사례(四禮)의 분류와 길 · 흉 · 빈 · 군 · 가(吉 · 凶 · 賓 · 軍 · 嘉)의 오례(五禮)의 분류가 있는데, 문화적 측면이 더 중요한 사례와는 달리 오례의 분류는 사회정치적 질서의 의미가 더 부각된다. 예학(禮學)을 연구한 유학자들 가운데 두 영역 모두에서 업적을 남긴 사람은 그리 많지 않다. 특히 오례의 경우에는 다루어야 할 영역의 방대함도 문제가 되었기 때문에, 대부분 특정한 개인이 아니라 국가적인 차원에서 논의가 되었으며, 대개 왕조의 창업(創業)기에 국가적 차원에서 논의되거나 경장(更張)기나 변혁(變革)기에 부각되곤 했다.

실제로 『경국대전』이나 『국조오례의』가 정리되던 조선 초기에도 『주례(周禮)』가 주목을 받았지만, 탕평(蕩平)정국을 통해 중흥을 도모했던 조선 후기에도 영조(英祖)와 정조(正祖)의 시기를 전후로 하여 『속대전(續大典)』을 비롯한 각종 제도적인 정비가 이루어지고 경연(經筵)에서 『주례』를 진강(進講)하거나 정책적으로 적극 활용하는 방안이 추진되는 경향이 보인다.[56)] 조선 후기에는 이황(李滉, 1501~1570)과 이이(李珥, 1536~1584) 이후 완숙하게 소화된 조선 성리학(性理學)의 만개(滿開)가 이루어지고, 『가례(家禮)』의 실행이 보편화되기 시작하는 한편, 김장생(金長生, 1548~1631)을 비롯한 예학(禮學) 연구와 흔히 예송(禮訟)이라고 불리는 각종 전례논쟁(典禮論爭)으로 인한 예설(禮說)의 정밀한 토론과정을 거쳐 예학적 안목이 성숙해졌으며, 정치적으로는 성리학적 의리관(義

55) 『禮記』, 「祭統」. "凡治人之道, 莫急於禮. 禮有五經, 莫重於祭. 夫祭者, 非物自外至者也, 自中出, 生於心也. 心怵而奉之以禮, 是故唯賢者能盡祭之義."

56) 이와 관련된 논의로는 김백철, 「朝鮮後期 英祖代 蕩平政治의 이념과 『周禮』」, 『韓國史論』 51(서울대학교 국사학과, 2005), 연세대학교 국학연구원 편, 『한국 중세의 정치사상과 周禮』(서울: 혜안, 2005) 참조.

理觀)에 기초한 붕당(朋黨)의 상호견제와 비판 기능을 토대로 삼은 붕당정치가 극단화될 때 드러나는 문제점을 사회제도적 차원에서 비판적으로 극복하려는 새로운 경세론적 개혁론이 나타나기 시작하였다.

이러한 사상적 · 정치적 맥락 가운데 정약용의 의례이론이 『상례사전』과 『제례고정(祭禮考定)』 등의 '사례(四禮)' 혹은 '가례(家禮)'의 영역과 함께 『춘추고징』, 『국조전례고』, 『경세유표』 등의 '오례(五禮)' 혹은 '방례'(邦禮)의 개혁론으로 나올 수 있었던 것이다. 이런 면에서 정약용의 사상은 시대적 요청에 대한 정약용 개인의 주체적인 학문적 대응인 동시에, 조선시대 내내 지속적으로 온축되어 온 사상사적 역량의 집대성으로도 읽을 수 있다.

그렇다면 정약용은 의례적 사회질서와 관련하여 당시 조선의 시대적 상황을 어떻게 인지하고 평가했을까? 크게 두 가지 대목이 주목할 만하다. 정약용은 당시의 의례적 실천 양상이 정치사회적 위계질서와 어긋나며, 가례(家禮)와 국가전례(國家典禮)의 의례적 영역 변별이 제대로 이루어지지 못하고 있다고 비판하였으며, 이러한 인식에 따라 조선의 실정에 맞는 의례적 사회질서의 구축을 시도하였다.

먼저 정약용은 왕과 백성 사이에 있는 관리와 아전들이 분수에 넘치게 잔치를 벌이거나 대부로서 천자/제후의 예에 따라 제사를 지내는 문제점을 지적하였다. 예컨대, 『제례고정』에서는 조선 중기 이후 보편화된 사대부가의 4대봉사[57]가 천자의 예를 참용(僭用)하는 문제점을 지니고 있다고 비판하면서, 제후국인 조선의 대부에 걸맞게 3대봉사를 해야 한다고 주장하였으며, 제사를 지내는 횟수나 시기 및 제사를 지내는 규모면에서도 철저하게 규제해야 한다고 역설하였다.[58] 정약용에 의하면, 이러한 행

57) 조선 전기 4대봉사의 형성과정에 대해서는 鄭肯植, 「朝鮮前期 四代奉祀의 形成科程에 대한 一考察」, 『법제연구』 11(한국법제연구원, 1996) 참조.

58) 『祭禮考定』 卷1, 「祭法考」(『與全』 3集, 22卷, 11a~14a). "考古聖人之制, 人臣之祭

태는 관직이 있든지 없든지 간에 신분에 관계없이 무차별적으로 제례를 거행하는 풍토로서, 위계적 사회질서를 무너뜨리는 '참월(僭越)'한 예의 잘못된 실천이었다. 특히 당시의 풍속을 '국속상벌(國俗尙閥)'이라고 표현한 데서도 알 수 있듯이, 정약용은 조상을 제사하는 인정[祭先之情]의 보편성만을 강변하면서 인정을 절제하는 절도 없이 되도록이면 화려하고 거창하게 제례를 지내려고 하는 문제점을 비판했다.[59]

이러한 비판적 인식에 대해서, 탈종법적 왕권의 신성성 혹은 절대왕정의 정치신학이나 분열적 사회인식에 근거한 근대적 징후라는 맥락에서 왕권을 강화하는 문제의식이 반영된 결과로 해석하는 관점도 있을 수 있지만,[60] 정약용의 예론, 특히 제사론은 일반 사가와는 다른 왕조례의 차별성을 강조함으로써 왕권을 강화하려는 문맥에서 제기되지 않았다. 정약용의 관심은 오히려 인정의 무차별적 실현에 의해 사회 전체의 위계질서를 흔드는 사대부 혹은 관리들의 과도한 사적 욕망 실현을 막으려는 데 집중되고 있다.

其先, 止於三代.… 太祖之廟不遷, 其實祭親止於二代. 其祭四親者, 天子之禮也. … 故我國立制, 雖大夫之祭, 止於三代, 以侯邦也. … 今遵聖經·賢傳·國制·師說, 凡仕宦之族, 宜於家廟, 得奉三世之主, 毋得踰越." 이와 관련된 자세한 논의로는 劉權鐘, 「茶山 丁若鏞의 『祭禮考定』 硏究」, 『孔子學』 8(한국공자학회, 2004) 참조.

59) 『祭禮考定』 卷1, 「祭法考」(『與全』 3集, 22卷, 13b). "古禮唯大夫有三廟, 國制唯六品已上祭三世, 今不問其有官·無官, 壹以三代爲制者, 似乎僭越. 然「喪服傳」曰, '大夫及學士, 知尊祖矣.' 疏云, '學士, 謂庠·序及國學之士', 其知尊祖旣同, 則其祭先之情, 諒無淺深. 且國俗尙閥, 凡係簪纓之族, 雖不仕宦, 猶具尊貴之體, 代興代替, 升沈不恒, 六品之官, 卽其倘來, 而必遵二廟·一廟之制, 則造主毁主, 遞升遞降, 動有窒礙, 勢必不行矣." 『祭禮考定』 卷1, 「祭期考」(『與全』 3集, 22卷, 16b). "考古四時之祭, 唯天子全擧之, 諸侯三祭, 大夫二祭, 士一祭, 庶人薦而不祭." 『祭禮考定』 卷2, 「祭饌考」(『與全』 3集, 22卷, 29a). "考古祭祀之饌, 原有五等. … 唯是五等之饌, 等威截嚴, 憲章昭列, 以防民志, 不可踰也."

60) 이러한 관점을 예론과 예설의 측면에서 적용한 연구 경향은 각각 최진덕, 김상준, 이영훈 등이 대표한다.

> 여기 보내는 것은 『제례고정』 한 권인데, 이는 내 평생의 뜻을 담은 것이다. … 옛 사람의 연향(燕饗)과 제사에는 모두 품급(品級)이 있어서 항상 태뢰(太牢), 소뢰(小牢), 특생(特牲), 특돈(特豚), 일정(一鼎), 포혜(脯醢) 등 여섯 가지 중에서 골라 사용했으며, 나물 하나 과일 하나도 마음대로 더하고 빼지 못하였으니, 선왕의 법제가 엄격하고 세밀함이 이와 같았다. 태뢰는 천자나 제후가 사용하는 물품인데, 요즘 감사(監司)가 순력(巡歷)할 때 여는 연향에는 거기에 쓰이는 각종 그릇의 숫자가 태뢰에 비하여 다섯 배도 넘는다. 옛날에 '술마시고 고기 먹기를 물흐르듯 하여 놀이를 좋아하며 주색(酒色)에 빠진다'고 했는데, 불행히도 이 말이 실정(實情)에 가깝다. 내가 만든 이 『제례고정』은 단지 제사를 위해서만이 아니라, 무릇 서울과 지방에서 사객(使客)의 접대와 혼인과 회갑 등 일체 연향에 쓰이는 음식에 대해서도 아울러 획일(劃一)하여 제도를 마련해야 마땅하니, 이것을 공경히 준행하여 감히 벗어나지 못하게 하면, 세도(世道)에 도움이 있지 않겠느냐?[61]

『제례고정』을 완성한 다음 두 아들에게 보낸 편지에서, 정약용은 당시 의례적 사회질서가 무너지는 대표적인 사례로 감사(監司)가 지방을 순력(巡歷)할 때 여는 연향(燕饗)에서 쓰이는 그릇의 숫자와 규모가 천자의 제사에 쓰이는 태뢰보다도 몇 배나 더 많다는 점을 지적했다. 각종 연향이나 제사 등에 쓰이는 과도한 음식의 규모는 인정의 온전한 실현이 아

---

61) 『詩文集』 卷21, 「書」, 〈寄兩兒〉(『與全』 1集, 21卷, 20ab). "玆所去『祭禮考定』一卷, 此吾平生之志也. 大牢 · 少牢之名, 世非不知, 唯知爲牛一 · 羊一 · 豕一與羊一 · 豕一之名, 其籩豆 · 簋鉶之秩然, 若天成地造, 人所不知耳. 古人燕饗 · 祭祀, 皆有品級, 每於大牢 · 少牢 · 特牲 · 特豚 · 一鼎 · 脯醢六者之中, 揀而用之, 其一菜 · 一果, 不敢任意增損. 先王法制之嚴且密, 如是也. 大牢者, 天子 · 諸侯之物, 今監司巡歷之饗, 其鉶俎 · 籩豆之數, 較之大牢, 不啻五倍. 古所謂'飮食若流, 流連荒亡', 不幸近之. 吾玆祭禮, 不唯祭祀是爲. 凡京外使客支應及婚姻 · 壽考, 一切燕饗之饌, 竝宜畫一爲制, 使之欽此欽遵, 無敢踰越, 則於世道不亦有裨."

니라 지나친 욕망의 사치스런 풍조의 결과였다.

이러한 현실 비판은 유배 이전 목민관과 암행어사로 활동했던 정약용의 경험이 반영된 것이다. 당시 조선은 가혹한 정치에 시달리며 굶주리는 가난한 백성들과, 백성들의 아픔은 외면한 채 자신들의 이익 추구에 여념이 없던 위정자들 사이에서 갈등이 고조되어 가던 시기를 맞고 있었다. 실제로 정약용이 암행어사 출행(出行)을 마치고 서울에 돌아와 읊었던 〈기민시(飢民詩)〉는 그가 평생 잊지 못할 만큼 깊게 각인된 참혹한 조선의 현실을 다음과 같이 절절하게 표현하고 있다.

줄줄이 걸어가 고을문에 이르니	行行至縣門
입 쳐들고 죽가마 앞으로 모여드네	喁喁就湯糜
개돼지도 버리고 마다할 것을	狗彘棄不顧
사람으로 엿처럼 달게 먹누나	乃人甘如飴
…	
고관집엔 술과 고기 많기도 하고	朱門多酒肉
이름난 기생 맞아 풍악을 울리네	絲管邀名姬
태평세월 만난 듯 한껏 즐기며	熙熙太平象
대감님네 풍도라 거드름 부리네	儼儼廊廟姿

굶주린 백성들은 짐승보다 못한 상태로 전락하여 인간 이하의 생활을 하고 있는데도, 그러한 현실을 외면한 채 홍청망청 자신들의 이익 추구에 골몰하고 있는 위정자가 판치고 있는 사회. 정약용은 인간으로서 최소한의 생활마저 보장받지 못하는 현실에서 백성들의 고통에 눈 감은 채 태평성대를 노래하는 위정자들의 위선적 태도를 보면서 그들에게 조화로운 세계관으로 오용되는 주자학적 세계관의 유기체적이고 포괄적인 이론적 문제점에 대해 메스를 들이대는 한편, 연향과 제사, 곧 '잔치'와

'성례'라는 의례의 범주 차원을 인정의 절제를 통한 의례적 사회질서의 구현이라는 '세도'(世道)의 차원으로 연결시켰다.

> 제전(祭奠)에만 다섯 가지 등급의 제찬(祭饌)을 사용해야 할 뿐 아니라, 무릇 칙사에게 대접할 음식이나 공적인 연회의 음식도 모두 옛 것을 고찰하여 바로잡아야 하겠습니다. 또한 감사(監司)가 순력(巡歷)할 때의 음식의 경우에는 올 봄에 시험 삼아 물어보았는데, 이곳의 현(縣)에서 바치는 음식을 고례(古禮)와 비교해 보니, 그것을 상등(上等)의 태뢰에 견주어 세 배도 넘었습니다. 상등의 태뢰는 오직 천자의 종묘제사와 천자의 초하룻날 음식 및 제후의 왕인(王人) 궤향(饋饗)에만 씁니다. 요즘 감사가 하루 세번 받는 음식이 천자가 초하룻날 음식보다 세 배나 많으니, 명분[名]을 범하고 예법[法]을 업신여기며 하늘이 내신 생물을 마구 죽이는 것이 이같은 경우가 없습니다. … 무릇 사객(使客)의 연향에 모두 옛 제도를 사용하여 태뢰, 소뢰, 특생, 특돈으로 명명하고 태뢰를 범하는 자를 구장(九章)·구류(九旒)를 범하는 죄처럼 다룬다면, 수령(守領)과 연리(椽吏)들이 비록 상관(上官)에게 아부하며 섬기더라도 반드시 대벽(大辟: 死刑)의 죄를 감히 가볍게 범하지 못할 것이요, 일반인들이 하는 혼인, 회갑, 연시(延諡)의 잔치 등에서도 각각 그 등급을 정하여 모두 그 명분을 구별한다면 나라의 큰 폐단이 없어질 것입니다.[62]

62) 『詩文集』 卷20, 「書」, 〈答仲氏〉(『與全』 1集, 20卷, 16b～17a). "又所呈「祭饌考」, 亦自以爲發前人之所未及言. 茫茫千載, 紛紛百變, 而太牢·少牢·特牲·特豚之等, 只存其名, 全失其器. … 不惟祭奠宜用五等之饌, 凡勅使之饗·公燕之饌, 宜皆考古釐正. 又如監司巡歷之饗, 春間試問, 此縣所供, 較之古禮, 其視上等太牢,【太牢有三等, 其上等十二鼎, 中等九鼎, 下等七鼎.】不啻三倍. 上等太牢者, 惟天子宗廟之祭及天子朔月之食及諸侯之饗王人用之. 今監司一日三受之饗, 乃視天子朔月之食, 加增三倍, 犯分蔑法, 暴殄天物, 莫此若也. … 凡使客燕饗, 悉用古制, 名之曰太牢, 名之曰少牢, 名之曰特牲·特豚, 而犯太牢者如犯九章·九旒之罪, 則守領·椽吏雖欲諂事上官, 必不敢輕犯大辟, 以至閭巷婚姻·壽養·延諡之類, 各定其等, 悉別其名, 則國之大弊去矣."

정약용이 중형(仲兄)인 정약전(丁若銓, 1758~1816)에게 보낸 편지에서도 두 아들에게 보낸 편지와 비슷한 논리를 확인할 수 있다. 그런데 여기에서는 조금 더 포괄적인 내용이 담겨 있다. 그는 제후국의 감사가 먹는 음식이 천자의 음식보다 세 배나 많다는 점을 비판하면서, 그러한 행태가 전체 사회질서 속에서 개인이 담당하게 되는 '명분'[名]을 범하는 것이자 명분에 따라 취해야 할 행위양식, 곧 '예법'[法]의 위계적 사회질서를 파괴하는 것이라는 점을 강조하는 한편, 일부 정치적 권력과 경제적 재력을 가진 사람들이 사치스런 욕망의 과도한 충족을 위해 하늘이 허락한 한정된 경제적 재화를 독점적으로 소비함으로써 사회적 균평[均]의 질서를 허물고 있다는 점을 날카롭게 지적하고 있다.

이러한 논리는 정약용의 경세론에서 핵심이 되는 『상서(尙書)』「고요모(皐陶謨)」의 '지인안민(知人安民)'론과 연계할 때 그 경세론적 함의가 더욱 분명해진다.[63] 정약용은 사람이 보편적으로 지니고 있는 두 가지 욕구인 정치적 욕구[貴欲]와 경제적 욕구[富欲]를 현실적으로 인정하고, 이 두 가지 욕구를 대표하는 인간형을 각각 군자(君子)와 소인(小人)으로 분류한 뒤, 군주가 관리 선발의 공정함을 통해 구현되는 관인(官人)/지인(知人)의 덕(德)과 조세수취의 최소화에 의해 실현되는 혜민(惠民)/안민(安民)의 덕을 실천하여 공동체의 질서를 유지할 수 있다고 설명했다.[64]

63) 정약용의 경세론이 '知人安民論'의 구도를 지니고 있음을 해명한 선구적 연구로는 金文植, 『朝鮮後期經學思想研究』, 특히 218~219쪽, 이러한 경세론을 정약용의 四書 經學을 통해 논의한 연구로는 이봉규, 「四書 해석을 통해 본 정약용의 정치론」 참조.

64) 『尙書古訓』 卷2, 「皐陶謨」(『與全』 2集, 23卷, 32b~33a). "賢賢・親親, 非官人之德乎? 樂樂・利利, 非惠民之德乎? 治天下之大經・大法, 唯斯二者, 故『大學』以此而結局也. 治平之術, 九經・八統, 其目甚廣, 奚必斯二者之爲大乎?【先朝閣講, 每以是下問講官, 無一人能對者.】原夫生民有欲, 其大欲有二, 一曰富, 二曰貴. 凡君子之族, 仕於王朝者, 其所欲在貴, 小人之族, 耕於王野者, 其所欲在富. 官人失其宜, 則怨詛興於貴族, 惠民有不周, 則怨詛興於小民, 二者皆足以失國. 默思人國之所以治亂・興亡, 人心之所以向背・去就, 不出此二者之外. … 公選擧, 薄賦斂, 爲祈天永命之本.【先朝每

이러한 경세론적 구도를 예론에 적용하면, 조선 후기의 의례적 행태는 정치적 권력과 경제적 재력을 지닌 사람들의 자기지시적 메시지가 사회적 명분[名]에 따라 예법[禮]의 의례적 위계질서를 규범적으로 규정하고 있는 경전적 메시지와 충돌함으로써 경전의 의례적 권위와 위계적인 사회질서를 무너뜨리는 결과를 초래했다. 이는 마치 거센 홍수가 둑을 무너뜨리면서 범람하는 것과 같이, 인정이 지닌 욕구가 적절히 조절되지 않은 채로 실현된 결과로 해석할 수 있다.

이러한 문제점을 극복하기 위해, 정약용은 유교적 명분론에 상응하는 의례적인 위계질서의 재정립을 추구했고, 그러한 의도는 의례의 경세론적 효과를 초래하는 예론으로 응축되었다. 그리하여 정약용의 예론은 옛 성인이 명분을 제정한 명분(名分)의 근본적 의의[義]에 입각하여, 그러한 명분을 분변하는 예(禮)가 상하(上下)와 귀천(貴賤)의 엄격한 구별을 통해 의례적 위계질서를 벗어나 자의적으로 개인의 뜻이나 욕구를 달성하려고 하는 사람들을 일정한 궤도(軌度)로 절제(節制)함으로써 나라가 피폐해지거나 백성이 가난해지는 문제를 막는 경세론적 목표를 구현했다.[65]

이는 북학론(北學論)[66]에서 국가의 경제적 생산력과 생산방식의 효율

論治道, 以去黨懲貪四字爲要旨, 蓋此一是官人之要, 一是安民之要.】故『大學』四轉之末, 皆以天命結之. 此經皐陶奏九德之謨, 以贊官人之哲, 伯禹奏乃粒之功, 以贊安民之惠, 始乃結之曰天其申命用休, 正是一樣文法.【『知遠錄』】”

65) 『祭禮考定』 卷2, 「祭饌考」(『與全』 3集, 22卷, 29a～30a). “考古祭祀之饌, 原有五等. … 唯是五等之饌, 等威截嚴, 憲章昭列, 以防民志, 不可踰也. … 名以制義, 禮以辨名, 禮也者, 以別上下而殊貴賤, 以納民於軌度者也. 故天子衮冕, 上公袞冕, 侯伯鷩冕, 孤卿希冕, 大夫玄冕, 有敢踰者乎? 天子玉路, 孤卿夏篆, 列卿夏縵, 大夫墨車, 士乘棧車, 有敢踰者乎? 旗有斿數, 樊纓有差, 舞佾有等, 屋霤有度, 百體森整, 萬民以正, 顧獨於祭祀 · 燕饗之節, 漫然無級哉? 太牢 · 少牢者, 君 · 大夫之所用也. 特牲 · 豚魚者, 士 · 庶人之所安也. 一有踰越, 遂陷大戾, 至於祭祀之物 · 宴饗之饌, 泯泯棼棼, 無所節制, 國瘠民貧, 無所錯義, 此爲國家者所宜熟慮而深計之者也. … 君子行禮, 不求變俗, 但求古人制裁名分之本, 而謹守其意, 罔敢踰越焉, 則小德雖出入, 可也.”

66) ‘이용후생’(利用厚生)을 주장하는 북학론(北學論)은 본래 일부 경화사족(京華士族) 지식인들이 사회주도층으로서 생산활동과 무관하게 되어 버린 사(士)의 책임을 각

성을 높이기 위해 청(淸)의 문물을 수용하는 경세론적 방향을 제시했던 것과는 달리, 명분에 맞는 인정과 욕구의 절제를 통해 한정된 경제적 자원을 적절하게 분배하고, 정치사회적 위계질서의 엄격한 구현을 통해 정치적 권력이나 경제적 재력을 자의적으로 행사하는 행태를 효과적으로 차단함으로써 유교적 신념과 명분에 따른 의례적 실천과 그 실천적 결과인 공·덕의 창출을 유도하는 경세론적 방안이다.

그러나 인정의 절제를 통한 위계적 사회질서의 정립이라는 의례의 경세론적 효과를 신권의 제한과 왕권의 강화라는 도식으로 단선적으로 이해해서는 안된다. 그것은 사회를 구성하는 모든 정치사회적 주체나 세력에게 공통적으로 적용되는 것이기 때문이다. 예컨대, 정약용의 「입후론(立後論)」이나 『국조전례고』 등을 살펴보면, 왕이나 사대부를 막론하고 모든 사람들은 남의 후사가 되었을 때[入後] 자신의 혈연적인 아버지를 위해 참최삼년복(參衰三年服)을 입거나 사친(私親)을 위한 제사의 주체가 되어서는 안 된다.[67] 이는 왕통(王統)이든, 가통(家統)이든, 특정한 종교문화적 권위를 지닌 근원에 대한 보답의 제사는 의례적 공동체의 통합적 질서를 전승하고 유지하기 위해 공동체의 구성원 모두가 사적인 인정을 접고 공적인 질서에 충실해야 한다는 인식을 반영하는 것이다. 따라서 정약용의 예론은 특정한 정치적 세력의 권력 강화와는 무관하며, 특정한 사안의 예설(禮說) 차원에서 적용되는 인정의 절제가 정치사회적인 맥락에서 결과적으로 특정 주체의 실천적 의무를 강조하거나 정치적 권

성하고 실용적인 경세학(經世學)을 펼치려고 했던 분위기에서 생긴 것이었으나, 19세기 이후 재야산림(在野山林)의 의리학(義理學)과 유리된 채 경화사족적 관료학자들에 의해서 청조(淸朝)의 문물 도입이라는 방향으로 전개되면서 도리어 생산활동과 유리된 경화사족의 세련된 소비적 문화론이 되어 버렸다. 북학론과 京·鄕分岐의 경향과 성격에 대한 자세한 논의로는 유봉학, 『연암일파 북학사상 연구』(서울: 일지사, 1995)과 『조선후기 학계와 지식인』(서울: 신구문화사, 1998) 참조.

67) 박종천, 「『國朝典禮考』에 나타난 茶山 丁若鏞의 禮論」 참조.

력 남용을 방지하는 효과를 초래한다고 해석하는 것이 타당하다.

다음으로, 의례적 위계질서의 재정립과 관련하여 정약용은 당시에 가례(家禮)와 국가전례(國家典禮)의 의례적 영역이 혼동되고 있다는 점을 큰 문제로 지적했다. 정약용은 종묘·사직의 주인인 천자·제후의 예와 사·대부의 예는 위상에서 분명한 차이가 있으며, 그러한 차이가 각종 의례의 규모와 제도적 차이에 반영된다는 점을 강조하였다.[68] 특히 천하에 의례적 위계질서가 유지되고 있을 때와 그렇지 못할 때를 대비시키면서, 일가(一家)의 예인 가례가 천하만국의 예가 아닌데도 가례가 천하만국의 예가 되어 버린 상황을 비평적으로 보았다.

> 천하에 도(道)가 있으면 천자가 아니면 예를 논의하지 않고, 도가 쇠퇴해 버리면 예는 일가(一家)에 있게 된다. 이것이 주자(朱子)가 그 예를 가례(家禮)로 명명한 까닭이다. 가례는 일가의 예를 밝힌 것이지, 천하만국의 예가 아니다. 그러나 요즘 예를 말하는 자는 모두 가례를 예가(禮家)의 조종(祖宗)으로 삼으니, 이제는 비록 천하 만국의 예라고 말해도 안 될 것이 없다.[69]

유교적 실천은, 『대학(大學)』에서 분명하게 정식화되어 있는 바와 같

68) 金文植, 『朝鮮後期經學思想研究』, 230~231쪽. 『喪禮外編』 卷3, 「正體傳重辨1」(『與全』 3集, 19卷, 15b). "若夫天子·諸侯之禮, 其尊嚴隆重, 又截然不同, 不但爲己之宗子而已, 是宗廟·社稷之主, 天地·神人之所宗, 故古者制禮, 與大夫·士之禮, 特特自別." 『經世遺表』 卷3, 「天官修制」, 〈三班官制〉(『與全』 5集, 3卷, 30ab). "況先王之制, 宮室車服, 各有等級, 公·卿·大夫下至小民, 其宮室大小, 同用一規, 有是理乎? 苟其大小不等, 則五家爲比, 五比爲閭者, 小民之制也. 等而上之, 遂以五黨爲州, 五州爲鄕者, 臣未之信也. 臣謂宮室宜分之爲九等, 各以同等, 自成一聚, 唯其所函之地, 諸區皆同, 而其環堵之數等各不同, 則上下有章, 賦率有差, 庶乎先王之法, 不遠於是也."

69) 『詩文集』 卷12, 「羅氏【炅】家禮輯語序」(『與全』 1集, 12卷, 44b). "天下有道, 非天子, 不議禮, 道旣衰, 禮在一家. 此, 朱子所以名其禮曰家禮. 家禮也者, 明一家之禮, 而非天下萬國之禮也. 然今之言禮者, 率以家禮爲禮家之祖宗, 今雖謂之天下萬國之禮, 靡不可也."

이, 본래부터 실천의 영역과 실천의 주체가 호응하면서 개인으로부터 천하에 이르기까지 거대한 위계질서를 구축한다. 만약 심리적 부분을 제외한다면, 천자(天子)-제후(諸侯)-대부(大夫)/사(士)-서인(庶人)으로 이어지는 유교적 실천 주체는 천하(天下)-국(國)-가(家)-신(身)의 정치 사회적 영역의 위계질서 내에서 평(平)-치(治)-제(齊)-수(修)의 실천을 한다.[70]

정약용은 이 중에서도 특히 주로 공(公)적인 천하만국의 예와 사(私)적인 일가의 예를 분명하게 구별했다. 예컨대, 그는 천자와 제후로 대표되는 군주와 신민(臣民)이 '의합'(義合)으로 묶이는 '군통'(君統)의 공적 질서와 부자(父子)의 '천속'(天屬: 天倫)을 중심으로 통합되는 '친속'(親屬)의 사적 질서를 분명하게 구분하는 한편, 두 영역이 유교적 전통사회의 구조적 차원에서 자율적 영역을 차지하고 있으며, 양자의 긴장관계가 갈등으로 치닫지 않고 조화를 이루도록 어떻게 조율하는가 하는 고민을 예학의 핵심적 문제의식으로 삼았다.[71]

이러한 영역의 구분은 바로 혈연적 친소관계[親親]에서 비롯되는 혈연적 은혜[恩]와 사회적 존비관계[尊尊]에서 생기는 사회적 의리[義]의 관계 규범을 반영하고 있다. 원래 『예기』「대전(大傳)」편에 나오는 상복(喪服) 결정 기준인 '친친'(親親)과 '존존'(尊尊)은 그 근본정서인 친애(親愛)의 혈연적 감정과 공경(恭敬)의 사회적 감정 또는 혈연적 연대의식과 위계적 차등의식을 의례적 실천을 통해 인(仁)과 의(義)의 가치로 구현한다.[72]

70) 여기서 영역과 실천은 각각 자연(自然)의 물(物)과 작위(作爲)의 사(事)로 구분된다. 『大學公議』 卷1(『與全』 2集, 1卷 15a). "物者, 意·心·身·家·國·天下也. 事者, 誠·正·修·齊·治·平也. 本始所先, 末終所後. … 物者, 自立成象之名也. 事者, 有所作爲之名也."

71) 『國朝典禮考』에 등장하는 親屬과 君統 개념에 대해서는 박종천, 「『國朝典禮考』에 나타난 茶山 丁若鏞의 禮論」, 『論語古今註』에 나타나는 天屬과 義合에 대해서는 이영훈, 「다산의 인간관계 범주구분과 사회인식」 참조.

『예기』의 다음 구절은 그런 사실을 잘 보여준다.

> 그 은혜[恩]가 두터우면 그 상복은 (등급이) 무겁다. 그러므로 아버지를 위해서 참최3년복을 입는 것은 은혜로써 제정한 것이다. 친족 내부에서 상을 치를 때는 은혜가 의리[義]를 누르고 친족 외부에서 상을 치를 때는 의리로 은혜를 끊는다. 아버지를 섬기는 것을 본받아서 임금을 섬기는 데 공경[敬]은 같다. 신분적 차등에 따라 공경하는 것이 의리의 핵심이다. 그러므로 임금을 위해 참최3년복을 입는 것은 의리로써 제정한 것이다.[73]

이렇듯 친족 내부의 질서 정립[門內之治]과 친족 외부의 질서 정립[門外之治]을 위해 마련된 가례와 국가전례의 의례적 영역은 서로 다른 정서와 관계양상, 규범과 가치를 중심으로 구성된다. 따라서 공(公)적인 영역과 사(私)적인 영역으로 의례적 질서를 구분하는 것은 이러한 의례적 영역을 구성하는 주도적인 의례적 관계양상과 그러한 관계양상에서 비롯되는 인정의 성격 및 그것이 적절하게 실현되었을 때 성취되는 가치[德]의 종류와도 연관된다.

유교적 전통사회는 이러한 두 가지 요소들의 긴장관계로 구성되어 있는 사회구조를 지니고 있는데, 정약용은 기본적으로 선진유교에서 주자학에 이르는 유교적 전통에 따라 친친을 인륜의 핵심적 관계규범으로 전제하는 가운데 그것이 존존에 의해 침해받지 않도록 배려하는 예론을 전개하면서,[74] 법가(法家)처럼 존존을 중심으로 전반적으로 친친을 규제하

72) 『禮記』, 「樂記」에 나오는 樂/禮, 同/異, 親/敬, 仁/義, 和/絶 등의 순서쌍도 親親/尊尊과 밀접하게 연관된다.

73) 『禮記』, 「喪服四制」. "其恩厚者其服重, 故爲父斬衰三年, 以恩制者也. 門內之治恩揜義, 門外之治義斷恩. 資於事父以事君而敬同, 貴貴・尊尊, 義之大者也. 故爲君亦斬衰三年, 以義制者也."

74) 친친과 존존의 관계와 우선순위에 대한 정약용의 기본적 관점은, 약간의 차이는 있

려는 사회구조를 구상하거나 '대의멸친(大義滅親)'을 내세우는 『춘추좌씨전(春秋左氏傳)』의 관점이나 '친친으로 존존을 해칠 수 없다'는 『춘추곡량전(春秋穀梁傳)』의 시각을 전면적으로 수용하지는 않았다.[75] 다만 정치사회적 공동체의 영역에서 구현해야 할 공적 의리를 사적인 차원으로 전락시키는 과도한 친친의 적용에 대해서만 존존의 가치를 훼손시킨다고 비판하는 선공후사(先公後私)의 관점을 적용한다.[76]

예컨대, 죽고 나서 아들이 없어야만 입후(立後)가 가능하기 때문에 서자(庶子)가 있으면 입후할 수 없다고 한 『상례사전』「상기별(喪期別)」의 예설이나 천왕(天王)에 대한 대비(大妃)의 상복(喪服)을 참최3년복으로 규정하면서도 상복 결정의 근거를 존복(尊服)이 아니라 친복(親服)의 차원에서 정당화시키려고 한 『정체전중변』의 논의 및 '군통으로 친속을 침해할 수 없다'고 하여 입승대통(入承大統)한 군주가 사친(私親)를 부르는 호칭을 '백숙부'(伯叔父)로 강등시키는 것을 거부하고 친속(親屬)에 따른 호칭을 유지하도록 제안한 『국조전례고』의 논의 등은 모두 친친을 적극적으로 지키려는 모습을 보여주는 것이다.[77]

이에 비해 지방의 성황사(城隍祠)에서 해당 지방을 연고지로 삼는 사

지만, 정이와 주희는 물론 중국과 조선의 주자학자들과 大同小異하다. 관련된 논의로는 박종천, 「『國朝典禮考』에 나타난 茶山 丁若鏞의 禮論」; 張東宇, 「茶山 禮學의 硏究—『儀禮』「喪服」과 『喪禮四箋』「喪期別」의 比較를 중심으로—」; 李裕鎭, 「丁若鏞 周禮論의 硏究」; 이영훈, 「다산의 인간관계 범주구분과 사회인식」 등 참조.

75) 『춘추좌씨전』과 『춘추곡량전』에 나오는 친친-존존 관계에 대해서는 이봉규, 「조선후기 禮訟의 철학적 함의—17세기 喪服論爭을 중심으로—」, 『한국학연구』 9(仁荷大學校 韓國學硏究所, 1998. 3) 참조.

76) 이런 맥락에서 정약용의 예론에서 荀子나 法家의 영향을 확인하면서 탈종법적 왕권을 읽어내려는 최진덕의 논의나 김상준의 해석은 일면적이라는 한계를 지닌다.

77) 張東宇, 「『儀禮』「喪服」편에 대한 다산의 해석—『喪禮四箋』「喪期別」에 나타난 宗法과 立後에 대한 해석을 중심으로—」; 이봉규, 「17세기 禮訟에 대한 丁若鏞의 哲學的 分析—『正體傳重辨』을 중심으로—」, 『孔子學』 2(한국공자학회, 1996); 박종천, 「『國朝典禮考』에 나타난 茶山 丁若鏞의 禮論」 참조.

람들이 그 조상을 성황신으로 삼고 있음을 비판한 『목민심서(牧民心書)』「예전(禮典)」의 비평,[78] 원래 서원(書院)에는 존현(尊賢)을 기준 삼아 제향(祭享) 대상을 정해야 하는데도 불구하고 지방의 작은 고을까지도 마을마다 한 성(姓)을 지닌 자들이 서원을 세우고 덕(德)도 직(職)도 없는 자신들의 조상을 부자, 형제 순으로 배향(配享)하는 폐단을 지적한 『경세유표』의 논의[79] 및 '친속으로 군통을 침해해서는 안된다'는 논점에 따라 왕의 사친(私親)을 칭종(稱宗)하거나 종묘(宗廟)에 부묘(祔廟)하는 것을 반대한 『국조전례고』의 주장[80] 등은 모두 공적인 의례의 영역에서 친친을 사적 욕망으로 적용하는 것을 배제하고 온전히 존존 혹은 존현(尊賢)을 실현하는 예설이다.

요컨대, 정약용은 가(家)의 친속(親屬)적 공동체와 국(國)/천하(天下)의 군통(君統)적 공동체를 별도의 의례적 영역으로 구분했으며, 각각의 영역에서 주도적인 정서와 관계양상, 규범과 가치를 구별하고자 했다. 또한 사적 의례의 영역에서는 철저하게 친친(親親)의 관계규범을 원칙으로 관철시키면서도, 공적 의례의 영역에서는 존존(尊尊)의 관계규범을 실현하려고 했다.

그러나 여기서 주의할 점이 있다. 의례참여자인 군주와 사대부를 각각 존존과 친친의 기준에서 이해해서는 안 된다. 군주라도 국/천하의 공적 영역과 관련된 군주로서의 명분뿐만 아니라 혈연적 친속의 범주에 속하는 사적 영역의 혈연적 명분도 함께 지니고 있으며, 일반 사대부라도 사

78) 박종천, 「정약용의 제사관—『목민심서』「예전」'제사' 조를 중심으로—」, 『茶山學』 9(다산학술문화재단, 2006) 참조.

79) 『經世遺表』 卷8, 「地官修制 · 田制11」, 〈井田議3〉(『與全』 5集, 8卷, 21ab). "臣伏惟, 書院之弊, 至今極矣. 白雲一院, 卽先正一時感慕之所寓, 而今流波瀰漫, 不可挽回. 小郡殘縣, 厥院數十. 縣有一姓, 必建一院, 一祖主壁, 父子 · 兄弟, 羅列左右, 謂之配享. 有職 · 無職, 有德 · 無德, 行誼名節, 飾爲虛辭, 身値壬辰者, 必稱倡義, 身値丙子者, 必稱勤王."

80) 박종천, 「『國朝典禮考』에 나타난 茶山 丁若鏞의 禮論」 참조.

가(私家)의 사적 의례뿐만 아니라 각종 공적 의례에도 참여한다. 따라서 중요한 것은 의례참여자가 의례적 영역에 공적 관계의 명분으로 참여하는가 아니면 사적 관계의 명분으로 참여하는가를 판단해야 한다는 점이다. 정약용은 이러한 의례적 영역의 구분을 통해서 가와 국/천하, 친친과 존존, 천속/친속과 의합/군통, 인과 의, 사(私)와 공(公)의 적절한 교직(交織)관계를 유지함으로써 유교적 신념의 의례적 실현을 도모했던 것이다.

[표 3] 의례적 관계 질서의 범주 구분[81]

공동체	관계 규범	통합 질서	관계 범주	창출 가치	계승 관계	의례의 차원
家	親親	(親)屬	天屬 (父一子)	仁	血脈	사적 의례
國/天下	尊尊	(君)統	義合 (聖一聖)	義	名義	공적 의례

앞서 살펴본 바 있듯이, 정약용은 사회의 통합적 질서를 재정립하려는 경세론적 관심을 예론에 반영했다. 이러한 경세론적 관심에는 당시 조선 사회의 구조적 모순과 그에 따른 예법질서의 붕괴에 대한 비판적 문제의식이 깔려있다.

무릇 국가를 창건한 초기에는 법을 제대로 고칠 수 없고 말속(末俗)을 그대로 따르는 것을 경법(經法)으로 삼으니, 이것이 예나 지금이나 공통된 병통이다. 따라서 우리나라 법은 고려의 옛 법을 따른 것이 많았는데, 세종 때에 와서 조금 줄이고 보탠 것이 있었다. 그 뒤부터 임진왜란 이래로 온갖 법도가 무너지고 모든 일이 어수선하였다. 군영을 여러번 증

81) 박종천, 「『國朝典禮考』에 나타난 茶山 丁若鏞의 禮論」, 145쪽 참조.

> 설하여 나라의 경비가 탕진되고, 전제가 문란해져서 세금을 거두는 것이 공평하지 못했다. 재물이 생산되는 근원은 힘껏 막고 재물이 소비되는 구멍은 마음대로 뚫었다. 이리하여 오직 관서를 혁파하고 인원 줄이는 것을 구급하는 방법으로 삼았다. 그러나 이익이 되는 것이 되나 말만큼이라면 손해되는 것은 산더미 같았다. 관직이 정비되지 않아서 정사에게 녹이 없고, 탐묵한 풍습이 크게 일어나서 백성이 시달림을 받았다. 그윽이 생각건대 대개 터럭 하나만큼이라도 병통 아닌 것이 없는 바, 지금이라도 고치지 않으면 반드시 나라가 망한 다음이라야 그칠 것이다.[82]

실제로 정약용은 당시 조선의 상황을 총체적인 위기로 진단한 바 있다. 사회의 각 부문에서 질서가 무너지고 그에 따라 구조적인 모순이 불거지고 있음을 의식한 정약용은 사회질서의 통합을 위해 다시금 예의 재정립을 도모하게 된다. 따라서 그의 예론은 무조건적으로 고례(古禮)의 이상을 추구하는 것이 아니라 당시 조선의 역사적 · 사회적 실정에 맞는 의례적 사회질서의 구현을 가능하게 하도록 구체화된다.

> 우리나라가 창건되어 대통(大統)을 전해온 지 400여년에 기강이 해이해져 모든 일이 부진하니, 마땅히 법령을 개정하고 관직(官職)을 정리하여 조종(祖宗)의 공 · 덕을 빛나게 해야 한다. … 『주례(周禮)』는 천자의 예인데, 우리나라는 제후국이니 제도를 마땅히 작게 만들어야 한다.[83]

---

82) 『經世遺表』 卷1, 「引」(『與全』 5集, 1卷, 3ab). "故凡創業之初, 不能改法, 因循末俗, 以爲經法. 此古今之通患也. 故我邦之法, 多因高麗之舊, 至世宗朝, 小有損益, 一自壬辰倭寇以後, 百度墮壞, 庶事搶攘, 軍門累增, 國用蕩竭, 田疇紊亂, 賦斂偏辟. 生財之源, 盡力杜塞, 費財之竇, 隨意穿鑿. 於是唯以革署減員爲救急之方. 所益者升斗, 而所損者丘陵. 百官不備, 正士無祿, 貪風大作, 生民憔悴. 竊嘗思之, 蓋一毛 · 一髮, 無非病耳. 及今不改, 其必亡國而後已."

83) 『經世遺表』 卷1, 「天官吏曹第一」(『與全』 5集, 1卷, 1a). "唯我國家創業垂統餘四百年,

정약용의 예법 개혁론의 청사진이라고 할 수 있는 『경세유표』를 살펴보면, 정약용은 두 가지 측면을 의식하고 있음을 알 수 있다. 하나는 조선 창업 후 흐트러진 사회 질서의 재정립을 위한 경장의 역사적 필요성에 대한 의식이고, 다른 하나는 제후국인 조선의 현실적 국가 규모와 사회적 실정에 걸맞는 제도가 필요하다는 의식이다.

실제로 이러한 의식에 기반하여 정약용은 육향제(六鄕制)를 비롯한 각종 사회제도개혁안을 당시 조선의 실정에 맞게 구성하고 있으며,[84] 제사론에서도 전반적으로 제사의 규모와 의절 및 횟수를 간소화하고 제찬을 축소하는 방향을 보여주고 있다.[85] 제후국의 신하로서 제사는 3대봉사를 넘으면 안 되고, 제사와 연향에서 쓰는 음식의 규모를 검소하게 줄여야 하며, 권력이나 재력에 근거하여 사치스럽고 분수를 넘어서는 각종 참례(僭禮)를 금해야 한다는 등의 제사론을 제시했다. 이러한 제사론은 조선후기의 사회질서가 혼란한 원인이 인정(人情)을 절제하지 못하고 과도한 욕구 추구에 따라 예를 무시했기 때문이라는 진단에 근거한 것이다.

이러한 예론은 이익(李瀷, 1681~1763)의 문제의식을 계승한 것으로 보인다. 이익에 의하면, 당시 조선사회, 특히 중앙에 위치한 경기 사람들은 권력과 탐욕에 물들어 예속을 무너뜨리는 작태를 서슴지 않고 행하고 있었다.[86] 이러한 문제점을 심각하게 여긴 이익은 "나라가 망하고 집이 망하는 것이 모두 예의 제방[禮防]을 헐어버리는 데서 비롯되지 않음이 없다" 고 하여, 욕심에 눈이 멀어 멋대로 권력을 휘두르는 자들을 예의 제

綱弛紐解, 庶事不振, 宜改法修官, 以昭祖烈. 請命三公·三孤, 弘敷六典, 以詔六官, 乃命六官, 修厥職事, 分其屬司, 以佐王平邦國. … 臣竊伏念,『周禮』, 天子之禮, 我國家, 藩國也, 制度宜小."

84) 이러한 경세론적 개혁안에 대해서는 金文植,『朝鮮後期經學思想硏究』, 234~245쪽 참조.

85) 제사론의 방향에 대해서는 劉權鐘,「茶山 丁若鏞의『祭禮考定』硏究」참조.

86)『星湖僿說』卷13,「人事門」,〈嶺南五倫〉참조.

방으로 막으려고 했다.[87)]

정약용 역시 "예(禮)에 일정한 제도가 없으면 사람들이 자의(自義)로 제도를 세워서 드디어는 원야(原野)한 풍속이 분분하여 좇아갈 바가 없도록 한다"고 했고, "인정은 한계가 없어 예제(禮制)에 제방이 있다"고 하여, 인정을 절제하는 예의 효과를 주목하였다.[88)] 실제로 정약용은 묘제(墓祭)의 예를 들면서 제사의 욕망 역시 인정상 끊임없이 확대된다는 점을 역사적 사례를 통해 고증하기도 했다. 이처럼 정약용은 "인정은 제한이 없어 예제에 한계가 있다"는 인식을 표명하면서, 예를 인간 욕망의 절제를 위한 적절한 제한으로 이해하였다.[89)]

정약용은 이러한 인식에 근거하여 신(神)과 인간의 의례인 제사와, 사람과 사람의 의례인 연향에서 '명'(名)과 '기'(器)에 더욱 신경을 써야 한다고 주장하는 한편, "그 예(禮)를 가볍게 버리는 자는 반드시 그 법(法)도 가볍게 범하기 마련이기 때문에 군자는 예를 중시한다"고 하여, 내면의 자발적 동의를 유도하여 사회질서를 유지하는 예(禮)가 무시되면 외부적 강제력에 기초한 법(法)도 실효를 거둘 수 없음을 강조하였다.[90)]

요컨대, 정약용은 인정의 과도한 추구를 막기 위해 의례적 위계질서를 구축하는 유교적 명분론과 그에 상응하는 의례적 실천을 왕도정치와 예치를 위한 중요한 기반으로 삼고 있으며, 정약용의 경세론적 개혁론의 구상은 바로 인정의 절제를 통한 예의 경세론적 효과를 구체적으로 구현한 결과물이다.

---

87) 『星湖僿說』 卷10, 「人事門」, 〈率禮定名〉.

88) 『祭禮考定』 卷1, 「祭法考」(『與全』 3集, 22卷, 19ab). "禮無定制, 人自義起, 遂令原野之俗, 紛紛然莫適所從也. … 人情無限, 禮制有坊."

89) 『論語古今註』 卷1, 「八佾」(『與全』 2集, 7卷, 43b). "禮本何爲而作也? 民生有欲, 不以禮節之, 則奢侈亡度. 故權於奢儉之中, 爲之禮. 邪淫之人, 朝死而夕忘之. 故權於易戚之中, 爲之喪禮."

90) 『牧民心書』 卷1, 「赴任」, 〈上官〉(『與全』 5集, 16卷, 19b). "祭祀 · 燕享, 尤所致愼, 其名與器, 不可加減. 輕棄其禮者, 必輕犯其法, 故君子重禮."

(2) 공 · 덕을 창출하는 영명한 인간과 사회

'천지지정'과 '인정'의 호응은 기본적으로 천인상응(天人相應)의 세계관을 전제로 한다. 그러나 정약용의 예학에서 의례의 대상인 신과 의례의 주체인 인간은 상관론적 사유에 의해 우주-인간동성동형론적 천인합일을 이루는 관계가 아니라 하늘의 초월적 영역과 인륜의 일상적 영역에서 각각 영명성을 지닌 실체들이자 행위의 주체로서 조응하는 관계를 이룬다.

정약용의 천인상응론은 '영명'(靈明)의 영성(spirituality)에 의한 천-인의 교류(communication)와, 상제-명신-만물로 이어지는 초월적 영역의 위계질서와 군주-신하-백성으로 이어지는 정치사회적 위계질서가 상호 조응하면서 일종의 국가론적 유비(state analogy)를 통해 인륜적 가치의 실천과 경세론적 질서 확립에 기여하는 구조를 지니고 있다.[91]

이러한 천인상응론적 구도에 따라 정약용은 적극적인 인륜의 실천과 사회문화적 공 · 덕의 창출을 위해 의례를 신과 인간, 인간과 인간 사이에 일어나는 '영명한 실체들의 교류'로 설명했다. 신과 인간은 공동으로 지니고 있는 '영명'(靈明)의 영성에 의해 서로 감응하며, 의례는 이러한 감응을 정형화한 규범적 행위이자 행위 체계인 것이다. 이러한 인식에 따라 영명의 영성을 지니지 못한 사물은 의례적 관계에서 제외된다.

먼저 정약용은 의례의 주체가 되는 인간을 영명성을 발휘하여 공 · 덕을 창출하는 존재로 보았다. 인간은 영명성을 지닌 상제천(上帝天)과 직접적으로 감응할 수 있는 영명성을 마음 속에 지니고 있으며, 이에 따라

91) 정약용의 상제론이 인간-우주동성동형론적 세계관을 해체했으나 영성과 국가론적 유비에 의한 천인상응론을 견지하고 있음을 논증한 연구로는 정순우, 「다산에 있어서의 천과 상제」, 중국의 전통적인 천인관계론의 양상에 대해서는 John B. Henderson, *The Development and Decline of Chinese Cosmological Thought*(New York: Columbia University Press, 1984) 참조.

일상적 삶 속에서 상제를 의식하는 실존적 긴장감[戒愼恐懼]을 유지하며 살아간다.[92] 영명성에 의해 상제를 감응하면서 형성되는 두려움의 자세는 공·덕의 창출을 자극하고, 인간이 스스로 영명성을 발휘하여 공·덕을 창출하게 되면, 그러한 공·덕은 교(郊)·체(禘)·조(祖)·종(宗) 등의 제사에서 '배천'(配天)의 의례적 형식을 통해 반복적으로 기억된다.[93]

인간이 영명성을 잘 발휘하면, 덕(德)이 상제에 짝할 수 있고 공(功)이 백성에게 미치게 되므로, 정기적인 의례에서 공과 덕이 있는 인물을 상제에게 배식(配食)하게 된다.[94] 따라서 영명성은 유교적 신념의 규범적 가치를 현실에서 구현할 수 있는 근거로서 신과 소통하는 신성한 영성이며, 유교 의례의 핵심인 제사는 초월적 영역과 일상적 영역에서 구현되는 상제의 덕과 일상적 영역에서 창출되는 인간의 덕이 영명성의 발휘라는 측면에서 어우러지면서 상제를 섬기는 '사천'(事天)과 인륜의 실천인 '사인'(事人)이 상호 조응하는 구조를 보여주게 된다.

이런 맥락에서 정약용은 인간이 상제와 소통할 수 있는 영명한 영성을 인간이 다른 동식물과 구분되는 차별적인 본성으로 보았다. 인간은 초목(草木)도 가지고 있는 생식작용[生]이나 동물도 보여주는 지각작용[覺]을 갖추고 있을 뿐만 아니라, 초목이나 동물과는 달리 인륜적 가치를 실천할 수 있는 영명한 영성[靈/善]을 지니고 있으며,[95] 하늘이 부여한 영명

92) 『中庸自箴』 卷1(『與全』, 2集, 3卷, 5b). "天之靈明, 直通人心, 無隱不察, 無微不燭, 照臨此室, 日監在此. 人苟知此, 雖有大膽者, 不能不戒愼恐懼矣."

93) 『尙書古訓』 卷1, 「堯典」, 〈正月上日, 受終于文祖〉(『與全』 2集, 22卷, 25b). "祭祀之禮, 本起於祭天. 祖·宗之祭, 首繇於配天. 不配天, 則不祖·宗. … 郊·禘·祖·宗四祭, 皆所以配天."

94) 『尙書古訓』 卷2, 「堯典」, 〈月正元日, 舜格于文祖〉(『與全』 2集, 23卷, 14b). "古之祭法, 以德以功, 德配上帝, 功被下民, 然後配食於郊·禘. 此百祭之源本也."

95) 『中庸講義補』 卷1, 「惟天下至誠節」(『與全』 2集, 4卷, 47ab). "性有三品. 草木之性, 有生而無覺. 禽獸之性, 旣生而又覺. 吾人之性, 旣生旣覺, 又靈又善. 上中下三級, 截然不同. 故其所以盡之之方, 亦復懸殊. 草木不過使遂其生性, 則其性斯盡矣. 禽獸不

(靈明)에 의해서 만류(萬類)보다 존재론적으로 월등한 위계에서 만물(萬物)을 누리면서 사용하고 행사(行事)를 통해 인의예지(仁義禮智)의 인륜적 가치를 실현할 수 있는 가능성을 갖고 있다.[96]

정약용은 인간에 대해 동식물과는 달리 생물학적 생존을 위한 육체적 기능 외에 만물을 향용(享用)하고 인간들 간에 인륜적 가치를 실현할 수 있는 영명의 영성을 갖춘 존재로 설명함으로써, 인성론을 통해 역시 영명한 실체인 상제에 버금가는 위치로 존재론적 위상을 강화하고 있다. 이러한 인간중심적 사고에 따라 자연에 속하는 모든 사물은 인간의 삶을 위해 존재하고 인간은 그러한 사물을 주관하는 주체로 관계가 설정된다.[97] 정약용의 인간중심적 사고는 주희가 이미 보여주었던 인간중심적 사고를 영재(靈才)에 의한 인간과 동물의 차별성을 설명하는 『천주실의』의 논리[98]를 통해 더욱 강화시킨 것으로 평가할 수 있다.[99]

過使遂其胎卵飛走之性, 則其性斯盡矣. … 烏能使馬牛羊豕, 愛親敬長, 各做人底事乎? 朱子所謂人物之性皆同者, 謂其所受之本於天皆同也, 何嘗云敎禽獸可以做人哉?"

96) 『中庸講義補』 卷1, 「惟天下至誠節」(『與全』 2集, 4卷, 2b). "天於化生之初, 賦以生生之理, 以種傳種, 各全性命而已. 人則不然, 天下萬民, 各於胚胎之初, 賦此靈明, 超越萬類, 享用萬物. 今乃云'健順五常之德, 人物同得', 孰主孰奴? 都無等級, 豈上天生物之理, 本自如此乎? 仁義禮智之名, 本起於吾人行事, 竝非在心之玄理, 人之受天, 只此靈明, 可仁可義可禮可智則有之矣."

97) 『論語古今註』 卷9, 「陽貨」(『與全』 2集, 15卷, 14b). "嗟呼! 仰觀乎天, 則日月星辰, 森然在彼, 俯察乎地, 則草木禽獸, 秩然在此, 無非所以照人煖人養人事人者. 主此世者, 非人而誰? 天以世爲家, 令人行善, 而日月星辰草木鳥獸, 爲是家之供奉. 今欲與草木鳥獸, 遞作主人, 豈中於理乎? 左右商度, 人物之同此性, 不敢聞命."

98) 마테오 리치, 『천주실의』, 41, 53쪽. "무릇 사람이 짐승들과 구별되는 까닭 중에 이성능력(靈才)보다 더 큰 것은 없습니다." "우리 인간들은 이 사이에서 태어났으되 그 어느 것들보다도 탁월하여 이성능력이 모든 사물보다 월등하고 인간에만 고유한 도덕성[五常]을 받고 태어났기에 만류(萬類)를 다스립니다."

99) 인간이 만물을 다스리고 향유하는 주체라는 인간중심주의적 발상은 이미 주희에게서 두드러진 경향이라는 김영식의 지적이 있지만, 그것을 더욱 분명한 논리로 가다듬는 데는 『天主實義』의 사상을 수용한 것으로 보인다. 김영식, 『정약용 사상 속의 과학기술—유가 전통, 실용성, 과학기술』, 24쪽. 주희의 인간중심적 경향에 대해서는 김영식, 『주희의 자연철학』(서울: 예문서원, 2005), 9장 참조. 정약용의 인간중심

이런 맥락에서 정약용은 상관론적 사유에 의거한 만물일체(萬物一體)적 세계관과 사람과 사물이 본연지성(本然之性)의 차원에서 같다는 성리학적 사고방식을 거부함으로써 자연이 지닌 신성(神性)을 제거하고 인간의 주도적 지위를 강조했으며, 이러한 사고의 전환은 제사를 드릴 때 자연적 사물을 의례의 대상에서 제외하는 방식으로 구체화되었다.

그러나 만물을 향유하는 주인으로서 인간의 지위를 설정하는 것은 권한을 증폭시키려는 목적보다는 책임의식을 강조하는 측면이 강하다.[100] 인간의 만물 향유는 마치 상제가 우주를 주재(主宰)하듯이 성실하게 이루어져야 한다. 예컨대, 정약용이 『제례고정』에서 각종 연향과 제사의 음식 규모를 사치하지 않게 간소화하고 엄격하게 적용할 것을 주장하는 것도 상제가 마련해 준 자연적 재화를 분수에 넘치게 마구 낭비하는 것을 엄격하게 금함으로써 올바른 만물 향유를 제도화한 것으로 이해할 수 있다.[101]

영명의 더욱 중요한 측면은 그것이 인륜적 가치를 실천하는 기반이 된다는 점이다. 정약용에 의하면, 인간은 대체(大體)와 소체(小體), 신(神)과 형(形)의 결합[妙合]한 몸[身, 己]인데, 이 가운데 '영명하고 신묘한 작용'을 하는 대체(大體)와 신(神)은 심(心), 영(靈), 혼(魂) 등으로 불리기도 한다.[102] 정약용은 맹자의 소체/대체 개념에 따라 인간을 구체적인 형태

적 경향을 『천주실의』의 영향으로 평가하는 시각으로는 백민정, 「정약용 철학의 형성과 체계에 관한 연구—주자학과 서학에 대한 비판적 수용과정을 중심으로—」, 101~102쪽 참조.

100) 백민정, 「정약용 철학의 형성과 체계에 관한 연구—주자학과 서학에 대한 비판적 수용과정을 중심으로—」, 121쪽.

101) 『詩文集』 卷20, 「書」, 〈答仲氏〉(『與全』 1集, 20卷, 16b). "不惟祭奠宜用五等之饌, 凡勑使之饗·公燕之饌, 宜皆考古釐正. 又如監司巡歷之饗, 春間試問, 此縣所供, 較之古禮, 其視上等太牢, 【太牢有三等, 其上等十二鼎, 中等九鼎, 下等七鼎.】 不啻三倍. 上等太牢者, 惟天子宗廟之祭及天子朔月之食及諸侯之饗王人用之. 今監司一日三受之饗, 乃視天子朔月之食, 加增三倍, 犯分蔑法, 暴殄天物, 莫此若也."

102) 『論語古今註』 卷9, 「陽貨」(『與全』 2集, 15卷, 11ab). "凡天下有生有死之物, 止有三等. 草木有生而無知, 禽獸有知而無靈, 人之大體, 旣生旣知, 復有靈明神妙之用.

를 갖고 있는 몸뚱이[有形之軀殼]와 형태는 없으나 이성적 능력을 지닌 영명[無形之靈明]이 어우러진 유기적 생명체로 보았다.[103] 이러한 구도는 소체의 육체적 욕구를 따르려는 인심(人心)과 하늘이 부여한 대체의 영성[性]을 따르려는 도심(道心)의 갈등에도 반영되어, 하늘의 천명(天命)을 알고 즐김으로써 도심을 배양하고 극기복례(克己復禮)를 통해 인심을 제압함으로써 인륜적 가치를 올바르게 실천하여 선(善)을 이루어야 한다는 주장으로 이어진다.[104]

일반적으로 도심이 주인이 되고 인심이 명령을 들으면 선하게 되지만, 일반인들의 경우에는 대개 인심이 내키는 대로 행하여 악하게 된다.[105] 정약용은 천명 혹은 도의(道義)가 발현한 도심이 육체적 욕구에 따르려는 인심을 제압하고 마음을 주재하기 위해서 '맹성'(猛省)·'역극'(力克)의 수양이 필요함을 역설했다.[106] 이러한 정약용의 인심도심론은 체용론

故含萬物而不漏, 推萬理而盡悟, 好德恥惡, 出於良知. 此其逈別於禽獸者也. 但其山川風氣, 父母精血, 受之爲氣質, 不能無淸濁厚薄之差. 故大體之囿於是者, 隨之有慧鈍通塞之異, 且氣短者寡語, 血熱者易怒, 愧則汗出, 哀則淚落, 皆大體小體, 相須相關, 妙合而不能離之明驗也." 『心經密驗』 卷2, 「心性總義」(『與全』 2集, 2卷, 25a). "神形妙合, 乃成爲人. 故其在古經, 總名曰身, 亦名曰己, 而其所謂虛靈知覺者, 未有一字之專稱, 後世欲分而言之者, 或假借他字, 或連屬數字, 曰心·曰神·曰靈·曰魂, 皆假借之言也. 孟子以無形者爲大體, 有形者爲小體, 佛氏以無形者爲法身, 有形者爲色身, 皆連屬之言也."

103) 『孟子要義』 卷2, 「告子」(『與全』 2集, 6卷, 30b). "大體者, 無形之靈明也. 小體者, 有形之軀殼也."

104) 『孟子要義』 卷2, 「告子」(『與全』 2集, 6卷, 30b). "從其大體者, 率性者也. 從其小體者, 循欲者也. 道心常欲養大, 而人心常欲養小, 樂天知命, 則培養道心矣, 克己復禮, 則制伏人心矣. 此善惡之判也."

105) 『論語古今註』 卷1, 「爲政」(『與全』 2集, 7卷, 24a). "道心爲之主, 而人心聽命, 則從心所欲, 爲從道心之所欲, 故不踰矩也. 若衆人從心所欲, 則爲從人心之所欲, 故陷於惡也."

106) 『孟子要義』 卷2, 「盡心」(『與全』 2集, 6卷, 41b~42a). "人恒有二志, 相反而一時竝發者. 此乃人鬼之關, 善惡之幾, 人心道心之交戰, 義勝欲勝之判決, 人能於是乎猛省而力克之, 則近道矣. 所不爲所不欲, 是發於道心, 是天理也. 爲之欲之, 是發於人心, 是私欲也. 無爲無欲, 是克制人心, 而聽命於道心, 是所謂克己而復禮也."

(體用論)이나 성 · 정(性 · 情)개념과 이론적인 연관관계에서 변별점을 보이면서도, 실질적 내용에 차원에서 주희의 인심도심론(人心道心論)의 취지를 계승한 것으로 보인다.[107]

특히 갈등하는 두 가지 마음을 맹렬하게 살펴서 분별하고 적극적으로 인심을 극복하여 몸으로 구현하는 '맹성' · '역극'의 수양론은, 정약용이 미발함양(未發涵養)의 수양이 지닌 신비주의적 가능성을 비판하면서 철저하게 의식적인 실천을 지향하도록 주체적 긴장을 유지하는 '신독'(愼獨)의 수양 자세를 견지하는 것과 더불어, 조금 더 현상적이고 구체적인 행사(行事)의 맥락에서 예(禮)를 다루는 정약용의 예론(禮論)과 호응한다. 정이나 주희가 우주의 보편적인 형이상학적 본질을 뜻하는 '천지지성'(天地之性)이나 '천리'(天理)의 차원에서 예를 정립시키려 했다면, 정약용은 구체적인 현상을 뜻하는 '천지지정(天地之情)'과 '인정'의 차원에서 인심을 절제하여 도심에 따른 실천을 이끌어내는 예를 구성하려 했던 것이다.

사람을 기호(嗜好)와 욕구[欲]의 차원에서 이해하려고 하는 정약용의 인간론도 이러한 성격을 뒷받침한다. 인간이 다른 존재를 다스리고 향유하는 주재적 지위를 갖는 근거는 천명지성(天命之性) 혹은 도의지성(道義之性)을 발현할 수 있는 기호(嗜好)로 지니고 있기 때문이다.[108] 정약용은 영명한 대체[靈明之體] 가운데 이익을 좇는 욕구와 도의를 따르는 욕구가 있음을 전제하면서, 선을 즐거워 하고 악을 부끄러워 하는 도의

107) 정약용의 맹성(猛省)과 역극(力克)은 실질적으로 주희의 정(精) · 일(一) 공부와 유사한 기능을 수행한다. 임부연, 「정약용의 수양론 연구」(서울대학교 박사학위논문, 2004), 35~43쪽. 정약용이 주희의 인심도심론(人心道心論)을 수용하는 문제의식과 방식에 관한 자세한 논의로는 백민정, 「정약용 철학의 형성과 체계에 관한 연구—주자학과 서학에 대한 비판적 수용과정을 중심으로—」, 250~262쪽 참조.

108) 『論語古今註』 卷9, 「陽貨」(『與全』 2集, 15卷, 13b~14a). "然則氣質之性, 人物之所同得, 而若所云道義之性, 惟人有之, 禽獸以下所不能得. 今先正之言, 反以爲本然之性, 人物皆同, 而氣質之性, 人與犬不同, 顧安得無惑哉?"

의 욕구로 영명(靈明)성을 설명하였다.[109] 이러한 설명은 욕구에 대한 부정적 인식을 보이던 성리학과는 달리, 마음에 존재하는 욕구를 사회적 업적과 문화창조의 원동력으로 긍정하면서 그 욕구를 선한 방향으로 실현되도록 하는 문제의식을 담고 있다.[110]

그러나 본능[定心]에 따라 움직여서 선악이 가치판단의 대상이 되지 못하는 동물과는 달리, 인간은 몸뚱이[形]와 마음[靈/神]이 결합[妙合]하면서 각각에서 비롯되는 육체적 생존을 위한 성향[性/嗜好]과 도덕적 실천을 위한 성향 사이에서 스스로 선악을 선택하고 그러한 선택에 대해 책임질 권리, 곧 '자주지권'(自主之權)을 하늘로부터 부여받은 이성적 사유와 의지적 결단의 주체가 되며, 그러한 사유와 결단에 따른 실천의 책임을 지게 된다.[111] 따라서 인간은 하늘이 부여한 영명에 의해 만물을 초월할 가능성을 갖게 되지만, 그것은 어디까지나 가능성으로 내재할 뿐이며, 그 가능성을 인륜적 가치의 구현을 통해 성취하는 것은 인간의 직접적인 실천[行事]에 달려있다는 점을 분명하게 유의할 필요가 있다.[112]

---

109) 『詩文集』 卷19, 「答李汝弘」(『與全』 1集, 19卷, 34b). "靈明之體, 其性樂善恥惡而已."

110) 『心經密驗』, 「心性總義」(『與全』 2集, 2卷, 39b). "案吾人靈體之內, 本有願欲一端. 若無此欲心, 卽天下萬事, 都無可做. 唯其喩於利者, 欲心從利祿上穿去. 其喩於義者, 欲心從道義上穿去. 欲之至極. 二者皆能殺身而無悔, 所謂貪夫殉財, 烈士殉名也. 余嘗見一種人, 其心泊然無欲, 不能爲善, 不能爲惡, 不能爲文詞, 不能爲産業, 直一天地間棄物, 人可以無慾哉? 孟子所指, 蓋利祿之慾耳." 정약용의 인간관을 욕망의 긍정으로 해석한 연구로는 박홍식, 「다산 정약용의 인간관」 참조.

111) 『孟子要義』 卷1, (『與全』 2集, 5卷, 34b~35a). "天之於人, 予之以自主之權, 使其欲善則爲善, 欲惡則爲惡, 游移不定. 其權在己, 不似禽獸之定心. 故爲善則實爲己功, 爲惡則實爲己罪. 此心之權, 非所謂性也. … 人則異於是, 可以爲善, 可以爲惡. 主張由己, 活動不定. 故善斯爲功, 惡斯爲罪." 『詩文集』 卷16, 「自撰墓誌銘(集中本)」(『與全』 1集, 16卷, 16a). "性者, 嗜好也. 有形軀之嗜, 有靈知之嗜, 均謂之性." 『中庸自箴』 卷1(『與全』, 2集, 3卷, 2b). "蓋人之胚胎旣成, 天則賦之以靈明無形之體, 而其爲物也, 樂善而惡惡, 好德而恥惡, 斯之謂性也, 斯之謂性善也."

112) 『中庸講義補』 卷1, 「惟天下至誠節」(『與全』 2集, 4卷, 2b). "仁義禮智之名, 本起於吾人行事, 竝非在心之玄理, 人之受天, 只此靈明, 可仁可義可禮可智則有之矣."

정약용의 비판적 관점에 의하면, 주희의 성리학은 마음[心]을 기(氣)의 측면에서 보아 도덕을 자연적 능력이라고 규정하는 한편, 본성[性]을 이(理)의 측면에서 보아 도덕을 보편적 규범의 자기실현이라고 이해하는 이중구도를 지니고 있으며, 이에 따라 절대적 보편성을 지닌 본성이 도덕 실천의 주체가 되는 반면, 마음은 내재적인 절대적 규범[理]의 보편성과 자연적 능력을 지닌 개체[氣]의 한계 사이에서 방황하며 실천적 주체가 되지 못한다.[113)]

정약용은 마음을 신(神)적 기원과 속성을 지닌 구체적인 실체로 봄으로써 자연적 능력의 한계에 의해 규정당하는 기질(氣質)의 질곡을 돌파하고, 성(性)을 도덕적 욕구 혹은 경향성인 기호(嗜好)로 봄으로써 본성을 마음에 내재한 초월적이고 보편적인 규범[性卽理]으로 보는 한계를 극복한다.[114)] 요컨대, 정약용이 재인식한 인간은 신과 같은 영명(靈明)한 이성적 능력을 지닌 구체적 실체로서, 이성적 욕구에 따라 주체적으로 판단하고 행동할 수 있는 자유의지와 책임을 지닌 실천적 주체인 것이다.[115)]

그러나 이러한 실천적 주체인 개인을 내세우는 것만으로는 충분하지 않았다. 그래서 정약용은 초월적 위계질서와 사회정치적 위계질서를 국가론적 유비를 통해 연결시킴으로써 공·덕을 창출하기 위해 열심히 매

113) 문석윤, 「다산 정약용의 새로운 도덕 이론: 마음에 대한 새로운 이해」, 『철학연구』 90(대한철학회, 2004), 81~88쪽.

114) 문석윤, 「다산 정약용의 새로운 도덕 이론: 마음에 대한 새로운 이해」, 90~101쪽.

115) 이러한 성격은 荀子의 사상과도 연관되지만, 아리스토텔레스와 아퀴나스를 거쳐 마테오 리치의 『天主實義』와 삼비아시의 『靈言蠡勺』 등을 통해 소개되는 스콜라 철학에서 비롯되는 것으로 보인다. 특히 이성적 능력[靈能]으로 기억[記含, memorial], 지성[明悟, intellectus], 욕구[愛欲, appetitus]를 지니고 있는 영혼[靈魂, anima rationalis]은 이성적 욕구[靈欲]의 자유로운 선택[自專]을 통해 자유의지[liberum arbitrium]에 따른 주재(主宰)력을 행사한다. 金喆凡, 「『靈言蠡勺』과 근기실학사상과의 접점-李星湖·丁茶山을 중점으로-」, 『韓國實學研究』 7(한국실학학회, 2004. 6.); 송영배, 「정약용철학과 『천주실의』의 패러다임 비교연구」, 『韓國實學研究』 2 (한국실학연구회, 2000) 참조.

진하는 유교공동체를 정립하려고 했다.

그리하여 기존의 무위(無爲)적 군주관에서 벗어나 적극적으로 인륜적 가치 실천과 왕도정치의 실현을 위해 일하는 황극(皇極)의 군주관을 정립했다.[116] 이러한 군주관이 왕의 능동적 정치참여에 공헌할 수 있는 것은 사실이지만, 절대왕권의 정당화를 가져오는 것은 아니다.[117] 정약용은 틀림없이 능동적인 군주상을 정립했지만 자의에 의한 군주권의 독단적 남용에 대해서 분명하게 반대하였고, 「원목(原牧)」이나 「탕론(湯論)」에서는 아예 백성들로부터 상향식으로 추대되는 왕권에 대한 정치적 구상까지도 구체화하였다.

정약용은 경학적 기반 위에서 이러한 경세론을 구체화하기 위해서 『상서』「고요모」편의 지인안민(知人安民)론을 주목했다.[118] 정약용은 사람이 지닌 경제적 이익 추구의 욕구와 정치적 명예 추구의 욕구를 각각 소인과 군자의 부류를 대표하는 욕구로 보고, 세금을 낮추고 인재를 공평하게 등용하는 방식으로 안민(安民)과 지인(知人)의 이념을 실현하는 정치를 주장했다.[119]

---

116) 金文植, 『朝鮮後期經學思想硏究』 참조. 정약용의 황극사상은 정조의 영향을 받은 것이다.

117) 이 점에서 서유럽의 절대왕정의 가능성을 정약용에게서 읽어내는 김상준의 설명은 설득력이 없다.

118) 金文植, 『朝鮮後期經學思想硏究』, 217～222쪽; 이봉규, 「四書 해석을 통해 본 정약용의 정치론」 참조.

119) 『尙書古訓』 卷2, 「皐陶謨」(『與全』 2集, 23卷, 32b～33a). "賢賢·親親, 非官人之德乎? 樂樂·利利, 非惠民之德乎? 治天下之大經·大法, 唯斯二者, 故『大學』以此而結局也. 治平之術, 九經·八統, 其目甚廣, 奚必斯二者之爲大乎?【先朝閣講, 每以是下問講官, 無一人能對者.】原夫生民有欲, 其大欲有二, 一曰富, 二曰貴. 凡君子之族, 仕於王朝者, 其所欲在貴, 小人之族, 耕於王野者, 其所欲在富. 官人失其宜, 則怨詛興於貴族, 惠民有不周, 則怨詛興於小民, 二者皆足以失國. 默思人國之所以治亂·興亡, 人心之所以向背·去就, 不出此二者之外. … 公選擧, 薄賦斂, 爲祈天永命之本.【先朝每論治道, 以去黨懲貪四字爲要旨, 蓋此一是官人之要, 一是安民之要.】故『大學』四轉之末, 皆以天命結之. 此經皐陶奏九德之謨, 以贊官人之哲, 伯禹奏乃粒之功,

그리고 이러한 이념을 적용하여 『경세유표』에 나오는 육향제(六鄕制)와 고적제(考績制) 등의 개혁안을 제시하였으며,[120] 구체적인 중앙과 지방의 제도와 정치적 운용에서도 예치에 입각한 왕도정치의 효율적 운영을 위한 관심을 분명하게 부각시켰다. 이러한 구상에 따르면 서울의 왕성과 그 외부는 중심과 주변으로 명확하게 구분되고, 그와 연관하여 정치사회적 위계질서도 정비된다.

이러한 경세론적 구상은 홍범구주도에 대한 새로운 해석에도 분명하게 반영되었다. 정약용은 『상서고훈(尙書古訓)』에서 『상서』「홍범」편을 주석하면서 전통적인 낙서(落書)9궁(宮)의 상수학(象數學)적/신비적 해석을 버리고, 거기에 적용되어 오던 오행생극설(五行生剋說)도 제거한 뒤, 황극(皇極) 중심으로 새롭게 배열된 홍범구주도를 작성하였다.[121] [그림 3]과 [그림 4]를 비교해 보면 알 수 있듯이, 전통적인 홍범구주도(洪範九疇圖)가 낙서9궁에 근거해서 상하, 좌우, 대각선 어느 방향으로 숫자를 더해도 15가 되는 수비학(數秘學, numerology)적 마방진(魔方陣, magic square)을 보여주고 있는 반면, 정약용의 새로운 홍범구주도는 수비학적 질서를 무시하고 황극을 중심으로 천도(天道)와 인도(人道)가 상응하는 구도로 재구성되어 있다. 이는 자연과 인간의 신비한 상관론적 상관관계를 부정하고, 초월적 존재로서의 하늘과 하늘을 본받아야 하는 인간이 공덕의 주체로서 상호 조응하는 새로운 천인상응(天人相應)의 체계를 명확하게 보여주는 것이다.

以贊安民之惠, 始乃結之曰天其申命用休, 正是一樣文法. 【『知遠錄』】"

120) 金文植, 『朝鮮後期經學思想硏究』, 234~245쪽 참조.

121) 『尙書古訓』 卷4, 「洪範」(『與全』 2集, 25卷, 25b~48b) 참조. [그림 3]과 [그림 4]도 같은 곳 참조.

[그림 3] 전통적인 홍범구주도

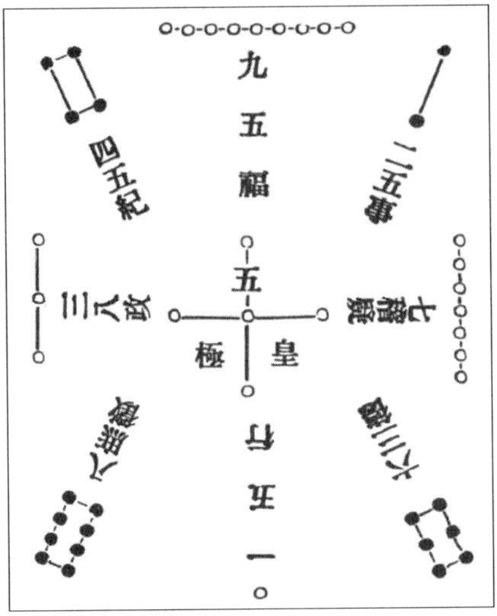

[그림 4] 정약용의 홍범구주도

七稽疑 克 驛 蒙 霽 雨 悔 貞	四五紀 曆 星 日 月 歲 數 辰	一五行 土 金 木 火 水 稼穡 從革 曲直 炎上 潤下
八庶徵 風 寒 燠 暘 雨 聖 謀 哲 乂 肅 蒙 急 舒 僭 狂	五皇極	二五事 思 聽 視 言 貌 睿 聰 明 從 恭 聖 謀 哲 乂 肅
九福極 考終命 攸好德 康寧 富 壽 凶短折 弱 惡 貧 憂 疾	六三德 柔克玉食 剛克作威 正直作福	三八政 師賓司司司祀貨食 寇徒空

새로운 홍범구주도[122]에서 가장 중요한 것은 하늘의 천도(天道)에 속하는 것은 위로 배치하고, 사람의 대법(大法)은 아래에 배치하여 상하로 조응하게 만든 점이다. 예컨대 1주인 오행(五行)과 3주인 팔정(八政)이 상하로 조응하는데, 오행은 하늘이 부여한 재물[財]이고 팔정은 그것을 사용하여 사람들의 생활에 도움을 주는 것이다. 정약용은 이를 천석(天錫)과 인도(人道)로 표현하였다. 또한 황극을 중심에 두고 위로 천시(天時)를 본받는 오기(五紀)와 아래로 사람을 부리는 삼덕(三德)이 조응하고 있고, 왼쪽에는 하늘의 뜻을 묻는 계의(稽疑)와 그 과정을 통해 드러난 길흉을 인사(人事)에 징험하는 복극(福極)이 서로 조응하고 있다.

이러한 조응관계는 하늘과 인간의 매개자로서 막중한 임무를 지닌 임금의 위치를 강조하면서, 하늘의 초월적 위계질서와 조응하는 땅의 정치사회적 위계질서의 상응관계를 잘 보여준다. 이는 종교문화적 권위에 따라 공·덕을 창출하는 정치사회적 공동체의 모습을 구체화한 것이다.

특히 상하의 조응관계는 그에 해당하는 의례적 방식과 연관되어 중요하다. 정약용은 오사(五祀)를 기존의 물질적 신 관념인 호(戶)·조(竈)·문(門)·행(行)·중류(中霤)를 폐기하고 대신 상제의 명을 받아 만물을 화육(化育)하고 인사(人事)를 돕는 오행(五行)의 신(神)에 대한 보답의 제사로 설명했는데,[123] 이는 하늘에 있는 오행의 신이 상제의 명을 받아

---

122) 정약용의 홍범설에 대한 설명은 金成潤, 「茶山 丁若鏞의 洪範說 研究」, 『歷史學報』 170(歷史學會, 2001. 6.) 참조.

123) 『論語古今註』 卷1, 「八佾」(『與全』 2集, 7卷, 51b~52a). "[質疑] 五祀者, 五行之神也. 據『春秋傳』蔡墨之言曰五行之官, 封爲上公, 祀爲貴神. 社·稷·五祀, 是尊是奉. 木正曰句芒, 重爲之, 火正曰祝融, 黎爲之, 金正曰蓐收, 該爲之, 水正曰玄冥, 修及熙爲之, 土正曰后土, 句龍爲之.【昭二十九年】古之五祀, 本無門·竈·中霤之名.「祭法」·「月令」, 不知所本.『周禮』「大宗伯」, 以社·稷·五祀, 列于地示, 則天子亦五祀而已.「曲禮」五祀, 自天子達大夫, 本無差等. 雖士, 亦然. 故「士喪禮」行禱于五祀,【「既夕」文】誠以五行之神, 祭則全祭, 不可闕一. 乃「祭法」別爲層級曰王立七祀, 諸侯五祀, 大夫三祀, 適士二祀, 庶人一祀. 此明是秦末俗儒之所記, 則竈本非五祀之神, 特閭巷鄙俚之俗, 或祭竈神, 故孔子之時, 有此鄙諺也. 然竈神無祭奧之理, 雖祭於奧, 竟是竈神, 則引喩未切, 恐本旨不然也."

담당한 일을 잘 수행하듯이, 그와 연관된 인사(人事)의 팔정을 담당하는 신하들이 황극인 군주의 명에 따라 공·덕을 창출함으로써, 공·덕 창출의 천인상응을 반영한 것이다. 계의와 복극의 관계 역시 천명(天命)을 받아서 백성의 실용[用]을 이끌어가는 복서(卜筮)의 법(法)과 연관되므로,[124] 마찬가지로 하늘과 인간의 의례적 상응관계를 나타낸 것으로 해석할 수 있다.

이러한 정약용의 홍범설에 대해, 오사(五事) 중심의 의리론적 홍범 해석이 관념적이고 군신공치(君臣共治)적 성격을 보이는 데 비해, 팔정(八政) 중심의 홍범설로서 실천적이고 실용적이며 군주중심적이라는 평가가 있는데,[125] 여기서 팔정 중심적이라는 평가를 왕권중심론 혹은 절대왕권론으로 해석하기보다는 황극인 군주와 팔정의 신하가 모두 공·덕의 창출을 위해 맡은 바 소임을 포괄적인 정책 방향 뿐만 아니라 구체적인 실무 차원에서도 적극적으로 수행해 나간다는 의미로 해석하는 것이 타당하다.

정약용의 홍범구주도는 분명히 상제를 중심으로 한 명신들의 초월적 위계질서와 군주를 중심으로 한 지상의 위계질서의 상응관계를 계급차별을 위해 위계질서를 정당화하는 것으로 보기보다는, 공·덕의 창출을 위해 초월적 중심인 상제와 인륜적 중심인 군주가 모범을 보이면서 명신들과 신하들에게 임무를 나누어주고 군주가 해당 신하들과 함께 인륜적 가치 실천과 적극적인 왕도정치의 구현을 제대로 이루도록 배려한 고심의 결과물이다. 따라서 홍범구주도의 천인상응관계를 매개로 하여 인륜적 가치 실천과 왕도정치의 구현이 유기적으로 연결된다고 할 수 있다.

정약용은 한 걸음 더 나아가 이러한 구상을 구체화하기 위해 예제의

124) 『易學緖言』 卷4, 「卜筮通義」(『與全』 2集, 48卷, 19ab). "卜筮之法, 其始也, 稟天命以前民用也."

125) 金成潤, 「茶山 丁若鏞의 洪範說 硏究」, 51쪽.

제도개혁에 관심을 기울여서 『경세유표』와 『목민심서』 등의 저술을 하게 된다. 그 가운데 인륜 실천과 왕도정치의 실현과 관련된 대표적인 사례를 하나씩만 살펴보자.

정약용의 제도개혁 구상은 『제례고정』에서 4대봉사를 비판하는 이유와 일맥상통한다. 정약용은 하늘의 초월적 영역의 위계질와 대응하는 지상의 사회정치적 위계질서가 정립되길 원했지만, 그 구체적인 방법은 법치나 패도정치가 아니라 왕도정치의 기본인 덕치와 예치였다.

이러한 구도는 군주와 중앙관서에만 국한되는 것이 아니라 목민관과 지방관서에도 적용되는 것이다. 그 중 가장 주목할 만한 것은 사회적 위계질서를 유지하기 위해 '제례감'(齊禮監)을 새롭게 설치할 것을 제안한 대목이다. 정약용은 덕치(德治)와 예치의 이념에 따라 관혼상제(冠婚喪祭)를 예(禮)에 따라 하지 않을 경우에 붙잡아서 다스리도록 제례감을 설치할 것을 제안했는데, 그 구체적 내용은 서인(庶人)이 사(士)의 예(禮)를 쓰거나 사(士)가 대부(大夫)의 예를 쓰거나 대부(大夫)가 왕후(王侯)의 예를 쓸 때에는 헌부(憲府)에서 조사하여 처결하고 너무 문란해진 입후(立後)의 법도 감독하게 한다는 것이다.[126]

덕치와 예치에 입각한 왕도정치의 효율적 운영을 위한 방안은 군주와 중앙관서 뿐만 아니라 목민관과 지방관서에도 제도적으로 반영되었다. 예컨대, 정약용은 기존에 지방 수령(守領)의 고과(考課)를 위해 쓰였던 '수령칠사'(守領七事)를 좀더 재편하여 지방 수령(受領)의 직분에 대한 고적(考績)의 강목(綱目)을 9강(綱)-6조(條)의 총54조목으로 상세화하고 체계

126) 『經世遺表』 卷1, 「春官禮曹第3」, 〈齊禮監【新立之】〉(『與全』 5集, 1卷, 21ab). "提調中大夫一人, 僉正上士二人, 主事中士二人. ○書吏四人, 皁隷八人. 臣謹案, 導之以德, 齊之以禮者, 先王之所以馭萬民也. 『周禮』 「春官」齊民以禮者, 其職非一. 今擬別立一司, 名之曰齊禮監. 凡冠婚喪祭, 有不以禮者, 執而治之. 其或庶人用士禮, 三士用大夫禮, 亦執而治之. 其或大夫用王侯之禮者, 報于憲府, 請其覈治, 亦至要之官也. 立後之法, 今亦太濫, 宜令此官, 頒其限節, 掌其奏聞."

화하였다.[127] 특히 고적(考績)의 핵심을 주적(奏績)으로 보고 있는 것[128]은 앞서 살펴본 바 있듯이, 제사의 구조와 상통하는 측면이 있다. 제사가 상제 앞에서 공·덕을 고하는 것이라면, 고적제는 군주(혹은 상급자) 앞에서 공과를 고하는 것이며, 양자 모두 환류체계에 의해서 강하게 공·덕의 실천을 요구받게 된다.

또한 『목민심서』에서는 목민관이 자신을 규율하는 것[律己]이 지방정치의 근간으로서 아전에게 도덕적 모범이 되어 자발적인 복종을 초래한다고 보았으며, 그 다음 단계가 바로 예(禮)로써 다스리고 은혜[恩]로써 교제하는 것이요, 그 다음이 법(法)으로써 단속하는 것이라고 설명했다.[129] 청송(聽訟)에 임할 때에도 신독(愼獨)에서 비롯되는 성의(誠意)에 근본을 두고 그 다음으로 목민관 자신을 스스로 규제하는 율신(律身)에 입각하여 송사(訟事)를 처리할 것을 강조하였다.[130]

이렇듯 정약용은 정치적 구체적이고 실질적인 정치적 실무를 중시하는 기조 위에서 고적을 통해 덕행과 실무능력을 평가하고 그에 따라 관직을 부여하는 사회정치적 질서와 체계를 구상함으로써 현실주의적 예

127) 전통적인 守領七事는 農桑盛, 戶口增, 學校興, 軍政修, 賦役均, 詞訟簡, 奸猾息(『經國大典』「吏典」〈考課條〉) 등이다. 이에 비해 정약용이 『經世遺表』 卷4, 「天官修制」, 〈考績之法〉에서 제시하는 수령고적법은 律己, 奉公, 愛民, 吏典, 戶典, 禮典, 兵典, 刑典, 工典의 9강마다 6조씩 총54조목으로 구성된다. 이러한 체계는 農, 貨, 敎, 刑, 兵, 工의 6綱마다 4目씩 총24事로 구성되는 「考績議」와 律己, 字牧, 市糴, 戶籍, 田政, 文敎, 武備, 刑獄, 工繕의 9綱의 체계로 제시되는 「玉堂進考課條例箚子」 등의 초기단계에서 발전한 최종형태다.

128) 『經世遺表』 卷4, 「天官修制」, 〈考績之法〉(『與全』 5集, 4卷, 12a). "考績之妙, 專在於奏績. 誠以人性本善, 雖惡人, 不能無一端廉恥. 其所不爲者, 親於君前曰, 有所爲如是, 如是者, 凡人之所不忍爲也. 況旣奏以言, 又有功狀, 將有執法之臣, 考其虛實, 其又敢飾詐騁虛哉?"

129) 『牧民心書』 卷4, 「吏典」, 〈束吏〉(『與全』 5集, 19卷, 1a, 2a). "束吏之本, 在於律己. 其身正, 不令而行, 其身不正, 雖令不行. …齊之以禮, 接之有恩, 然後束之以法. 若陵轢虐使, 顚倒詭遇者, 不受束也."

130) 『牧民心書』 卷9, 「刑典」, 〈聽訟〉(『與全』 5集, 24卷, 15ab). "聽訟之本, 在於誠意. 誠意之本, 在於愼獨. …其次律身, 戒之誨之, 枉者伸之, 亦可以無訟矣."

론의 경세론적 함의를 더욱 발전시켰던 것이다. 따라서 정약용은 공과 덕의 창출을 강조하는 예론과 더불어, 인륜의 실천과 왕도정치의 구현을 위해 적극적이고 주체적인 수양론과 구체적이고 실질적인 경세론적 실천이 지닌 가능성과 효율성을 극대화하려고 했다고 평가할 수 있다.

(3) 공·덕을 강조하는 제사론과 위계적 사회질서

정약용이 살았던 조선 후기에는 4대봉사가 보편화된 시기였다. 그러나 정약용은 공·덕과 지위에 따른 제사의 기준이 반영하고 있는 사회적 위계질서의 혼란을 방지하기 위해 신분에 관계없이 4대봉사하는 풍조를 비판하고, 사회적 위계질서에 따라 신분에 맞게 봉사대수를 제한해야 한다고 주장했다.

본래 4대봉사가 시작된 것은 중국의 송나라 때부터였다. 송대에는 문벌귀족사회에서 사대부중심의 사회로 사회가 재편되면서 종법제도상 4대조 소종(小宗)을 기반으로 하는 종자법(宗子法)에 따라 4대봉사가 일반화되기 시작한다. 사마광의 『서의(書儀)』까지만 해도 왕제(王制)의 이념에 따라 계급적 차이를 반영하는 3대봉사였으나 정이 이후로 4대봉사가 퍼져서 『주자가례』로 이어지면서 일반화되기 시작했다.

> 사마공(司馬公: 司馬光, 1019～1086)의 『서의(書儀)』에는 "제사는 고조(高祖)까지 미친다"고 했는데, 이천(伊川)선생에게 "요즘 사람들이 고조를 제사하지 않는 것은 어떻습니까?"라고 물으니, "고조는 본래 복(服)이 있으니 제사하지 않는 것은 아주 그른 것이다. 아무개 집안[家]에서는 도리어 고조를 제사한다."라고 말씀하시고, 또 "천자(天子)부터 서인(庶人)에 이르기까지 오복(五服)은 차이가 난 적이 없이

> 모두 고조까지 포함한다. 복(服)이 이와 같으니, 제사 역시 이와 같이 하여야 한다"라고 말씀하셨다. 또한 "천자는 7묘, 제후는 5묘(廟), 대부는 3묘, 사는 2묘는 어떻습니까?"라고 물으니, "이것도 다만 예가(禮家)에서 이와 같이 말한 것일 뿐이다"라고 말씀하셨다.[131]

정이가 주장하는 핵심은 상복을 입는 기준이 제사에도 그대로 적용되어야 한다는 것이다. 본래 제사의 대수와 묘제(廟制)는 유교적 위계질서에 따라 철저하게 제한되어 있었는데, 정이는 상복을 입는 혈연적 가족과는 혈연적 친밀감을 존중해서 계급과 무관하게 보편적인 4대봉사를 해야 한다고 주장했다. 이러한 주장은 주희에게서도 확인된다.

> 그러나 정자(程子)의 견해에서 그것을 살펴보면, 고조(高祖)는 복(服)이 있으니 제사하지 않을 수 없다고 여겨서, 비록 (천자의) 7묘와 (제후의) 5묘라도 역시 고조에서 그치고, 비록 (대부의) 3묘와 (사의) 1묘라도 침(寢)에서 제사하여 역시 반드시 고조에게까지 미치는 것이며, 다만 제사를 가끔 하는가 자주 하는가[疏數]의 차이만 있을 뿐입니다. 이것이 가장 제사의 본의인가 의아해서, 요즘 제법(祭法)을 살펴보니, 비록 "제사는 반드시 고조까지 미친다"는 글은 보이지 않았으나, 월제(月祭)와 향상(享嘗)의 구별은 있으므로, 옛날 제사는 혈연적으로 먼가 가까운가[遠近]에 따라 제사를 가끔 하는가 자주 하는가[疏數]를

131) 周復, 『家禮附錄』(文淵閣 四庫全書本). "司馬公『書儀』, '祭及曾祖.' 有問伊川先生曰, '今人不祭高祖, 如何?' 曰, '高祖自有服, 不祭甚非. 某家却祭高祖.' 又曰, '自天子至於庶人, 五服未嘗有異, 皆至高祖. 服既如是, 祭祀亦須如是." 『河南程氏遺書』, 卷22上, 「伊川先生語八上」, 〈伊川雜錄〉(『二程集』, 第1册, 臺北: 漢京文化事業有限公司, 民國72), 286. "又問, '今人不祭高祖, 如何?' 曰, '高祖自有服, 不祭甚非. 某家卻祭高祖.' 又問, '天子七廟, 諸侯五, 大夫三, 士二, 如何?' 曰, '此亦只是禮家如此說.'"

> 정했음을 역시 볼 수 있습니다. 예가(禮家: 『禮記』「大傳」)에서 또 이르기를, "대부(大夫)가 대사(大事)가 있을 때에는 그 임금에게 성문(省問)하되, 간협(干祫: 無廟로 협제를 드리는 경우)은 그 고조에게 미친다"고 했으니, 이것이 바로 삼묘(三廟)를 세우되, 제사는 고조까지 미친다는 증험이라고 할 수 있습니다."[132)]

그러나 정약용은 이에 대해서 상복을 입는 방법과 제사의 도리는 다르다는 논점과 천자국의 신하와 제후국의 신하가 같은 예를 쓸 수 없다는 논점을 세워 4대봉사를 비판하였다.[133)]

본래 4대봉사란 아버지, 할아버지, 증조, 고조까지 조상 제사를 지내는 것을 말한다. 사가(私家)에서 조상 제사를 지내는 규정은 고려시대 공양왕2년(1390)에 정몽주 등의 건의로 처음 마련되었는데, '대부 4품 이상은 3대, 6품 이상은 2대, 7품 이하 서인은 죽은 부모만을 제사하게' 했으나, 조선에 들어와서는 『경국대전(經國大典)』에 고례(古禮)의 취지에 맞춰 '문무관 6품 이상은 3대를 제사하고, 7품 이하는 2대를 제사하고, 서인은 죽은 부모님만 제사한다'고 규정되어 형식적으로 조선시대 내내 존속되었지만, 명종(明宗) 년간에는 『주자가례』에 따라 관품(官品)의 구분 없이 4대봉사를 허용하게 된다.[134)]

---

132) 『晦庵先生朱文公文集』 卷30, 「答汪尙書論家廟【癸巳】」(『朱子全書』 第21冊, 1310). "然考諸程子之言, 則以爲高祖有服, 不可不祭, 雖七廟五廟, 亦止於高祖, 雖三廟一廟, 以至祭寢, 亦必及於高祖, 但有疏數之不同耳. 疑此最爲得祭祀之本意, 今以祭法考之, 雖未見祭必及高祖之文, 然有月祭享嘗之別, 則古者祭祀以遠近爲疏數, 亦可見矣. 禮家又言, '大夫有事, 省於其君, 干祫及其高祖', 此則可爲立三廟而祭及高祖之驗."

133) 이하 『祭禮考定』 분석은 劉權鐘, 「茶山 丁若鏞의 『祭禮考定』 硏究」에 따른다.

134) 『增補文獻備考』, 「禮考」, 〈私祭禮〉조와 『經國大典』 「禮典」 〈奉祀〉조, 『大典會通』, 「禮典」, 〈奉祀〉조, 간략한 해설로는 『譯註 經國大典: 註釋篇』(성남: 한국정신문화연구원, 1986), 426쪽 참조.

『예기(禮記)』「왕제(王制)」편에 의하면, “천자는 7묘, 제후는 5묘, 대부는 3묘, 사는 1묘, 서인은 침(寢)에서 제사한다”고 하는데, 『예기』「제법(祭法)」편이나 『대대례기(大戴禮記)』, 『공자가어(孔子家語)』나 『춘추곡량전(春秋穀梁傳)』 역시 대동소이하다. 관직이 없으면 무묘(無廟)요, 관직이 있을 경우에는 지위에 따라 가묘(家廟)의 숫자가 달라진다는 것이 고례의 원칙인 것이다. 정약용은 이러한 고례의 원칙에 따라 『제례고정(祭禮考定)』「제법고(祭法考)」에서 군주가 아닌 신하의 제사는 3대봉사라고 고증하여 당시 보편적으로 허용된 4대봉사를 비판했다.135)

> 천자가 비록 7묘를 세우기는 하지만 그 태조(太祖)와 문세실(文世室), 무세실(武世室)은 공·덕(功德)에 따른 것이다. 그 친친(親親)을 쓰고 공·덕을 묻지 않는 것은 오직 4친(親) 뿐이다. 제후도 문세실, 무세실이 있으니, 그 4친을 제사하는 것은 천자의 예이다. 대부는 2대를 제사하여야 마땅하나, 별자(別子)를 계승하는 종[繼別之宗]인 경우에는 3묘를 세울 수 있다. 그러므로 별자를 계승하지 않는 경우에도 황고묘(皇考廟)를 세워서 3묘의 수를 채운다. 이것이 「왕제」와 「제법」이 다른 까닭이다.136)

정약용에 의하면, 천자의 종묘는 공·덕(功德)의 원칙에 따른 태조와 문세실과 무세실과 친친(親親)의 원칙에 따른 4친묘로 구성되어 있다. 오직 천자만 4친묘를 둘 수 있다. 당·송시대에는 4묘가 허용되었는데, 천자의 공경(公卿)으로서 제후에 견주어지는 경우 처음 봉해질 때 이미 태조가 없었기 때문에 오직 4친만을 제사했던 것이다. 당(唐)·송(宋)시대 정국공(鄭國公) 위징(魏徵, 580~643), 위국공(衛國公) 이정(李靖, 571~

135) 『祭禮考定』, 「祭法考」(『與全』 3集, 22卷, 11ab).
136) 『祭禮考定』, 「祭法考」(『與全』 3集, 22卷, 12a).

649), 위국공(魏國公) 한기(韓琦, 1008~1075), 온국공(溫國公) 사마광(司馬光) 등은 제후의 작위에 봉해졌기 때문에 제후의 예를 썼으나, 스스로는 시봉지군(始封之君)으로 태조(太祖)가 되기 때문에 4대봉사를 할 수밖에 없었던 것이요, 그 현손(玄孫)부터는 시봉지군의 불천지위(不遷之位)까지 포함하여 5대봉사를 하게 된다.

조선 후기의 4대봉사에 대한 허용은 당송시대에 있었던 시봉지군의 특수성을 오해하여 제후의 신하인 대부의 처지로 왕가의 예를 오용한 결과였다는 것이 정약용의 날카로운 지적이었다.[137] 또한 정약용은 사마광의 『서의(書儀)』, 주희의 『가례(家禮)』, 구준(邱濬, 1420~1495)의 『가례의절(家禮儀節)』 등이 모두 천자의 신하로서 제후의 지위에 올랐거나 추봉(追封)된 사람들의 예인데도 불구하고 조선 사람들이 그 본분을 잊어버린 채 참람한 예를 행하였다고 비판하고, 『경국대전』에 따라 대부로서 3대봉사를 해야 한다고 주장하였다.[138]

조선시대 회재 이언적, 퇴계 이황, 율곡 이이 등도 대체로 정자의 뜻에 따라 주희가 4대봉사를 지지했음을 인정하면서도 3대봉사를 거론하였고, 정약용 역시 근기 남인의 정신적인 거두였던 성호 이익의 설을 좇아 3대봉사가 맞다고 역설하였다. 그러나 조선 후기에는 기호예학파의 태두였던 사계 김장생이 『가례』를 그대로 적용하면서 4대봉사가 일반화되기 시작하였는데, 그는 주희의 『가례』를 본받았고, 『가례』는 사마광의 『서의』를 좇았다고 지적하였다. 정약용은 사계 김장생 이후 일반화되기 시작한 4대봉사가 천자의 상공(上公)으로 제후의 예를 썼던 사례를 조선의 대부들이 잘못 적용한 것임을 강력하게 비판하였다.[139]

137) 『祭禮考定』, 「祭法考」(『與全』 3集, 22卷, 21ab). 『唐書』 「禮志」, 『宋史』 「禮志」, 『明會典』 참조.
138) 같은 곳.
139) 『祭禮考定』, 「祭法考」(『與全』 3集, 22卷, 12b~13a) 참조.

일반 사대부가에 4대봉사를 허용한 것은 일면 제사에 참여하는 권리를 확대한다는 측면에서 제사의 보편화에 기여한 의례정책의 진보였다고 평가할 수 있다. 실제로 사계 김장생을 태두로 하는 기호예학파는 제왕가의 예와 사가의 예를 『주자가례』라고 하는 동일한 의례적 원칙 아래 포괄하려고 했고, 이러한 예론은 사대부가의 위상과 권력을 제고시켰다.

그러나 정약용의 사회비평적 시각에 근거해 본다면, 그것은 일반 서민들을 위한 개방적 제사 규모 확대라기보다는 왕가에 못지 않은, 아니 왕가보다 더한 권력을 지닌 사대부가의 의례적 권리를 확대하여 그들의 정치사회적 위상을 높여서, 실제적으로는 정치사회적 권력과 경제적 여유를 갖춘 소수의 집안만의 권리 확대로 이어질 가능성이 더 크다. 따라서 정약용에게 4대봉사의 풍조는 '권병하이'(權柄下移)하는 붕당정치의 한계를 극복하기 위해 시행되었던 탕평정치가 막을 내리고 왕의 권위를 능가하는 노론(老論) 일당독재 체제의 폐해를 드러내는 문화적 징후에 지나지 않았다.

정약용은 대부 3묘라는 고례의 원칙과 6품 이상 3세 봉사라는 『경국대전』의 원칙이 무너져서 관직의 유무와 관계없이 무조건 4대봉사를 하는 당시 세태에 대한 비판도 잊지 않았다. 조선 후기에는 정약용이 '국속상벌(國俗尙閥)'이라고 표현했듯이, 예속(禮俗)의 절도가 무너져서 무조건 화려하고 거창하게 제례를 지내려고 했다.[140] 더 이상 제사의 경건함이란 기대할 수 없게 되었고, 사가에서는 '한 방에 한 신주 모신다'[一主一室]는 원칙도 무너져서 3~4 신주를 한 방에 모시는 행태도 종종 벌어졌다. 정약용에게 이러한 시속(時俗)은 예를 통해 드러나는 유교적 질서와 가치인 명분(名分)에서 어긋나는 참람한 욕망의 분출에 불과했다.

한편, 정약용은 복술(服術)과 제도(祭道)의 구별을 주장했다. 정자와 주

140) 『祭禮考定』, 「祭法考」(『與全』 3集, 22卷, 13b).

자는 상복(喪服)을 입었던 고조(高祖)에 대한 제사가 없을 수 없다고 주장했고, 회재 이언적도 고조에 대한 제사를 폐할 수 없기 때문에 봄과 여름에 묘제(墓祭)를 지낸다고 했다. 정약용도 고조에 대한 묘제를 인정했으나, 상복의 원칙과 제사의 원칙은 구별해야 한다고 지적했다.

또한 정약용은 '장방천봉(長房遷奉)'과 관련하여 주자의 초년미정론을 비판하고 만년정론을 지지했다.[141] 주자는 초기에 제사를 지낼 만한 혈연적 유대관계가 다하면[親盡] 지자(支子) 중에서라도 아직 혈연적 유대관계가 다 하지 않은 사람에게 옮겨 제사를 지내도록 한다는 이른 바 '장방천봉(長房遷奉)'의 예법을 주장했으나, 만년에는 바로 조천[祧]한다는 예설을 펼쳤다. 이는 적장자를 제사를 지내는 종자(宗子)로 세우고 지자(支子)는 제사하지 못한다는 원칙에 따른 것이다.

송나라 정호가 죽었을 때 적장자인 정호의 자손이 제사를 계승하지 못하고 아우인 정이가 그 가묘를 세워서 상례를 치른 뒤 형의 자손이 아닌 자신의 아들에게 제사권을 넘겨준 것이 장방천봉의 역사적 사례로 유명하다. 이에 대해 정약용은 길례인 제사는 적장자만이 주재할 수 있으며 지자가 지내지 못하는 것이 예의 큰 원칙이라고 강조하면서, 지자는 다만 기일(忌日)에만 사적인 슬픔을 표현함으로써 의(義)를 해치지 않아야 한다고 역설하였다.[142] 사회적 신분의 귀[貴]함만을 내세워서 혈연적 유대관계의 적통[嫡]을 무시하는 송나라 예법의 문제점과 그러한 주자의 초기설에 따라 입종(立宗)을 허용하는 조선의 시속(時俗)을 비판하는 대목이다.

앞서 살펴본 4대봉사에 대한 비판이 친친의 원칙에 매몰되어 존존의 원칙을 거스르는 잘못에 대한 비판이라면, 장방천봉의 예에 대한 비판은 존존만을 주목하느라 오히려 친친의 원칙을 무시하는 허물에 대한 비평

141) 『祭禮考定』, 「祭法考」(『與全』 3集, 22卷, 15a~16b).
142) 『祭禮考定』, 「祭法考」(『與全』 3集, 22卷, 16b). "鏞案, 祭者, 吉禮也. 支子不祭, 唯於忌日, 伸其私慟, 恐不害義."

이다. 이는 제왕가의 추숭(追崇)과 상복(喪服)을 중심으로 하는 전례논쟁에서 정약용이 취했던 균형감각이 제사관에도 일맥상통하고 있음을 알 수 있는 대목이다. 이는 동시에 사적인 인정과 공적인 의리명분의 공존과 조화를 도모하는 것이기도 하다.[143]

사적 인정과 공적 의리명분의 원칙을 조화시키려는 정약용의 고심은 시향(時享) 혹은 사시제(四時祭)의 횟수와 종류에 대한 논의에도 잘 드러난다.[144] 정약용은 공가(公家)나 사가(私家) 모두 사시제를 지냈지만, 체제(禘祭)만큼은 사가에 허용되지 않음을 지적하였으며,[145] 천자로부터 서인에 이르기까지 시간의 변화에 따라 지내는 제사의 종류와 횟수는 신분별로 구분됨을 꼼꼼이 고증하였다. 누구나 시제(時祭)에 참여할 수 있지만 참여하는 방식은 철저히 규제된다.

사시제에 대한 유교 경전의 기록과 정약용의 예설을 살펴 보면,[146] 천자의 경우에는 날마다 드리는 일제(日祭)와, 달마다 드리는 월향(月享), 계절마다 드리는 시류(時類), 해마다 드리는 세사(歲祀)를 모두 거행하지만, 제후는 그 중 일제가 빠지고, 대부는 거기에 월향까지 생략되며, 사는 세사만 드린다. 그러나 아무런 관직이나 지위도 없는 서인의 경우에는 제사를 드리지 못하며 대신 천신(薦新)의 예만을 행한다. 이렇듯 정약용은 관직이나 지위가 있는 사람이 드리는 제(祭)와 서인들이 드리는 천(薦)을 엄격하게 구분하였다. 이 점에서 정약용은 『예기』를 비롯한 다른 경전과 기록들과는 분명하게 구별된다.

143) 박종천, 「『國朝典禮考』에 나타난 茶山 丁若鏞의 禮論」 참조.

144) 시향과 사시제에 대해서는 『제례고정』과 『춘추고징』의 기록이 대동소이하며 일맥상통한다.

145) 『春秋考徵』 卷2, 「時享5: 論四時之祭, 公私同名.」(『與全』 2集, 34卷, 31ab) 참조.

146) 『祭禮考定』, 「祭期考」(『與全』 3集, 22卷, 16b) 이하 참고. “考古四時之祭, 唯天子全擧之, 諸侯三祭, 大夫二祭, 士一祭, 庶人薦而不祭.”

[표 4] 신분에 따른 사시제(四時祭)/시향(時享) 구성

	天子	諸侯	大夫	士	庶人
『禮記』「王制」	礿禘嘗烝	礿則不禘, 禘則不嘗, 嘗則不烝, 烝則不礿	有田則祭, 無田則薦		春薦韭 夏薦麥, 秋薦黍, 冬薦稻
『禮記』「祭法」			3廟,享嘗	2廟,享嘗	
『公羊傳註』(桓8年)	4祭4薦	3祭3薦	2祭2薦		
『國語』「楚語」	日祭, 月享, 時類, 歲祀	月享, 時類, 歲祀	時類,歲祀	歲祀	歲祀
정약용	全擧	3祭	2祭	1祭	薦而不祭

이러한 설명은 공·덕(功·德)을 중심으로 하는 공적 질서와 그 질서의 범위에 대응하는 시간의 규모와 제사의 성격이 긴밀하게 연계됨을 드러내고 있다. 천자는 해, 계절, 달은 물론 날마다 제사를 드림으로써 시간의 변화를 기념하고 그러한 천체운행과 관련된 제사를 통해 인사(人事)를 장악하는 의례적 권력을 드러내게 되고, 그러한 권력은 제후, 대부, 사, 서인 순으로 의례적 권위의 피라밋구조를 형성하는 것이다. 그러한 제사공동체에서 아무런 공·덕도 세우지 못한 일반 서민은 제사에서 비롯되는 의례적 권위와 무관한 천(薦)의 예를 통해 시간의 리듬에 의례적으로 참여하게 된다. 의례 거행시 희생이 있는 제와는 달리 천은 희생이 없다는 점을 상기해 보면, 이러한 평가는 좀더 설득력을 얻는다.

한편, 이러한 연계관계는 제사 시기에도 반영된다. 시간적 리듬과 관계된 시제(時祭)인 제(祭)와 천(薦)은 반드시 중월(仲月)에 거행된다.[147] 이는 맹월(孟月)에 거행되는 교사(郊祀)의례와는 분명하게 구별된다. 정약용은 『주례』「대종백」과 「대사마」 기록에 의거하여 종묘의 사시제(四時祭)를 중월(仲月)로 확언함으로써 한나라 이후 학자들의 잘못된 예를

147) 『祭禮考定』, 「祭期考」(『與全』 3集, 22卷, 17ab).

바로잡고자 했으며, 『통전(通典)』에 실려있는 역대 왕조의 맹월(孟月) 제사가 잘못된 것을 비판하고 있다.[148] 정약용은 시향(時享)을 맹월에 거행하는 논거로 계절적 특성과 그것을 본받는 군자의 마음을 거론하였다. 맹월에는 사물이 충분히 계절적 특성을 드러내지 못하지만 중월에는 충분히 그 특성이 드러나기 때문에 시향은 맹월이 아니라 중월에 해야 한다는 것이다. 당시 조선의 태묘 시향은 맹월에 거행되었으나, 사가의 제사에서는 『가례』에 따라 중월에 거행되었다.

사마광의 『서의』와 주자의 『가례』에 따르면 사계절 모두 제(祭)를 지낸다고 하지만, 그것은 제후의 예를 쓴 책이기 때문에 제후국인 조선의 대부들이 따를 수 없다고 정약용은 지적했다. 그리하여 대부는 춘분과 추분에 시향(時享)을 지내고, 대부가 아닌 경우에는 봄에는 천(薦)을, 가을에는 제(祭)를 지내며, 하지와 동지에는 사대부가 모두 천신(薦新)의 예를 드린다.[149]

또한 월제(月祭)는 신하의 예가 아니라 천자와 제후의 예이기 때문에 대부는 맹월(孟月)의 초하루에 삭참(朔參)의 예를 지내고, 대부가 아닌 사람은 월정(月正) 원일(元日)에 참례(參禮)를 거행한다.[150] 기일(忌日)에는 제사를 지내지 않지만 애모의 정 때문에 전헌(奠獻)의 예를 행하고, 묘(墓)에서 지내는 묘제(墓祭)는 『주례(周禮)』에 근거가 있기 때문에 대부는 청명(淸明)과 한로(寒露)에 두 번 제사 지내고, 사(士)와 서인(庶人)은 한식(寒食)에 한 번 제사 지낸다.[151]

정약용은 이렇듯 공·덕이라는 기준을 고려하고 사회적 위계질서를 구축하려는 고민을 그의 제사관에 담았다. 그러나 『가례』의 보편적 실천은

148) 『春秋考徵』 卷2, 「時享1」(『與全』 2集, 34卷, 26a~27b) 참조.
149) 『祭禮考定』, 「祭期考」(『與全』 3集, 22卷, 17b~18a) 참조.
150) 『祭禮考定』, 「祭期考」(『與全』 3集, 22卷, 18ab).
151) 『祭禮考定』, 「祭期考」(『與全』 3集, 22卷, 18b~9b). "墓祭, 古也, 大夫二祭, 用淸明·寒露. 士庶人一祭, 寒食而已."

좀더 근원적인 이론적 인식에 의해 이루어진 것이었다. 부계 제사의 정당성을 논리적으로 뒷받침하는 동기(同氣)이론의 형이상학적 이해가 심화되면서 종법(宗法)에 대한 인식이 확고해진 조선 중기 이후부터 비로소 『주자가례』가 실질적으로 영향력을 발휘했다고 설명하는 연구가 최근에 나왔다.[152] 이러한 논리를 고려해 볼 때, 기의 존재론적 연속성에 입각한 도학적 제사관과 정약용의 제사관의 공통점과 차이점에 대한 물음이 자연스럽게 제기된다.

당시 지배적인 위치를 차지했던 성리학에서 정식화한 제사[祭]의 존재론적 근거는 기(氣)였다. 이기론적 세계관에서는 제사의 주체와 대상의 교류가 기(氣) 차원에서 현실적으로 가능하다는 존재론적 논거를 채택한다. 예컨대, 주희는 같은 기운[一氣]을 가진 존재는 서로 의례적으로 교류할 수 있다는 동기감응(同氣感應)이론에 근거하여, 제사의 대상인 조상의 귀신(鬼神)과 제사의 주체인 후손이 기(氣)가 같기 때문에 제사를 통한 감응이 가능하다고 보았다.[153] 이러한 논리는 혈연적 연속성에만 국한되지 않고, 성인(聖人)이 실현한 문화적 가치[功德]와 제사를 주관하는 의례적 지위인 제사권[主]에도 확대적용되어 공적인 기[公共之氣]의 유대로 제사를 통한 기의 감응이 가능해진다.[154]

---

152) 이종서, 「고려 후기 이후 '同氣' 理論의 전개와 血緣意識의 變動」, 『동방학지』 120(연세대학교 국학연구원, 2003)과 「퇴계 이황의 종법 이해와 그 특징」, 『역사문화논총』 2(역사문화연구소, 2006).

153) [宋] 黎靖德 編, 『朱子語類』(北京: 中華書局, 1986), 卷3, 「鬼神」, 37, 47. "然人死雖終歸於散, 然亦未便散盡, 故祭祀有感格之理. 先祖世次遠者, 氣之有無不可知. 然奉祭祀者旣是他子孫, 必竟只是一氣, 所以有感通之理." "自天地言之, 只是一箇氣. 自一身言之, 我之氣卽祖先之氣, 亦只是一箇氣, 所以才感必應. … 又問, '子孫祭祀, 卻有感格者, 如何?' 曰, '畢竟子孫是祖先之氣. 他氣雖散, 他根卻在這裏, 盡其誠敬, 則亦能呼召得他氣聚在此. 如水波樣, 後水非前水, 後波非前波, 然卻通只是一水波. 子孫之氣與祖考之氣, 亦是如此.'"

154) 『朱子語類』, 卷3, 「鬼神」, 46~47. "問, '上古聖賢所謂氣者, 只是天地間公共之氣. 若祖考精神, 則畢竟是自家精神否?' 曰, '祖考亦只是此公共之氣. 此身在天地間, 便是

그러나 정약용은 이러한 동기감응이론으로 의례 주체와 대상의 연속성을 확보하는 관점에 대해 강력하게 비판했다. 예컨대, 『풍수집의(風水集議)』에서 정약용은 풍수와 그 이론적 근거가 되는 이기론(理氣論)을 전면적으로 거부하면서 예가 아니면 효자(孝子)의 정(情)이 아니라고 하여 인정을 절제할 것을 주장하였다. 이는 이기풍수(理氣風水)에 대해서는 가차없이 비판하면서도 인정의 측면을 고려하여 좋은 기운이 머무는 형기풍수(形氣風水)의 이론적 근거에 대해서는 어느 정도 수용적 태도를 보이는 주자(朱子)와 대비되는 관점이다.

물론 정약용도 '기류상감(氣類相感)'에 대해서 언급한다. 그러나 정약용이 쓰는 기류(氣類) 개념은 이기론적 구도에서 설정되는 기가 아니라 생명 에너지의 생물학적 메커니즘(machanism)의 맥락에서 생명 에너지의 성격이 같은 종류를 지칭하는 개념이며, 사용되는 용법이나 적용되는 제사의 영역이 분명하게 제한된다. 그것은 천신, 지기, 인귀 등 제사 대상인 신들의 종류와 기능적 성격이 유사한 것을 분류하는 개념이거나,[155] 죽은 사람의 신혼(神魂) 혹은 혼기(魂氣)가 조상의 신혼과 합하는 맥락에서만 쓰이는 개념이다.[156] 여기서 신혼 혹은 혼기는 제사를 받는 실체를

理與氣凝聚底. 天子統攝天地, 負荷天地間事, 與天地相關, 此心便與天地相通. 不可道他是虛氣, 與我不相干. 如諸侯不當祭天地, 與天地不相關, 便不能相通. 聖賢道在萬世, 功在萬世. 今行聖賢之道, 傳聖賢之心, 便是負荷這物事, 此氣便與他相通. 如釋奠列許多籩豆, 設許多禮儀, 不成是無此姑謾爲之!' … 祖宗亦只是同此一氣, 但有箇總腦處. 子孫這身在此, 祖宗之氣便在此, 他是有箇血脈貫通. 所以 '神不歆非類, 民不祀非族', 只爲這氣不相關. 如 '天子祭天地, 諸侯祭山川, 大夫祭五祀', 雖不是我祖宗, 然天子者天下之主, 諸侯者山川之主, 大夫者五祀之主. 我主得他, 便是他氣又總統在我身上, 如此便有箇相關處."

155) 『春秋考徵』 卷2, 「吉禮」, 〈社3: 論五祀本五行之神, 非戶竈門行中霤之神.〉(『與全』 2集, 34卷, 6b). "鏞案, 社稷 · 五祀, 『周禮』每以竝稱, 蓋以六府之神, 其氣類相同, 其位次相等也. 後世不知五祀爲何物, 則社稷五祀之若是竝稱, 若不倫然者."

156) 『喪禮外編』 卷1, 「檀弓箴誤4」(『與全』 3集, 17卷, 45b). "葬日虞, 不忍一日離也. 是日也, 以虞易奠." "箴曰, 人死, 則神魂離於體魄. 然尸柩在室, 於人心, 若有所依附. 及其旣封, 則窀穸永閟, 神魂飄蕩, 將無所不之也. 【延陵季子語】 孝子之心, 是哀是

가리키는데, 동기감응(同氣感應)의 논리에 입각하여 모든 제사를 동일한 기(氣)를 지닌 제사 대상과 제사 주체의 감응관계로 설명하는 주자와는 달리, 정약용은 『춘추좌씨전』에 나오는 '신은 자신의 류가 아니면 흠향하지 않는다[神不歆非類]'는 조건이 모든 제사에 적용될 수 있는 보편적인 원칙은 아니라는 점을 강조했다. 예컨대, 그는 기류상감(氣類相感)의 기준이 족류(族類)에 국한되는 사적인 제사[私祭]에만 적용될 뿐이지, 보편적으로 모든 제사에 적용되는 것은 아니라는 점을 강조하면서, 옛날의 제사 원칙[祭法]에서는 오직 공・덕(功・德)만을 기준으로 삼는다는 것을 명확히 부각시켰다.[157]

공・덕의 기준은 원래 유교 전통에서 제사 대상이 되는 기준으로 공통적인 것이지만, 주자가 여기에 더하여 동기(同氣)이론을 통해 존재론적 연속성을 설정함으로써 제사의 실질적인 실효를 확보하려 한 데 비하여, 정약용은 공・덕을 강조하는 옛날 제법의 일관성을 강조한 것이다. 분명히 정약용은 타고난 기류(氣類)가 특정한 제사 영역의 전제조건이 되는 것을 인정하면서도, 모든 제사에 적용되는 보편적인 원칙은 오직 공・덕뿐임을 강조했다.

懼, 皇皇汲汲, 不待成墳, 迎其精而速反于室, 入于祖廟, 冀其精靈, 以其氣類, 與祖相合. 旣而退適殯宮, 祭以安之曰, '適爾皇祖某甫.' 此虞祭之義也. 一日離者, 謂死者神魂, 與體魄分離也. 弗忍離者, 謂以其神魂將合之於皇祖也. 故初虞之祝曰 '哀薦祫事'. 祫者, 合也, 合于其祖也. 離字合字, 當三復玩味." 『喪禮四箋』 卷4, 「喪儀匡」, 〈祔祭1〉, 〈祔祭2〉, 〈祔祭4〉 등에도 같은 취지의 내용이 나온다.

157) 『尙書古訓』 卷2, 「堯典」, 〈月正元日, 舜格于文祖〉(『與全』 2集, 23卷, 14ab). "若云神弗歆非類者, 族類之私祭也.【本指紀鄫言.】 帝王家公大禮, 非所當引. 故五帝之祀, 周人擧之. 『周禮』「小宗伯」 '兆五帝於四郊',【兆者, 壇域也.】「大司寇」 '禋祀五帝, 則莅誓百官', 大祭也. 「小司寇」 '凡禋祀五帝, 實鑊水.' 又「士師」 '祀五帝, 則沃尸六官.' 此文尙多, 其祀五帝, 必夏商之舊章, 三王之所不廢, 舜顧外之乎? … 古之祭法, 以德以功, 德配上帝, 功被下民. 然後配食於郊禘, 此百祭之源本也. 此非一人一家之所得私報者, 亦豈一人一家之所得擅廢哉? 甯武・狐突之語,【僖三十一】 非所當於此禮也. 社祭句龍, 稷祭姬棄, 百世之所不變, 夫孰云非其類乎?"

이러한 제사관에 의하면, 특정한 존재가 제사 대상이 될 수 있는 자격은, 그가 선천적으로 지닌 존재론적 위상이나 사회적 지위에 의해 결정되는 것이 아니라, 그가 후천적으로 창출한 가치에 의해서 의례적으로 평가된다. 정약용의 관점에 의하면, 이기론적 구도에서 기는 결코 스스로 영명성과 주재성을 갖지 못하기 때문에 가치를 창출할 수 없고, 우주의 보편적 법칙이 현현하는 매체에 불과하기 때문에 적극적인 실천 주체가 될 수 없다. 이런 관점에 입각하여, 정약용은 문화적 가치[功德]를 창출한 영명한 존재와 그가 창출한 가치만을 의례의 영역에 포섭하게 된다.

그리고 이러한 사유는 리(理)의 주재성을 부정하면서 이기론적 세계관을 비판하고 영명한 주재능력을 지닌 하늘과 인간만을 가치 창출의 주체로 인정하는 새로운 세계관으로 구체화된다. 따라서 정약용의 예설이 지닌 독특함은 영명성이라는 존재론적 근거와 공 · 덕(功德)이라는 유교적 가치 창출을 중심으로 실천으로서의 의례를 이론적으로 체계화하고 그에 걸맞는 세계관을 새롭게 구성함으로써 유교 전통을 새롭게 변한 사회문화적 환경에 맞게 변화시키려고 한 점이다. 특히 이기론적 구도에 따라 천(天)을 리(理)로 보고 귀신을 음양(陰陽)의 작용으로 보면서 만물일체(萬物一體) 사상에 의거해서 (귀)신과 인간의 존재론적 관계를 기(氣)의 상관론적 연결로 담보하려는 성리학적 관점이 인륜의 적극적인 실천을 위한 실질적인 추동력이 되지 못한다는 것이 정약용이 비판하는 도학의 문제점이었다.

이러한 문제점을 해결하기 위해 정약용은 인간의 현실을 살피면서 도심(道心)에 작용하는 영명(靈明)한 지각(知覺)과 주재(主宰)의 위능(威能)을 갖춘 상제를 도입하고,[158] 그 상제 앞에서 계신공구(戒愼恐懼)하면

158) 『中庸自箴』 卷1, 「是故君子戒愼乎其所不睹, 恐懼乎其所不聞」(『與全』 2集, 3卷, 5ab). "君子處暗室之中, 戰戰栗栗, 不敢爲惡, 知其有上帝臨女也. 今以命性道敎, 悉歸之於

서 구체적인 인륜의 맥락과 제사 대상에 대한 마음의 지향작용을 통해 정성[誠]과 경건성[敬]을 갖춤으로써 적절한 영명의 발휘를 통해 공·덕을 창출하는 인간을 제시하였다.[159] 이에 따라 의례의 대상과 주체가 실천에 적합한 양태로 재해석되고, 수양론과 경세론은 인륜의 실천이라는 맥락에서 유기적으로 합류하게 된다.

나아가, 공·덕을 창출하는 제사의 대상인 신과 주체인 인간이 공·덕의 가치를 창출하는 실천주체가 되면서, 의례는 실천주체들끼리의 소통(communication)으로서 인륜공동체를 결합시키는 공동체적 기능을 하게 된다. 특히 사인-사천(事人-事天)이라는 적극적인 섬김[事]의 실천은 사람들의 마음에 작용하여 제사의례를 중심으로 가문과 천하를 심정적인 차원에서 결합시키는 인륜공동체의 존재를 가능하게 한다.[160]

정약용이 공족(公族) 뿐만 아니라 종법질서의 대상을 포괄적으로 확대하고 그 관계망을 더욱 강화하는 방식의 종법론을 제시하는 한편,[161] 오직 공·덕(功德)의 창출 여부를 중심으로 종묘(宗廟)에 부묘(祔廟)할 수 있는지를 결정하는 전례론(典禮論)을 제안하고,[162] 가천하(家天下)보

一理, 則理本無知, 亦無威能, 何所戒而愼之, 何所恐而懼之乎? 聖人所言, 皆至眞至實, 必不作矯僞體面之話, 以自欺而欺人矣. … ○天命不但於賦生之初, 畀以此性, 原來無形之體妙用之神, 以類相入, 與之相感也. 故天之儆告, 亦不由有形之耳目, 而每從無形妙用之道心, 誘之誨之. 此所謂天誘其衷也. 順其誘而從之, 奉天命者也. 慢其誘而違之, 逆天命者也. 曷不戒愼, 曷不恐懼? ○天之靈明, 直通人心, 無隱不察, 無微不燭, 照臨此室, 日監在茲. 人苟知此, 雖有大膽者, 不能不戒愼恐懼矣."

159) 『牧民心書』 卷7, 「禮典」, 〈祭祀〉(『與全』 5集, 22卷, 16b). "郡縣之祀, 三壇一廟. 知其所祭, 心乃有嚮. 心有所嚮, 乃齊乃敬."

160) 『周易四箋』 卷2, 「諸卦」, 〈同人〉(『與全』 2集, 38卷, 37b). "聖人之會合人類, 厥有二道, 得一家之歡心, 以事祖考, 得天下之歡心, 以事上帝, 如斯而已. 故宗廟之禮, 所以聚宗族也, 郊社之禮, 所以聚王公也. 此聖人之微旨也. 故孔子曰 '知禘之說者之於天下, 其如示掌', 亦此義也. … 家焉而事其祖, 則宗族相會, 郊焉而事上帝, 則王公相見. 此之謂同人也. 同人之義, 不其大矣哉!"

161) 張東宇, 「『儀禮』「喪服」편에 대한 다산의 해석－『喪禮四箋』「喪期別」에 나타난 宗法과 立後에 대한 해석을 중심으로－」 참조.

162) 박종천, 「『國朝典禮考』에 나타난 茶山 丁若鏞의 禮論」 참조.

다 관천하(官天下)를 높게 평가하면서 공·덕에 의해 상향식으로 위정자를 추대하는 '하이상(下而上)'의 정치적 방식을 언급했던 것[163]도 모두 공·덕을 창출하는 인륜 공동체의 재활성화 전략으로 해석할 수 있다. 이 대목에서 예는 의례(ritual)와 정치를 실천적으로 결합시키는 기제로 작용한다.

163) 관련된 내용이 「原牧」, 「湯論」, 『春秋考徵』, 『尙書古訓』 등에 보인다. 정약용이 보여주는 '下而上' 의 정치적 구상에 대해서는 박현모, 「정약용의 君主論: 정조와의 관계를 중심으로」, 『정치사상연구』 8(한국정치사상사학회, 2003) 참조.

제6장 결론

결론

예(禮)는 유교적 전통사회에서 유교적 신념을 세계관으로 수용하는 통로이자 문화전통과 사회질서를 구성하는 원리였다. 따라서 우리는 예를 통해서 종교문화적 신념과 문화적 실천 형식 및 사회정치적 질서가 매개되는 유기적 방식과 더불어, 예를 실천하는 주체와 예를 통해서 구현되는 의례적 규범질서의 총체적 성격을 확인할 수 있다.

본서에서는 이런 점에 착목하여, 예를 유교적 전통사회를 구성하는 종교문화체계로 분석할 수 있다는 전제 아래, 정약용의 의례이론을 종교문화체계의 틀에 입각하여 설명했다. 특히 의례의 대상인 하늘[天; 上帝] 혹은 귀신(鬼神)과 의례의 주체인 인간이 맺는 관계 양상과 더불어, 의례의 주체이자 대상으로서 인간들이 서로 맺는 사회적 관계 양상을 예론(禮論)과 예설(禮說)의 측면에서 규명했다.

전체적으로 볼 때, 정약용의 의례이론은 인륜적 가치 실천과 왕도정치 실현을 위해 예(禮)를 의례적 차원에서 구성한 결과물이다. 그가 구상하는 의례의 종교문화적 목표는 인륜적 가치와 왕도정치의 이상이 구현되는 규범적 사회질서의 구축이었으며, 그의 사상은 그러한 목표를 성취하기 위해 예론을 중심으로 삼아 신관, 제사관, 인간관, 천인관계론, 수양론, 경세론 전반에 걸쳐서 의례의 실천적 효과를 강화하는 일관된 경향을 나타냈다.

유교적 전통사회에서 예는 매우 포괄적이고 복합적인 층차를 지니고 있다. 예는 유교적 이상을 담은 세계관을 반영하는 동시에, 그러한 이상이 실천을 통해 구현되는 공동체의 규범질서를 구축한다. 따라서 예는 경학(經學)과 경세학(經世學)을 연결시키는 매개가 된다. 또한 예는 천인(天人)관계라는 초월적 축과 인륜(人倫)이라는 일상적 축을 내포하면서 종교, 수양, 윤리, 정치 등을 유기적으로 아우르는 양상을 보여준다.

그러나 기존의 연구에서는 예를 윤리적 실천의 차원이나 정치적 위계질서의 차원으로 환원시켜 설명함으로써 예학(禮學)을 윤리학이나 정치학으로 이해하였다. 이러한 문제점을 극복하기 위해서는 예가 지닌 포괄성과 복합성을 특정한 차원에 국한시켜 환원하기보다는 그러한 특정한 차원들을 모두 아우르는 하나의 체계로 설명할 필요가 있다. 이러한 설명이 가능할 때 예학은 상제/천론, 천인관계론, 인간론, 심성수양론, 윤리실천론, 경세론을 유기적으로 연계하는 의례이론으로 재구성될 수 있다. 이러한 문제의식 아래 본서에서는 예를 유교적 전통사회를 구성하는 '종교문화체계'로 정의하고, 정약용의 의례이론을 아래와 같이 분석하였다.

첫째, 종교문화체계로서의 예는 제사 → 수양 → 윤리적/사회적 실천 → 제사로 이어지는 환류체계(feedback system)를 지니고 있다. 예는 초월적 실재에 대한 보답을 의례화한 제사에서 비롯되어, 일상적 인륜관계를 규정하는 윤리적 실천과 사회적 제도를 포괄한다. 하늘을 섬기는 제사는 하늘을 대하는 신독(愼獨)의 내면적 진실성[誠]과 제사의 대상을 올곧게 지향하는 지향적 경건성[敬]을 활성화시킨다. 제사의 대상인 신(神)이 내면에 임재함을 삼가고 두려워하는 계신공구(戒愼恐懼)의 내면적 각성을 활성화한 종교적 의식(religious consciousness)은 제사뿐만 아니라 도덕적 실천과 사회질서의 유지에도 스며들어 일상적 실천에서 적극적으로 공(功)과 덕(德)을 창출하는 내면적 의식으로 작용한다. '성(誠)과 경(敬)의 근본이 사천(事天)'이라는 명제와 '사인(事人)으로 시작해서 사천(事天)에서 완성된다'는 정약용의 논리는 종교문화체계로서의 예 분석을 위한 필요성을 잘 보여준다. 따라서 유교 전통에서 종교문화적 삶은 제사에서 시작하여 일상적 실천을 거쳐 다시 제사에서 그 가치가 확인되는 일종의 환류체계(feedback system)로 구성되며, 제사와 일상적 실천을 포괄하는 예는 종교문화체계로 정의할 수 있다. 제사가 제사에 참여하는 사람이 일상적 행위에서 유교적 가치를 구현할 수 있도록 신의 임재를 두려움의 의례적 의식을 통해 인지하고 각성하는 의례라면, 일상적 실천은 그렇게 각성된 의례적 의식을 자각함으로써 일상적 행위를 하늘을 지향하는 실천으로 의례화하는 것이다.

종교문화체계로서의 예는 천인합일(天人合一)의 유교적 이상을 수직적 축으로 삼는다. 정약용에 의하면, 유교적 제사는 하늘의 상제(上帝)와 천신(天神), 상제와 인귀(人鬼), 천신과 인귀가 각각 주향(主享)과 배향(配享)으로 제사의 대상이 된다. 이러한 제사의 구조는 분명히 하늘이 나타낸 천덕(天德)과 인간이 구현한 명덕(明德)을 천인상응(天人相應)의 구조로 조응시킨 것이다. 상제와 인간은 모두 영명(靈明)을 지닌 존재로서 직접적으로 감통(感通) 혹은 감격(感格)할 수 있지만, 그것은 의례적 관계를 맺는 필요조건일 뿐이다. 정약용은 만물일체(萬物一體)의 세계관을 비판하고 초월적 인격신관을 주장하면서, 영명한 영성(spirituality)을 지니지 못한 만물을 의례적 관계에서 배제했다. 의례적/도덕적 섬김의 대상인 '사'(事)에서 배제된 만물은 신성(sanctity)을 거세당한 채 이용과 관리의 대상인 '사'(司)의 영역으로 전락한다. 인간도 조화(造化), 주재(主宰), 안양(安養)하는 상제와 그를 보좌하는 천신이 실현하는 천덕(天德)을 본받아서, 상제의 명에 따라 각기 맡은 명분(名分)을 잘 완수하여 덕

(德)과 공(功)을 구현하면, 그 덕과 공은 하늘이 살펴보고 흠향하는 무형의 제물이 되고, 그러한 공과 덕을 이룬 인간은 제사의 대상이 되기도 한다. 따라서 공과 덕은 의례적 관계를 완성하는 충분조건인 것이다. 또한 예는 천지지정(天地之情)을 본받아 인정(人情)에 걸맞게 정형화한 것이다. 그러므로 이러한 의례의 구조적 특성은 공과 덕을 상기시키고 그 실현을 자극한다.

둘째, 예의 실천은 마음과 몸의 긴밀한 상호작용을 유발한다. 의례의 실천은 감정을 적절한 형태로 정형화한다. 이러한 실천은 종교적 의식을 간직하고 공과 덕을 실현하게끔 한다. 종교적 의식의 지속적인 체화(embodiment)와 몸짓의 적절한 제어는 마음과 몸의 안과 밖, 속과 겉을 상호 규제하는 환류체계를 구성한다. 하늘을 섬기는 신독(愼獨)에 근거하여 마음의 내면에서 이루는 성(誠)은 자연스럽게 적절한 몸의 움직임으로 드러나고, 구체적인 동작이나 몸의 외면적 움직임에 대한 적절한 제어는 내면의 마음에 종교적 의식을 보존하고 공과 덕을 활성화한다.

셋째, 이러한 설명은 정약용의 인간관과 심신수양론에 토대를 둔 것이다. "인간의 정신은 몸뚱이와 오묘하게 결합된 것"[神形妙合]이며, 생명체계로서 몸[身]은 본래 몸뚱이[形]와 정신[神] 내지 마음[心]이 유기적으로 결합된 것이다. 이 때문에 예(禮)는 뼈와 힘줄을 구속함으로써 몸이 방일(放逸)하지 않도록 몸을 움직이는 혈(血)과 기(氣)를 제어하고, 그와 연관되어 감동과 사려가 나타나는 마음을 단속하는 것이다. 따라서 위의(威儀)의 공부와 윤리적/사회적 실천은 정좌(靜坐)를 중심으로 한 내향적 명상 대신에 호연지기(浩然之氣)를 기르는 양기(養氣)를 통해 의례적/실천적 능력을 확충시켜 나가는 기반이 된다. 심신(心身)의 수양은 도심(道心)이 인심(人心)을 주재하도록 만드는데, 도심은 천명(天命)으로서 도의(道義)를 좋아하고 추구하는 기호(嗜好)로서의 성(性)을 따르는 것이다. 이러한 수양과 실천의 과정을 반복하게 되면, 몸과 마음, 사고와 행동, 바탕과 형식이 자연스럽게 부합되어, 마침내 군자(君子) 또는 덕을 완성한 사람[全德之人] 혹은 하늘을 감통하는 사람[格天之人]이 된다.

넷째, 예는 제도에 의해 사회질서를 정립하고 공동체를 통합한다. 예는 인륜(人倫)적 가치를 실천하고 왕도정치(王道政治) 또는 덕치(德治)를 실현하는 통로다. 기존의 연구에서는 주로 근대성과 왕권강화라는 측면에서 정약용의 경세론을 설명했지만, 실제로 정약용은 덕을 통한 교화의 왕도정치를 강조하면서, 왕의 정치적 권력 강화보다는 왕도 신하도 백성도 각기 자신이 처한 명분에 따라 의무를 다할 것을 주장했다.

하늘에서 상제와 그를 보좌하는 천신들이 천덕(天德)을 실현하는 것처럼, 지상에서는 왕과 그를 보좌하는 신하들이 공과 덕을 구현해야 한다. 이에 따라 공적인 영역에서 혈연에 의한 가천하(家天下)를 비판하고 공과 덕에 의한 관천하(官天下)를 강조하는 한편, 상향식 추대제(推戴制), 고적제(考績制), 사회적 위계질서를 준수하는 예치(禮治) 등을 통해 원시유학부터 주자학(朱子學)까지 계승되는 경세론적 이상을 더욱 효율적으로 구현하려고 했다.

이러한 경세론적 구상에도 종교문화체계로서의 예가 연계된다. 예컨대, 종자(宗子) 혹은 왕(王)은 가(家)와 국(國)/천하(天下) 공동체를 상징적으로 대표하는 인물인데, 이들은 제사를 통해 공동체 구성원들의 자발적인 정서적 공감대인 환심(歡心)을 얻어서 공동체의 시원이 되는 조상과 하늘을 섬긴다. 이렇게 환심을 모으는 것은 공과 덕이다. 그 공과 덕을 조상과 하늘이 흠향하기 때문에, 인간을 섬기는 인륜적 가치의 실천과 왕도정치의 실현은 그 자체가 공과 덕으로써 하늘을 섬기는 의례적 실천으로 이해된다. 따라서 종교문화체계로서의 예는 제사에서 비롯되었지만, 천인관계의 수직적 축과 인륜과 사회질서의 수평적 축을 아우르면서, 종교, 수양, 윤리, 정치를 포괄하는 것이라고 평가할 수 있다.

다섯째, 예학사적 관점에서 볼 때, 정약용의 예학은 정현(鄭玄)을 비판하면서 왕숙(王肅)에서 주희(朱熹)에 이르는 흐름을 계승하고 있다. 상제천관, 수양론, 인간론, 경세론 등에서도 이런 전통의 연속선상에서 있으면서, 천리(天理) 혹은 본성[性]의 차원에서 예를 정립하려는 도학자(道學者)들의 본질주의적 예론(禮論)을 조금 더 현상적이고 구체적인 정(情)과 신(身)의 차원에서 재구성한 현실주의적 예론이라고 평가할 수 있다. 이러한 평가는 정약용의 예학이 제도의 재정립과 더불어 강렬한 실천을 이끌어내려는 관심으로 인해 주희의 예학을 조금 더 현실주의적으로 재구성하였으나, 그의 예학을 근대성과 왕권강화론의 관점보다는 유교 전통의 연속성에서 해석하는 것이 바람직하다는 점을 보여준다.

요컨대, 정약용의 의례이론은 상제천이라는 종교문화적 권위를 중심으로 설정되는 초월적 위계질서와 황극의 군주를 중심으로 구성되는 인륜의 사회질서를 상응시킴으로써 인륜적 가치의 실천과 왕도정치의 실현이라는 종교문화적 목표와 의례의 실천적 효과를 밀접하게 연관시킨 고심의 산물이라고 할 수 있다. 이를 종교문화체계라는 관점에서 분석하면, 정약용의 실학적 예론은, 수양론을 강조하며 예의 내면화-사회화를 역설한 주희의 도학적 예론을 기본적으로 충실히 계승하는 가운데, 상대적으로 약화된 경세론을 강화하면서 예의 외면화-제도화를 보완함으로써, 종교문화체계의 긍정적 환류작용을 재활성화한 것이라고 평가할 수 있다.

참고문헌

1. 정약용의 저술 및 번역서

丁若鏞, 『與猶堂集』, 奎章閣 筆寫本, (奎) 11894.

______, 『洌水全書』, 韓國精神文化硏究院 筆寫本, (藏) 貴 D3B 241.

______, 『與猶堂全書』, 全20冊, 新朝鮮社 影印本.

______, 『與猶堂全書補遺』, 全5冊, 影印本, 서울: 경인문화사, 1989.

______, 『국역 다산시문집』, 민족문화추진회 편, 全10冊, 고전국역총서 233～242, 서울: 솔, 1982～1997.

______, 『國譯 與猶堂全書』, 經集 I : 大學公議 · 大學講義 · 中庸自箴 · 中庸講義補, 全州大 湖南學硏究所 譯, 전주: 全州大學校出版部, 1986.

______, 『國譯 與猶堂全書』, 經集 II · III · IV: 論語古今註, 全州大 湖南學硏究所 譯, 서울: 驪江出版社, 1989.

______, 『國譯 與猶堂全書』, 經集 V: 孟子要義, 全州大 湖南學硏究所 譯, 서울: 驪江出版社, 1995.

______, 『譯註 孟子要義』, 李篪衡 譯註, 서울: 現代實學社, 1994.

______, 『正體傳重辨』, 實是學舍經學硏究會 編譯, 다산경학자료역편 1, 서울: 한길사, 1996.

______, 『매씨서평』, 李篪衡 譯註, 서울: 창작과비평사, 2002.

丁若鏞 · 李載毅, 『다산과 문산의 인성논쟁』, 實是學舍經學硏究會 編譯, 다산경학자료역편 2, 서울: 한길사, 1996.

丁若鏞 · 申綽, 『茶山과 石泉의 經學論爭』, 實是學舍經學硏究會 編譯, 다산경학자료역편 3, 서울: 한길사, 2000.

丁若鏞 · 金邁淳 외, 『茶山과 臺山 · 淵泉의 經學論爭』, 實是學舍經學硏究會 編譯, 다산경학자료역편 4, 서울: 한길사, 2000.

2. 원전 자료

2-1. 經部

『十三經注疏』(周易正義, 尙書正義, 毛詩正義, 周禮正義, 儀禮正義, 禮記正義, 春秋左傳注疏, 春秋公羊傳注疏, 春秋穀梁傳注疏, 論語正義, 爾雅注疏, 孟子注疏, 孝經注疏), 全26冊, 北京: 北京大學校出版社, 2000.

韓嬰,『韓詩外傳』, 四庫全書本.

朱熹,『四書集注』(『經書』, 內閣本, 성균관대 대동문화연구원).

朱熹,『詩序』, 全2卷, 四庫全書本.

朱熹,『朱子家禮』, 四庫全書本.

陳祥道,『禮書』, 四庫全書本.

陳澔,『禮記集說』, 禮記集說大全本(보경문화사 影印本).

王聘珍,『大戴禮記解詁』, 北京: 中華書局, 1983.

黃懷信,『大戴禮記彙校集注』, 全2冊, 西安: 三秦出版社, 2004.

孫詒讓,『周禮正義』, 全14冊, 十三經淸人注疏, 北京: 中華書局, 2000.

左丘明 傳, 杜預 注,『春秋』, 內閣本, 1797(학민문화사 영인본).

左丘明 傳, 杜預 注, 孔穎達 正義,『春秋左傳注疏』, 全4冊, 北京: 中華書局, 2000.

洪亮吉,『春秋左傳詁』, 北京: 中華書局, 1987.

楊伯峻,『春秋左傳注』, 修訂本, 全4冊, 1990.

王充,『論衡』, 四庫全書本.

胡廣 等 撰,『周易傳義大全』, 四庫全書本.

閻若璩,『尙書古文疏證』, 全8卷, 四庫全書本.

楊伯峻,『春秋左傳注』, 全4冊, 修訂本, 北京: 中華書局, 1990.

胡炳文,『中庸通』, 四庫全書本.

2-2. 史部

『經國大典』
『大典會通』
『朝鮮王朝實錄』(影印本).
『明會典』
24史(中華書局 標點整理本, 北京: 中華書局).
高誘 注,『戰國策』, 四庫全書本.
張守節,『史記正義』, 四庫全書本.
杜佑,『通典』, 全5冊, 北京: 中華書局, 1988.
杜預 撰, 韋昭 注,『國語』, 全21卷, 四庫全書本.
杜預,『國語集解』, 北京: 中華書局, 2002.
裴駰,『史記集解』, 四庫全書本.
金履祥,『資治綱目前編』, 全18卷, 四庫全書本.
馬端臨,『文獻通考』, 全2冊, 北京: 中華書局, 1999.
秦蕙田,『五禮通考』, 全8冊, 味經窩初刻試印本, 臺北: 聖環圖書公司, 民國83.

2-3. 子部

『晏子春秋』, 四庫全書本.
劉向 撰,『說苑』, 四庫全書本.
應劭 撰,『風俗通義』, 四庫全書本.
王充,『論衡』, 諸子集成本.
揚雄 撰, 李軌 注,『揚子法言』, 全13卷, 重刻治平監本, 諸子集成本.

桓寬, 『鹽鐵論』, 全10卷, 諸子集成本 / 四庫全書本.

桓寬, 張之象 注, 『鹽鐵論』, 全10卷, 諸子集成本 / 四庫全書本.

王肅, 『孔子家語』, 四庫全書本.

管仲 撰, 房玄齡 注, 『管子』, 全2册, 四部備要本, 臺北: 臺灣中華書局, 民國73.

高誘 注, 『呂氏春秋』, 全26卷, 諸子集成本 / 四庫全書本.

茅元儀 輯, 『武備志』, 奎章閣 所藏 木板本, 奎중 3600.

王先謙 注, 『韓非子集解』, 全20卷, 諸子集成本 / 四庫全書本.

王先謙 注, 『荀子集解』, 諸子集成本.

2-4. 集部

安鼎福, 『順菴先生文集』, 한국문집총간본, 민족문화추진회 영인본.

李瀷, 『星湖先生全集』, 한국문집총간본, 민족문화추진회 영인본.

李瀷, 『星湖僿說』, 고전국역총서본, 민족문화추진회 영인본.

李滉, 『增補 退溪全書』, 全5册, 影印本, 대동문화연구원, 1991.

鄭道傳, 『三峰集』, 全14卷, 한국문집총간본, 민족문화추진회 영인본.

魏仲擧 編, 『五百家注昌黎文集』, 四庫全書本.

朱子 集註, 『楚辭集注』, 四庫全書本.

程顥・程頤 撰, 『二程集』, 全2册, 四部刊要, 臺北: 漢京文化事業有限公司, 民國72.

黎靖德 編, 『朱子語類』, 全8册, 北京: 中華書局, 1983.

朱熹 撰, 『朱子全書』, 全27册, 上海/合肥: 上海古籍出版社/安徽教育出版社, 2002.

周復, 『家禮附錄』, 四庫全書本.

楊愼 撰, 『升菴集』, 四庫全書本.

3. 번역서와 사전

『譯註 經國大典: 註釋篇』, 성남: 한국정신문화연구원, 1986.
마테오 리치, 『천주실의』, 송영배 외 옮김, 서울: 서울대학교출판부, 1999.
Eliade, Mircea (ed.), *Encyclopedia of Religion*, 16 vols., New York: Macmillan, 1987.
Smith, Jonathan Z. (ed.), *The HarperCollins Dictionary of Religion*, San Francisco: HarperSanFrancisco, 1995.

4. 연구서

4-1. 국내 연구서

姜萬吉, 『朝鮮後期 商業資本의 發達』, 서울: 고려대학교출판부, 1973.
______, 『茶山學의 探究』, 서울: 민음사, 1990.
姜萬吉 외, 『丁茶山과 그 時代』, 서울: 민음사, 1986.
______, 『茶山의 政治經濟思想』, 서울: 창작과비평사, 1990.
高英津, 『조선중기 예학사상사』, 新한국사상사 2, 서울: 한길사, 1995.
琴章泰, 『東西交涉과 近代韓國思想』, 서울: 성균관대학교출판부, 1984.
______, 『한국실학사상연구』, 서울: 집문당, 1987.
______, 『유교사상과 종교문화』, 서울: 서울대학교출판부, 1994.
______, 『다산실학탐구』, 서울: 소학사, 2001.
______, 『한국유학의 心說—심성론과 영혼론의 쟁점—』, 서울: 서울대학교출판부, 2002.
______, 『조선 후기 儒教와 西學—교류와 갈등』, 서울: 서울대학교출판부,

2003.

______, 『仁과 禮—다산의 『논어』해석』, 서울: 서울대학교출판부, 2006.

金斗憲, 『韓國家族制度硏究』, 서울: 서울대학교출판부, 1969.

金文植, 『朝鮮後期經學思想硏究』, 서울: 一潮閣, 1996.

金相洪, 『茶山學硏究』, 서울: 계명문화사, 1990.

______, 『茶山文學의 再照明』, 서울: 단국대학교출판부, 2003.

김영식, 『주희의 자연철학』, 서울: 예문서원, 2005.

______, 『정약용 사상 속의 과학기술—유가 전통, 실용성, 과학기술』, 서울: 서울대학교출판부, 2006.

김용천, 『전한후기 예제담론』, 서울: 선인, 2007.

김우형, 『주희철학의 인식론—지각론의 형성과정과 체계』, 서울: 심산, 2005.

김종서, 『종교사회학』, 서울: 서울대학교출판부, 2005.

김태영, 『실학의 국가개혁론』, 서울: 서울대학교출판부, 1998.

김형효, 『원효에서 다산까지』, 서울: 청계, 2000.

裵相賢, 『朝鮮朝 畿湖學派의 禮學思想에 關한 硏究』, 서울: 高麗大學校 民族文化硏究所, 1996.

배옥영, 『周代의 上帝意識과 儒學思想』, 서울: 다른생각, 2003.

백민정, 『정약용의 철학』, 서울: 이학사, 2007.

손영식, 『이성과 현실』, 울산: 울산대학교 출판부, 1999.

연세대학교 국학연구원 편, 『한국 중세의 정치사상과 周禮』, 서울: 혜안, 2005.

유봉학, 『연암일파 북학사상 연구』, 서울: 일지사, 1995.

______, 『조선후기 학계와 지식인』, 서울: 신구문화사, 1998.

유초하, 『한국사상사의 인식』, 서울: 한길사, 1994.

尹絲淳, 『韓國儒學思想論』, 개정증보판, 서울: 열음사, 1992.

李範稷, 『韓國中世禮思想硏究—五禮를 中心으로—』, 서울: 一潮閣, 1991.

李善宰, 『儒敎思想과 衣服禮』, 서울: 亞細亞文化社, 1992.

李迎春, 『朝鮮後期 王位繼承 硏究』, 서울: 集文堂, 1998.

李乙浩, 『茶山 經學思想 硏究－原理論을 중심으로』, 서울: 을유문화사, 1966.

______, 『茶山學의 理解』, 서울: 현암사, 1975.

______, 『丁茶山의 生涯와 思想』, 서울: 박영사, 1985.

李乙浩 외, 『丁茶山의 經學』, 서울: 민음사, 1989.

______, 『茶山의 易學』, 서울: 민음사, 1993.

李在龍, 『조선, 예의 사상에서 법의 통치까지』, 한국철학총서 2, 서울: 예문서원, 1995.

李篪衡, 『茶山經學硏究』, 서울: 太學社, 1996.

장승구, 『정약용과 실천의 철학－다산 철학의 근대성 탐구－』, 서울: 서광사, 2001.

정성철, 『실학파의 철학사상과 사회정치적 견해』, 全2册, 평양: 사회과학출판사, 1974(서울: 백의, 1989).

鄭玉子, 『朝鮮後期 知性史』, 서울: 一志社, 1991.

鄭一均, 『茶山四書經學硏究』, 서울: 一志社, 2000.

정진홍, 『종교문화의 이해』, 서울: 서당, 1992.

______, 『종교문화의 논리』, 서울: 서울대학교출판부, 2000.

조긍호, 『유학심리학』, 서울: 나남출판, 1998.

趙誠乙, 『與猶堂集의 文獻學的 硏究－詩律 및 雜文의 年代考證을 中心으로－』, 서울: 혜안, 2004.

曺永祿, 『中國近世政治史硏究－明代 科道官의 言官的 機能－』, 서울: 지식산업사, 1988.

池斗煥, 『朝鮮前期 儀禮硏究－性理學 正統論을 中心으로－』, 韓國文化硏究所 編, 韓國文化硏究叢書 31, 서울: 서울대학교출판부, 1994.

______, 『조선시대 사상사의 재조명』, 서울: 역사문화, 1998.

최익한, 『실학파와 정다산』, 평양: 국립출판사, 1955(서울: 한국문화사, 1996).

최재석, 『韓國家族制度史硏究』, 서울: 一志社, 1984.
최종성, 『조선조 무속 國行儀禮 연구』, 서울: 一志社, 2002.
충남대학교유학연구소 편, 『기호학파의 철학사상』, 한국철학총서 3, 서울: 예문서원, 1995.
한형조, 『주희에서 정약용으로—조선 유학의 철학적 패러다임 연구』, 서울: 세계사, 1996.
黃善明, 『朝鮮朝宗敎社會史硏究』, 서울: 一志社, 1985.
玄相允, 『朝鮮儒學史』, 서울: 民衆書館, 1949.
한국실험심리학회 편, 『인지심리학』, 개정판, 서울: 학지사, 2003.

4-2. 해외 연구서(중국, 일본, 구미 順)

甘懷眞, 『皇權・禮儀與詮釋: 中國古代政治史硏究』, 臺北: 喜瑪拉雅基金會, 民國92.
王治心, 『중국종교사상사』, 전명용 譯, 학술총서 11, 서울: 이론과실천, 1988.
李零, 『中國方術續考』, 北京: 東方出版社, 2000.
李衡眉, 『昭穆制度硏究』, 濟南: 齊魯書社, 1996.
楊志剛, 『中國禮儀制度硏究』, 上海: 華東師範大學出版社, 2001.
錢玄, 『三禮通論』, 南京: 南京師範大學出版社, 1996.
陳來, 『宋明理學』, 沈陽: 遼寧敎育出版社, 1991.
______, 『古代宗敎與倫理』, 北京: 三聯書店, 1996.
______, 『중국고대사상문화의 세계』, 진성수・고재석 譯, 서울: 유교문화연구소, 2008.
馮友蘭, 『中國哲學史』, 全2册, 重印本, 北京: 中華書局, 1992.

加地伸行, 『儒教とは何か』, 東京: 中央公論社, 1990.

金谷治,『秦漢思想史研究』, 再版, 京都: 平樂寺書店, 1981.

金子修一,『古代中國と皇帝祭祀』, 東京: 汲古書院, 2001.

尾形勇,『中國古代の家と國家ー皇帝支配下の秩序構造』, 東京: 岩波書店, 1979.

山根三芳,『宋代禮說研究』, 東京: 溪水社, 1996.

三浦國雄,『朱子と氣と身體』, 東京: 平凡社, 1997.

小島毅,『中國近世における礼の言說』, 東京: 東京大學出版會, 1996.

窪德忠·西順藏 編,『중국종교사』, 조성을 譯, 한울아카데미 186, 서울: 한울, 1996.

子安宣邦,『新版 鬼神論ー神と祭祀のディスクール』, 東京: 白澤社, 2002.

Armstrong, Karen,『신의 역사: 유대교, 기독교, 이슬람의 4,000년간 유일신의 역사』, 전2권, 배국원/유지황 共譯, 서울: 동연, 1999.

Asad, Talal, *Genealogies of Religion: Discipline and Reasons of Power in Christianity and Islam*, Baltimore: Johns Hopkins University Press, 1993.

Bell, Catherine, *Ritual Theory, Ritual Practice*, New York: Oxford University Press, 1992.

______, *Ritual: Perspectives and Dimensions*, New York: Oxford University Press, 1997.

Berger, Peter L. & Thomas Luckmann, *The Social Construction of Reality*, New York: Doubleday, 1966.

Boyer, Pascal, *The Naturalness of Religious Ideas: A Cognitive Theory of Religion*, Berkeley, California: University of California Press, 1994.

______, *Religion Explained: The Evolutionary Origins of Religious Thought*, New York: Basic Books, 2001.

Csikzentmihalyi, M., *Flow: The Psychology of Optimal Experience*, New York: Harper & Row, 1990.

Fingarette, H., *Confucius: The Secular as Sacred*, New York: Harper & Row, 1972.

Frijda, N. H., *The Emotions*, Cambridge: Cambridge University Press, 1986.

Fung, Yu-lan, *A History of Chinese Philosophy*, tr. by Bodde, Derk, 2 vols., Princeton, N. J.: Princeton University Press, 1952.

Geertz, Clifford, *The Interpretation of Cultures*, New York: Basic Books, 1973.

Grimes, Ronald L., *Beginnings in Ritual Studies*, revised edition, Columbia, S. C.: University of South Carolina Press, 1995.

Henderson, John B., *The Development and Decline of Chinese Cosmological Thought*, New York: Columbia University Press, 1984.

Holmes III, Urban T., *A History of Christian Spirituality: An Analytical Introduction*, New York: Seabury, 1980.

Hung, Wu, *Monumentality in Early Chinese Art and Architecture*, Stanford, California: Stanford University Press, 1995.

Lincoln, Bruce, *Holy Terrors: Thinking About Religion after September 11*, Chicago: The University of Chicago Press, 2003.

Liu, James T. C., *Reform in Sung China : Wang An-shih(1021-1086) and His New Policies*, Cambridge, Massachusetts: Harvard University Press, 1959.

Moyser, George (ed.), *Politics and Religion in the Modern World*, London & New York: Routledge, 1991.

Proudfoot, Wayne, *Religious Experience*, Berkeley, California: University of California Press, 1985.

Rappaport, Roy A., *Ritual and Religion in the Making of Humanity*, New York: Cambridge University Press, 1999.

Schwartz, Benjamin I., *The World of Thought in Ancient China*, Cambridge: Belknap, 1985.

Setton, Mark, *Chŏng Yagyong: Korea's Challenge to Orthodox Neo-Confucianism*, Albany: State University of New York Press, 1997.

Smith, Jonathan Z., *Map is Not Territory: Studies in the History of Religions*, Leiden: E. J. Brill, 1978.

______, *Imagining Religion: From Babylon to Jonestown*, Chicago: University of Chicago Press, 1982.

______, *To Take Place: Toward Theory in Ritual*, Chicago: University of Chicago Press, 1987.

Smith, Wilfred Cantwell, *The Meaning and End of Religion: A New Approach to the Religious Traditions of Mankind*, New York: Macmillan, 1963.

Tu, Wei-ming, *Centrality and Commonality: An Essay on Chung-Yung*, Hawaii: The University of Hawaii, 1976.

______, *Humanity and Self-Cultivation: Essays in Confucian Thought*, Berkeley, California: Asian Humanities Press, 1979.

Varela, Francisco, *Ethical Know-How: Action, Wisdom, and Cognition*, Stanford, California: Stanford University Press, 1999.

Wechsler, Howard J., *Offerings of Jade and Silk: Ritual and Symbol in the Legitimation of the T'ang Dynasty*, New Haven: Yale University Press, 1985.

Whitehouse, Harvey, *Modes of Religiosity: A Theory of Religious Transmission,* Walnut Creek, California: Altamira Press, 2004.

Whitehouse, Harvey & James Laidlaw (eds.), *Ritual and Memory: Toward a Comparative Anthropology of Religion*, Walnut Creek, California: Altamira Press, 2004.

Whitehouse, Harvey & Robert N. McCauley (eds.), *Mind and Religion: Psychological and Cognitive Foundations of Religiosity*, Walnut Creek, California: Altamira Press, 2005.

5. 연구논문

5-1. 국내 연구논문

姜光植,「朝鮮後期의 黨爭과 政治文化的 背景」,『朝鮮後期 黨爭의 綜合的 檢討』, 硏究論叢 92-7, 성남: 韓國精神文化硏究院, 1992.

姜錫和,「丁若鏞의 官僚制 改革案 硏究」,『韓國史論』21, 서울대학교 국사학과, 1989.

______,「조선후기 지방제도의 운영과 정약용의 개혁안」,『韓國學報』17권 4호, 一志社, 1991.

강신주,「주자와 다산의 미발未發론: '존재론적 감수성'과 '신학적 감수성'의 차이」,『茶山學』2, 다산학술문화재단, 2001.

高英津,「朝鮮 中期 禮說과 禮書」, 서울대학교 박사학위논문, 1992.

______,「17세기 전반 의리명분론의 강화와 사회경제정책의 대립」,『역사와 현실』8, 한국역사연구회, 1992.

______,「17세기 전반 남인학자의 사상—정경세 · 김응조를 중심으로—」,『역사와현실』8, 한국역사연구회, 1992.

금장태,「茶山 禮學에서의 祭天儀禮問題—『春秋考徵』을 중심으로」,『韓國學』35, 중앙대학교 한국학연구소, 1986.

______, 「다산의 사직제와 체제 고증」, 『종교학연구』 16, 서울대학교 종교학연구회, 1997.

______, 「茶山의 事天學과 西學 受容」, 『철학사상』 16, 서울대학교 철학사상연구소, 2003.

金敬天, 「茶山 丁若鏞의 西學思想—禮論을 중심으로」, 한국정신문화연구원 한국학대학원 석사학위논문, 1985.

김기승, 「다산 정약용의 부국강병형 국가 개혁 사상—『경세유표』를 중심으로—」, 『韓國史學報』 19, 고려사학회, 2005.

김기주, 「朱子學의 心學化 과정과 茶山實學」, 『범한철학』 40, 범한철학회, 2006.

김백철, 「朝鮮後期 英祖代 蕩平政治의 이념과 『周禮』」, 『韓國史論』 51, 서울대학교 국사학과, 2005.

김상준, 「남인 예론과 근대주권론」, 『茶山學』 4, 다산학술문화재단, 2003.

______, 「조선후기 사회와 '유교적 근대성' 문제」, 『대동문화연구』 42, 성균관대학교 대동문화연구원, 2003.

김성도, 「禮儀의 기호학을 위한 몇 가지 인식론적 성찰」, 『기호학연구』 13, 한국기호학회, 2003.

金成潤, 「茶山 丁若鏞의 洪範說 研究」, 『歷史學報』 170, 歷史學會, 2001.

金勝惠, 「中國宗教傳統의 基本構造와 特性」, 『종교연구』 2, 한국종교학회, 1986.

______, 「한국인의 하느님 개념—개념 정의와 三敎 교섭의 관점에서—」, 『종교신학연구』 8, 서강대학교 신학연구소, 1995.

______, 「無言으로 배려하는 天: 茶山의 天思想에 수용된 西學적 지평」, 『다산사상 속의 서학적 지평』, 『人文研究論集』 32, 서강대학교 인문과학연구원, 2004.

김영우, 「丁若鏞의 易學 思想 研究」, 서울대학교 박사학위논문, 2000.

金容天, 「漢 宣帝期 禮制 論議—'爲人後者' 禮說의 變化를 中心으로—」, 『東國史學』 33, 동국사학회, 1999.
______, 「前漢時代 典禮論 硏究」, 동국대학교 박사학위논문, 2005.
______, 「前漢 禮學의 形成에 관한 小考」, 『중국고중세사연구』 16, 중국고중세사학회, 2006.
______, 「後漢시대 廟議와 宗法觀念」, 『중국고중세사연구』 17, 중국고중세사학회, 2007.
______, 「前漢 哀帝의 入繼大統과 '爲人後' 禮說 論爭」, 『중국사연구』 43, 중국사학회, 2006.
______, 「『石渠禮論』의 分析과 前漢시대 禮治 理念」, 『東方學志』 137, 연세대학교 국학연구원, 2007.
김일권, 「위진남북조 시기의 교사 제도 변천과 천문사상」, 『진단학보』 86, 진단학회, 1998.
______, 「천문정통론으로서의 한당대 오덕수명론과 삼통사상 연구」, 『한국사상사학』 12, 한국사상사학회, 1999.
______, 「한당대 교사제도에서의 일월의례 연구」, 『대동문화연구』 35, 성균관대학교 대동문화연구원, 1999.
______, 「당송대의 명당의례 변천과 그 천문우주론적 운용」, 『종교와문화』 6, 서울대종교문제연구소, 2000.
______, 「양한대의 오행론적 세계관에 따른 오교 의례 고찰」, 『중국사연구』 23, 중국사학회, 2003.
______, 「진한대의 교사제도와 국가제천의례 변천과정」, 『중국사연구』 24, 중국사학회, 2003.
______, 「한무제의 태일 제천과 황노 우주론」, 『중국사연구』 32, 중국사학회, 2004.
金駿錫, 「朝鮮後期 黨爭과 王權論의 추이」, 『朝鮮後期 黨爭의 綜合的 檢討』,

研究論叢 92-7, 성남: 韓國精神文化硏究院, 1992.

金泰永, 「茶山의 誠敬思想 硏究」, 『湖西文化硏究』 7, 충북대학교 호서문화연구소, 1988.

______, 「정약용 經世論에서의 王權論」, 『茶山學』 창간호, 다산학술문화재단, 2000.

金喆凡, 「『靈言蠡勺』과 근기실학사상과의 접점—李星湖 · 丁茶山을 중점으로—」, 『韓國實學硏究』 7, 한국실학학회, 2004.

김형찬, 「완성된 질서로서의 理와 미완성 세계의 上帝: 기정진과 정약용을 중심으로」, 『철학연구』 30, 고려대학교 철학연구소, 2005.

都民宰, 「儒敎 禮論의 展開樣相과 그 特性—性理學의 禮論을 중심으로—」, 『東洋哲學硏究』 19, 동양철학연구회, 1998.

文喆永, 「茶山 丁若鏞의 『周禮』 수용과 그 性格」, 『史學志』 19, 단국사학회, 1985.

문석윤, 「다산 정약용의 새로운 도덕 이론: 마음에 대한 새로운 이해」, 『철학연구』 90, 대한철학회, 2004.

문정희, 「秦漢 祭禮와 國家支配」, 연세대학교 박사학위논문, 2005.

박례경, 「유교 제의에 담긴 예의 정신」, 『종교연구』 36, 한국종교학회, 2000.

______, 「『禮記』의 體制와 禮論 연구」, 연세대학교 박사학위논문, 2004.

______, 「'체(禘)' 해석의 근거 읽기」, 『東洋哲學』 23, 한국동양철학회, 2005.

박미라, 「中國 祭天儀禮에 나타난 天神의 性格과 構造 硏究」, 『宗教學硏究』 16, 서울대학교 종교학연구회, 1997.

______, 「中國 祭天儀禮 硏究—郊祀儀禮에 나타난 上帝와 天의 이중적 天神觀을 중심으로—」, 서울대학교 박사학위논문, 1997.

______, 「기년전과 원구: 인간이 그린 두개의 하늘」, 『종교문화비평』 3, 한국종교문화연구소, 2003.

______, 「『禮記』 「禮器」편에 나타난 禮의 형식과 내용의 종교적 의미—외재

적 등급질서와 내면적 덕성의 관계—」, 『東方學』 11, 한서대학교 동양고전연구소, 2005.

———, 「중국 祭地儀禮에 나타난 地神의 이중적 성격」, 『道教文化研究』 25, 한국도교문화학회, 2006.

———, 「유교 祭地儀禮의 역사와 구조」, 『온지논총』 14, 온지학회, 2006.

박성규, 「朱子哲學에서의 鬼神論」, 서울대학교 박사학위논문, 2004.

박종천, 「조선시대 典禮論爭에 대한 재평가—入承大統의 전례문제를 중심으로—」, 『韓國思想과 文化』 11, 韓國思想文化學會, 2001.

———, 「『國朝典禮考』에 나타난 茶山 丁若鏞의 禮論」, 『韓國思想史學』 16, 한국사상사학회, 2001.

———, 「우상숭배와 반인륜 사이에서」, 『제사와 제례문화』, 안동: 한국국학진흥원, 2005.

———, 「다산의 제사관—『목민심서』「예전」〈제사〉조를 중심으로—」, 『茶山學』 9, 다산학술문화재단, 2006.

———, 「다산 예론(禮論)의 실천적 함의」, 『韓國實學研究』 13, 한국실학학회, 2007.

박현모, 「정약용의 君主論: 정조와의 관계를 중심으로」, 『정치사상연구』 8, 한국정치사상사학회, 2003.

박홍식, 「다산 정약용의 인간관」, 『유교사상연구』 7, 한국유교학회, 1994.

배병삼, 「茶山 丁若鏞의 政治思想에 관한 研究—그의 經學 解釋을 中心으로—」, 경희대학교 박사학위논문, 1993.

———, 「다산 사상의 정치학적 해석」, 『茶山의 사상과 그 현대적 의미』, 성남: 한국정신문화연구원, 1998.

———, 「다산의 유학세계 고적제(考績制)의 정치학」, 『동양정치사상사』 1권 1호, 한국동양정치사상사학회, 2003.

배상현, 「성호 이익의 예학사상」, 『태동고전연구』 10, 태동고전연구소, 1993.

백민정, 「정약용 철학의 형성과 체계에 관한 연구―주자학과 서학에 대한 비판적 수용과정을 중심으로―」, 연세대학교 박사학위논문, 2006.

______, 「다산의 '윤집궐중(允厥執中)' 론」, 『韓國實學硏究』 13, 한국실학학회, 2007.

______, 「정약용 수양론의 내적 일관성에 관한 연구―신독(愼獨), 지성(至誠), 집중(執中), 충서(忠恕), 인심도심론(人心道心論)을 중심으로―」, 『退溪學報』 122, 퇴계학연구원, 2007.

성태용, 「다산학에 있어서 몸 기름養과 마음 기름養」, 『茶山學』 2, 다산학술문화재단, 2001.

______, 「다산철학에 있어서 계시 없는 상제」, 『茶山學』 5, 다산학술문화재단, 2004.

송영배, 「다산철학과 『천주실의』의 패러다임 비교연구」, 『韓國實學硏究』 2, 한국실학연구회, 2000.

______, 「정약용의 철학과 성리학적 리기관의 해체―『천주실의』와의 영향관계를 중심으로―」, 『철학사상』 13, 서울대학교 철학사상연구소, 2001.

안양규, 「궁극적 실재(Ultimate Reality)로서의 열반」, 『종교연구』 40, 한국종교학회, 2005.

劉權鍾, 「茶山 禮學 硏究―喪儀說을 中心으로―」, 고려대학교 박사학위논문, 1991.

______, 「다산(茶山)의 상의설(喪儀說)에 나타난 종교적 신념」, 『중국철학』 3, 중국철학회, 1992.

______, 「茶山 禮學의 철학적 기반―禮學의 관점으로 본 茶山의 『中庸』註解―」, 『東洋哲學』 5, 한국동양철학회, 1994.

______, 「務實: 退溪 聖學과 茶山 實學」, 『孔子學』 7, 한국공자학회, 2000.

______, 「禮治에 관한 退溪의 思考」, 『퇴계학보』 110, 퇴계학연구원, 2001.

______, 「退溪의 禮 교육과 人格形成의 原理」, 『儒敎思想硏究』 18, 한국유교학회, 2003.

______, 「茶山 丁若鏞의 『祭禮考定』 硏究」, 『孔子學』 8, 한국공자학회, 2004.

______, 「조선시대 성리학자들의 마음 인식에 관한 성찰」, 『유교사상연구』 20, 한국유교학회, 2004.

유권종 · 박충식 · 장숙필, 「인지과학적 시뮬레이션을 통한 朝鮮 性理學의 禮교육 心性모델 개발(1)」, 『민족문화연구』 37, 고려대학교 민족문화연구원, 2002.

______, 「인지과학적 시뮬레이션을 통한 朝鮮 性理學의 禮교육 心性모델 개발(2)」, 『동양철학연구』 39, 동양철학연구회, 2004.

유초하, 「정약용철학에서 본 영혼불멸과 우주창조의 문제」, 『韓國實學硏究』 6, 한국실학학회, 2003.

______, 「정약용철학의 上帝 개념에 관한 이견들과 그에 담긴 오해들」, 『한국철학논집』 20, 한국철학사연구회, 2007.

이광호, 「李退溪의 철학사상이 丁茶山의 경학사상의 형성에 미친 영향」, 『퇴계학보』 90, 퇴계학연구원, 1996.

______, 「동서융합의 측면에서 본 정약용의 사상」, 『퇴계학보』 131, 퇴계학연구원, 2003.

______, 「退溪 李滉의 心學的 理學이 茶山 丁若鏞의 道德論 形成에 미친 影響」, 『韓國實學硏究』 12, 한국실학학회, 2006.

______, 「『중용자잠』과 『중용강의보』를 통하여 본 다산의 誠의 철학」, 『茶山學』 7, 다산학술문화재단, 2005.

이동환, 「茶山 思想에서의 '上帝' 도입경로에 대한 序說的 고찰」, 『민족사의 전개와 그 문화』, 서울: 창작과비평사, 1990.

______, 「茶山思想에 있어서의 '上帝' 문제」, 『민족문화』 19, 민족문화추진회, 1996.

이명수, 「유가철학에 있어 욕망론 전개의 단초와 그 禮의 의미」, 『韓國思想과 文化』 32, 韓國思想文化學會, 2006.

이봉규, 「예송의 철학적 분석에 대한 재검토」, 『대동문화연구』 31, 성균관대학교 대동문화연구원, 1996.

______, 「17세기 禮訟에 대한 丁若鏞의 哲學的 分析—『正體傳重辨』을 중심으로—」, 『孔子學』 2, 한국공자학회, 1996.

______, 「조선후기 禮訟의 철학적 함의—17세기喪服論爭을 중심으로—」, 『한국학연구』 9, 仁荷大學校 韓國學硏究所, 1998.

______, 「유교적 질서의 재생산으로서의 실학—반계와 성호의 경우—」, 『철학사상』 12, 서울대학교 철학사상연구소, 2001.

______, 「王權에 대한 禮治의 문제의식—宗法과 君子 개념을 중심으로」, 『철학』 72, 한국철학회, 2002.

______, 「다산학 연구의 최근동향과 전망」, 『茶山學』 6, 다산학술문화재단, 2005.

______, 「四書 해석을 통해 본 정약용의 정치론」, 『茶山學』 7, 다산학술문화재단, 2005.

______, 「실학과 예학—연구사에 대한 회고와 전망—」, 연세대학교 국학연구원 편, 『韓國實學思想硏究1: 哲學・歷史學篇』, 연세국학총서 61, 서울: 혜안, 2006.

이상익, 「정약용의 윤리사상에 대한 주자학적 반론」, 『동방학지』 119, 연세대학교 국학연구원, 2003.

이숙인, 「『주자가례』와 조선 중기의 제례문화—결속과 배제의 정치학—」, 『정신문화연구』 103(29/2), 한국학중앙연구원, 2006.

이승환, 「성리학의 수양론에 나타난 심—신관계 연구: 주희(朱熹) 심리철학에서 지향성의 문제를 중심으로」, 『中國學報』 52, 한국중국학회, 2005.

李榮薰,「茶山 經世論의 經學的 基礎」,『茶山學』 창간호, 다산학술문화재단, 2000.

______,「다산의 인간관계 범주구분과 사회인식」,『茶山學』 4, 다산학술문화재단, 2003.

이영춘,「실학자들의 예학사상—성호와 다산을 중심으로—」,『한국독립운동사의 인식』, 백산박성수교수화갑기념논문집간행위원회, 1991.

______,「17世紀 禮訟 硏究의 現況과 反省」,『韓國의 哲學』 22, 경북대 퇴계연구소, 1994.

李佑成,「다산의 經學과 經世學의 관계」,『茶山學』 창간호, 다산학술문화재단, 2000.

이 욱,「儒敎 祈禳儀禮에 관한 硏究—朝鮮時代 國家祀典을 中心으로—」, 서울대학교 박사학위논문, 2000.

이원택,「현종대의 服制論爭과 公私義理에 관한 연구」, 서울대학교 박사학위논문, 2000.

李裕鎭,「丁若鏞 周禮論의 硏究」, 동국대학교 박사학위논문, 1995.

______,「丁若鏞『春秋考徵』의 硏究」,『孔子學』 5, 한국공자학회, 1999.

이종서,「고려 후기 이후 '同氣' 理論의 전개와 血緣意識의 變動」,『동방학지』 120, 연세대학교 국학연구원, 2003.

______,「퇴계 이황의 종법 이해와 그 특징」,『역사문화논총』 2, 역사문화연구소, 2006.

이태훈,「실학담론에 대한 지식사회학적 고찰: 근대성 개념을 중심으로」, 전남대학교 박사학위논문, 2004.

이현진,「조선시대 七祀의 성격에 대하여」,『奎章閣』 29, 2006.

임부연,「정약용의 수양론 연구」, 서울대학교 박사학위논문, 2004.

임형택,「丁若鏞의 민주적 정치사상의 이론적·현실적 근저:「蕩論」·「原牧」의 이해를 위하여」,『실사구사의 한국학』, 서울: 창작과비평사, 2000.

______, 「『목민심서(牧民心書)』의 이해—다산 정치학과 관련하여—」, 『韓國實學硏究』 13, 한국실학학회, 2007.

張東宇, 「茶山 禮學의 硏究—『儀禮』「喪服」과 『喪禮四箋』「喪期別」의 比較를 중심으로—」, 연세대학교 박사학위논문, 1998.

______, 「『의례』「상복」편에 대한 정약용의 해석」, 『茶山學』 창간호, 다산학술문화재단, 2000.

______, 「『禮記』의 成立에 관한 一考察—禮의 正當化에 관련된 두 가지 相異한 論點을 中心으로—」, 『철학』 69, 한국철학회, 2001.

______, 「茶山 禮學에서 '親'과 '尊'의 問題—議親과 王位繼承에 관련된 두 가지 사례를 중심으로」, 『퇴계학보』 112, 퇴계학연구원, 2002.

______, 「王權과 禮治에 대한 『周禮』의 문제의식」, 『東方學志』 133, 연세대학교 국학연구원, 2006.

張勝求, 「丁若鏞의 向外的 哲學과 근대적 성격」, 『東方學志』 89·90합집, 연세대학교 국학연구원, 1994.

鄭肯植, 「朝鮮前期 四代奉祀의 形成科程에 대한 一考察」, 『법제연구』 11, 한국법제연구원, 1996.

______, 「조선전기 朱子家禮의 수용과 祭祀承繼 관념」, 『역사민속학』 12, 한국역사민속학회, 2001.

정순우, 「다산 공부론에 있어서 '덕성'의 문제」, 『茶山學』 2, 다산학술문화재단, 2001.

______, 「다산에 있어서의 천과 상제」, 『茶山學』 9, 다산학술문화재단, 2006.

鄭台燮, 「明代の典禮問題とその政治思想」, 京都大學 大學院 碩士學位論文, 1984.

______, 「大禮議의 典禮論 分析」, 『東國史學』 24, 東國史學會, 1990.

______, 「明末의 禮學」, 『東國史學』 28, 東國史學會, 1994.

조 광, 「丁若鏞의 民權意識硏究」, 『아세아연구』 56, 高麗大學校 亞細亞問

題研究所, 1976.

趙誠乙, 「丁若鏞의 신분제 개혁론」, 『東方學志』 51, 연세대학교 국학연구원, 1986.

______, 「정약용의 정치경제 개혁사상 연구」, 연세대학교 박사학위논문, 1991.

______, 「丁若鏞의 지방제도 개혁론」, 『東方學志』 77 · 78 · 79합집, 연세대학교 국학연구원, 1993.

______, 「丁若鏞의 중앙관제 개혁론」, 『東方學志』 89 · 90합집, 연세대학교 국학연구원, 1994.

______, 「실학의 사회 · 경제사상—신분제도 개혁을 중심으로」, 『大東文化研究』 37, 성균관대학교 대동문화연구원, 2000.

______, 「정약용의 『周禮』 연구와 개혁사상」, 연세대학교 국학연구원 편, 『한국 중세의 정치사상과 周禮』, 서울: 혜안, 2005.

______, 「朝鮮後期 實學의 理想國家와 政治體制論」, 연세대학교 국학연구원 편, 『韓國實學思想研究2: 政治經濟篇』, 서울: 혜안, 2006.

曺永祿, 「嘉靖初 政治對立과 科道官—「大禮議」를 中心으로」, 『東洋史學研究』 21, 동양사학회, 1985.

지두환, 「朝鮮後期 禮訟論爭의 性格과 意味」, 단국대 동양학연구소, 1994.

최석우, 「다산의 서학사상」, 『다산 정약용의 서학사상』, 서울: 다섯수레, 1993.

최진덕, 「茶山 實學의 構造와 그의 喪服制度論」, 『茶山의 사상과 그 현대적 의미』, 한국사상가대계 5, 성남: 한국정신문화연구원, 1998.

______, 「주자예학과 다산예학」, 『茶山學』 3, 다산학술문화재단, 2002.

최종성, 「민속과 유교」, 『비교민속학』 24, 비교민속학회, 2003.

최해숙, 「다산 정약용의 인간관에 대한 고찰: 물(物)의 관점을 통해 정립된 결정과 실행의 주체」, 『동양철학연구』 45, 동양철학연구회, 2006.

한자경, 「유교와 천주교 사이의 다산: 인간본성의 이해를 중심으로 논함」, 『17 · 18세기 조선의 외국서적수용과 문화변동』, 이화여자대학교 한국문화연구원, 2005.
한정길, 「다산 정약용(丁若鏞)의 세계관—인륜세계 실현의 기초에 대한 탐구—」, 『韓國實學硏究』 13, 한국실학학회, 2007.
한형조, 「다산과 서학」, 『茶山學』 2, 다산학술문화재단, 2001.

5-2. 해외 연구논문(중국, 일본, 구미 順)

陳來, 「神秘主義與儒學傳統」, 『文化: 中國與世界』 5, 三聯書店, 1988.
彭林, 「정다산 예학과 청인 예학의 비교 연구」, 『茶山學』 3, 다산학술문화재단, 2002.

渡邊信一郎, 「中華帝國・律令法・禮的秩序」, 『歷史學と現在』, 東京: 柏書房, 2000.
尾形勇, 「中國古代における帝位の繼承—その正統化の過程と論理」, 『史學雜誌』 85, 1976.
小島毅, 「郊祀制度の變遷」, 『東洋文化硏究紀要』 108, 1989.
中山八郎, 「明の嘉靖祖の大禮問題の發端」, 『人文硏究』 8—9, 大阪市立大文學會, 昭和32.
______, 「再び「嘉靖祖の大禮問題の發端」に就いて」, 『淸水博士追悼記念明代史論叢』, 淸水博士追悼記念明代史論叢編纂委員會 編, 東京: 大安, 昭和37.

Andresen, Jensine, "Conclusion: religion in the flesh: forging new methodologies for the study of religion," in Jensine Andresen (ed.), *Religion in Mind: Cognitive Perspectives on Religious Belief, Ritual, and Experience*, Cambridge: Cambridge University Press, 2001.

Baker, Don, "A Different Thread: Orthodoxy, Heterodoxy, and Catholicism in a Confucian World," in JaHyun Kim Haboush and Martina Deuchler (eds.), *Culture and the State in Late Chosŏn Korea*, Cambridge: Harvard University Asia Center, 1999.

Barrett, Justin L., "The Naturalness of Religious Concepts: An Emerging Cognitive Science of Religion," in Peter Antes, Armin W. Geertz, Randi R. Warne (eds.), *New Approaches to the Study of Religion*, Vol.2: Textual, Comparative, Sociological, and Cognitive Approaches, Berlin: Walter de Gruyter, 2004.

Ching, Julia, "The Mirror Symbol Revisited: Confucian and Taoist Mysticism," in *Mysticism and Religious Traditions*, Oxford: Oxford University Press, 1983.

Ching, Julia, "What is Confucian Spirituality?" in Tu Weiming and Mary Evelyn Tucker (eds.), *Confucian Spirituality*, vol. 1, New York: The Crossroad Publishing Company, 2003.

Cua, A. S., "The Ethical and the Religious Dimension of *Li*," in Tu Weiming and Mary Evelyn Tucker (eds.), *Confucian Spirituality*, vol. 1, New York: The Crossroad Publishing Company, 2003.

Kalton, Michael C., "Chong Tasan and Mencius," 『茶山學』 5, 다산학술문화재단, 2004.

Geertz, Armin W., "Cognitive Approaches to the Study of Religion," in Peter Antes, Armin W. Geertz, Randi R. Warne (eds.), *New Approaches to the Study of Religion*, Vol. 2: Textual, Comparative, Sociological, and Cognitive Approaches, Berlin: Walter de Gruyter, 2004.

Grottanelli, Cristiano, "Kingship: An Overview," in Mircea Eliade (ed.),

Encyclopedia of Religion, vol.8, New York: Macmillan, 1987.

Guthrie, Stewart, "Why gods? A cognitive theory," in Jensine Andresen (ed.), *Religion in Mind: Cognitive Perspectives on Religious Belief, Ritual, and Experience*, Cambridge: Cambridge University Press, 2001.

Oatley, Keith, "The Structure of Emotions," in Paul Thagard (ed.), *Mind Readings: Introductory Selections on Cognitive Science*, Cambridge, Mass.: MIT Press, 1998.

Sharf, Robert H., "Experience," in Mark C. Taylor (ed.), *Critical Terms for Religious Studies*, Chicago: The University of Chicago Press, 1998.

Sommer, Deborah, "Ritual and Sacrifice in Early Confucianism: Contacts with the Spirit World," in Tu Weiming and Mary Evelyn Tucker (eds.), *Confucian Spirituality*, vol. 1, New York: The Crossroad Publishing Company, 2003.

Whitehouse, Harvey, "Implicit and Explicit knowledge in the Domain of Ritual," in Ilkka Pyysiäien and Veikko Anttonen (eds.), *Current Approaches in the Cognitive Science of Religion*. London: Continuum, 2002.

______, "Modes of Religiosity: Towards a Cognitive Explanation of the Sociopolitical Dynamics of Relgion," *Method & Theory in the Study of Religion* 14, 2002.

______, "Toward a Comparative Anthropology of Religion," in *Ritual and Memory*, Walnut Creek, California: AltaMira Press, 2004.

찾아보기

ㄴ

ㄷ

ㄹ

ㅁ

ㅂ

ㅅ

ㅇ

ㅈ

ㅊ

ㅌ

ㅍ

ㅎ